Die meisten Menschen der Frühen Neuzeit verdienten sich ihr knappes Brot mehr schlecht als recht in der Landwirtschaft: als arme Magd im Oberhessischen, als Pächter in der Toskana, als vagabundierender Tagelöhner in Masuren. Zyklisch wiederkehrende Hungersnöte, Seuchen, die – göttlichen Strafen gleich – Viehherden, Dörfer, ganze Landstriche dahinrafften, führten zu einer äußerst unsicheren Existenz. Doch nur sehr wenige Menschen verließen das Land, um in den Städten ihr Glück zu versuchen.

Dort, in den Städten, nahm ein einzigartiges Wirtschaftswachstum seinen Ausgang: Handelshäuser – allen voran die Fugger mit ihren weltweiten Kontakten – schufen sich zusammen mit den ebenfalls expandierenden Bankhäusern wahre Imperien; einzelnen Handwerkern gelang es, ihre Künste höchst gewinnbringend zu verkaufen und im Laufe von Generationen ein beträchtliches Kapital anzusammeln, das in neue Produktionstechniken investiert wurde. Es entstanden die ersten Manufakturen, die gegen den erbitterten Widerstand der Zünfte von nun an die Richtung angaben und zu einem stetigen Wirtschaftswachstum beitrugen.

Die Autorin veranschaulicht die komplexen Zusammenhänge dieses aufregenden Kapitels europäischer Wirtschaftsgeschichte durch eine lebendige Erzählweise, die ohne jeden wirtschaftswissenschaftlichen Fachjargon auskommt.

Helga Schultz, geboren 1941, studierte Geschichte, Germanistik und Pädagogik in Rostock. Sie lehrt Wirtschafts- und Sozialgeschichte an der Europa-Universität Viadrina in Frankfurt an der Oder.

Europäische Geschichte

Herausgegeben von Wolfgang Benz

Konzeption: Wolfgang Benz,
Rebekka Habermas und Walter H. Pehle

Europäische Geschichte

Helga Schultz

Handwerker, Kaufleute, Bankiers

Wirtschaftsgeschichte Europas 1500–1800

Fischer
Taschenbuch
Verlag

Originalausgabe
Veröffentlicht im Fischer Taschenbuch Verlag GmbH,
Frankfurt am Main, Mai 1997

Redaktion: Paul Burgard
Gesamtherstellung: Clausen & Bosse, Leck
Printed in Germany
ISBN 3-596-60128-2

Gedruckt auf Munken Print Extra der Papierfabrik Munkedal AB, Schweden

Inhalt

Die Epoche

Wiege der Moderne

Die Frühe Neuzeit erscheint als eine lange Vorgeschichte unserer modernen Welt, die sich mit der industriellen Revolution und den nationalen Bewegungen des 19. Jahrhunderts formte. Vom Ende des 15. Jahrhunderts bis zum Ausgang des 18. Jahrhunderts veränderten die Europäer ihre Welt, so daß sie der unsrigen ähnlich wurde. Hatten sie um das Jahr 1500 herum noch in begrenzten Horizonten gelebt, in die nur mutige Seefahrer und reisende Kaufleute abenteuerliche Kunde von fernen Welten brachten, so erhielten sie um das Jahr 1800 regelmäßige Nachrichten durch die wöchentlichen Zeitungen und die Kurszettel der Börsen. Der nordamerikanische Unabhängigkeitskrieg belieferte die Französische Revolution nicht nur mit Programmen, sondern auch mit Protagonisten, die ihrerseits – wie der Engländer Thomas Paine – aus Europa kommen konnten. Und die Produkte Ostasiens und beider Amerika gehörten zur Alltagskultur von Handwerkern und Dienstboten. Die Kontinente waren um 1800 wie durch kommunizierende Röhren miteinander verbunden, so wie Theodor Fontane es hundert Jahre später von dem stillen brandenburgischen See Stechlin schrieb, der aufbrauste, wenn irgendwo in der Welt Krieg oder Revolution war.

Um 1500 hatte die Mehrzahl der Europäer nur marginale Beziehungen zu den städtischen Märkten und zur Geldwirtschaft. Selbstversorgung durch Haushaltsproduktion war in der Bauernwirtschaft ebenso gewöhnlich wie an Adelshöfen und im Meisterhaushalt des Handwerkers. Damit verband sich die patriarchalische Ordnung des Ganzen Hauses, das Produktions- und Reproduktionseinheit zugleich war.[1] Wenn Friedrich Schiller im Jahre 1804 seinem Wilhelm Tell die Worte in den Mund legte: »Die Axt im Haus erspart den Zimmermann«, so sagte dies wenig über die Schweiz des 13. Jahrhunderts. Dort wäre eine solche Maxime gegenstandslos gewesen, weil es zur Axt im Hause keine Alternative gab. Zur Zeit der Niederschrift war das Wort eine Reminiszenz an verlorene Zustände. Fortschreitende Arbeitsteilung und Professionalisierung bezogen immer mehr Alltagsgüter in die Warenwirtschaft ein. Der Bauer, sofern ihm der Grundherr nur etwas Spielraum ließ, kaufte nicht mehr nur Salz und Eisen, sondern auch Bettzeug und Truhe, und er brachte dafür einen wachsenden Teil seiner Erzeugnisse wiederum auf den Markt. Scharen von Lohnarbeitern, Soldaten und subalternen Beamten lebten jenseits des Ganzen Hauses und außerhalb der tradierten Ständeordnung, und gerade diese Habenichtse waren die Prototypen der modernen Konsumenten. Zahlreiche europäische Landschaften von Schlesien und der Steiermark bis ins holländische Norderquartier und ins schwedische Dalarna lebten nicht mehr von der Landwirtschaft, sondern schmiedeten und webten für den Export, abhängig von den Schwankungen entfernter Märkte. Um 1800 umspannten Warenwirtschaft und Marktbeziehungen mit dichten Netzen die Regionen Europas und verflochten sie erstmals zu einem wirtschaftlichen Ganzen.

Der geschichtswissenschaftliche Begriff Frühe Neuzeit knüpft an die Zeitalterbegriffe der gelehrten Humanisten am Beginn des 16. Jahrhunderts an, die das dunkle Mittelalter hinter sich und eine neue hellere und diesseitigere Zeit vor sich liegen sahen. Renaissance – Wiedergeburt der antiken griechischen und römischen Kultur – wurde zum erwartungsvollen Siegel jener Umbruchszeit. Am Beginn des 19. Jahrhunderts fühlten sich die Europäer wiederum an einer Zeitenwende. Sie sahen alle traditionellen Lebenswelten zerbrechen und das neue Zeitalter im Maschinentakt eines nie gekannten Fortschritts heranrollen. Die Zukunftserwartungen waren düsterer als zur Zeit der Renaissance, da man nun das Licht der Aufklärung hinter sich liegen sah. Renaissance und Aufklärung bezeichnen Beginn und Ende, Glanz und Programm einer großen Epoche der europäischen Modernisierung.

Nur bei oberflächlicher Betrachtung wird man eine solche Epochenbildung allein auf die Entwicklungen der Geistesgeschichte beziehen wollen, so sehr sie auch aus dem Geist der Zeiten gewachsen und im Hinblick auf literarische und philosophische Strömungen geprägt sein mag. Die Modernisierung Europas in der Frühen Neuzeit ist Kulturprozeß in jenem weiten und ursprünglichen Sinne, der sich vom Landbau herleitet und Handel und Wandel einschließt. Die Entdeckungen der Seefahrer öffneten Räume für den Welthandel, indem sie das mittelalterliche Weltbild revolutionierten. Der Buchdruck ermöglichte erst den Aufstieg der protestantischen Wortreligionen, so wie diese die Literarisierung der Bürger und Bauern in Gang setzten. Am Ende der Epoche gehörte der Buchmarkt zu den florierenden Wirtschaftszweigen des protestantischen Europa. Die wirtschaftliche Expansion trat so als Doppelgänger der geistigen Emanzipation Europas auf – anders hätte kein Weg aus der Enge der mittelalterlichen Welt hinausgeführt.

Die wirtschaftliche Modernisierung ist am häufigsten beschrieben worden als Herausbildung einer neuen kapitalistischen Wirtschaftsordnung. Diese Ordnung beruht auf dem privaten Eigentum an Boden und Kapital ebenso wie auf der Vertragsfreiheit des Arbeiters. Von größtem Einfluß war Karl Marx, der diese Jahrhunderte als Zeitalter der »ursprünglichen Akkumulation des Kapitals« und des »Manufakturkapitalismus« darstellte. Werner Sombart entwickelte seinen Begriff des Frühkapitalismus hingegen im Hinblick auf die weitreichenden Wirkungen des Kaufmanns und des Handels. Max Weber schließlich verknüpfte die geistigen und die wirtschaftlichen Fäden jener Epoche in seiner immer wieder zitierten Schrift über die fördernde Rolle der protestantischen Ethik für den Geist des Kapitalismus. Und noch Fernand Braudel fügte in seinem monumentalen Werk Wirtschaft und Gesellschaft dieser drei Jahrhunderte unter dem Leitmotiv der Entfaltung des Kapitalismus zusammen.[2]

Wird hier nicht die Vorgeschichte der Moderne zum Heldenepos der Modernisierung? Die Wirtschaftsgeschichte Europas in der Frühen Neuzeit läßt sich wohl als Vorgeschichte eines heroischen Zeitalters der Industrialisierung und des unentwegten Wachstums schildern. Diese Sicht herrschte vor, wo sich die Geschichtsschreibung der bürgerlichen Gesellschaft den Mythen des Aufstiegs widmete. In diesem Sinne zeichnete Werner Sombart den wagenden Kaufmann als den Prototyp des modernen Unternehmers. Im Prinzip folgte diesem Grundmuster auch die marxistische Auffassung. Karl Marx dekonstruierte zwar den Mythos des Kapitalismus, indem er ihm die Erbsünde der »ursprünglichen Akkumulation des Kapitals« aus Raub von Bauernland, Blutgesetzen und Sklavenhandel entgegensetzte. Doch auch in der marxistischen Interpretation erscheint das Zerstörungswerk am mittelalterlichen Feudalismus segensreich und der Kapitalismus als die Vorstufe eines neuen Goldenen Zeitalters.

Die heutigen Dekonstruktionen nähren sich aus der Skepsis am Fortschritt, die eine Erfahrung unserer Gegenwart ist, aus dem Zweifel an der Verknüpfung von menschlicher Emanzipation und wirtschaftlicher Expansion sowie aus einer neuartigen Wertschätzung verlorener Welten. Sie benennen die Zerstörung der indianischen Kulturen und die beginnende Kolonisation Südostasiens als Schuld der europäischen Konquistadoren und der Kaufleute und Könige, die hinter ihnen standen. Sie zeichnen die verlorenen Lebenswelten in Dorfgemeinden und Zünften nach, die dem Einbruch des Marktes und der Nivellierung durch die neuen Staatsbürokratien zum Opfer fielen. Unübersehbar hat die Erfolgsgeschichte der europäischen Frühneuzeit in einer Kette von Verlusten ihre Kehrseite; nur verstaubte Heldenepen wissen davon nichts. Walter Benjamins Engel der Geschichte ist nicht zufällig zur meistzitierten Metapher gegenwärtiger Geschichtsschreibung geworden, und er kann auch Sinnbild für die Wirtschaftsgeschichte der Frühen Neuzeit sein: der Engel, den der Sturmwind vom Paradies her unrettbar vorwärts treibt, während er dem Ursprung zugewandt die Trümmer sich türmen sieht.[3]

Ausgang des Mittelalters

Eine andere Akzentuierung dieser Epoche ergibt sich durch einen Standortwechsel. Die Betrachtung jener langen drei Jahrhunderte als bloße Vorgeschichte unserer modernen Welt entspringt nach weiser Einsicht einer »höchst lächerlichen Selbstsucht [...] Ganz als wäre Welt und Weltgeschichte nur unsertwillen vorhanden.«[4] Jacob Burckhardt variiert hier ein altes Wort Leopold von Rankes über den Eigenwert jeder Epoche »unmittelbar zu Gott«. Das gebietet nicht nur die Selbstbescheidung dem Nachgeborenen angesichts der langen Generationenkette menschlicher Geschichte. Es ist ein geschichtsphilosophisches Credo, nämlich die Ablehnung jeglicher Stufentheorien, Entwicklungslinien oder Gesetzmäßigkeiten in der Geschichte. Auch wenn man diese Überzeugung nicht teilt, wird man die anmaßende Beschneidung der Vergangenheit auf die Vorleistungen für die Moderne scheuen. Wir können gedanklich versuchen, den Standpunkt zu wechseln, uns an den Beginn jener drei Jahrhunderte zu versetzen. Auch der Blick vom Mittelalter her ist eine Einseitigkeit, doch er korrigiert die bisherige Verkürzung.

Die Geburt des modernen Europa datiert offenbar nicht erst von den Entdeckungen des Kolumbus und des Vasco da Gama her, und sie wurde nicht erst durch die protestantischen Reformationen des 16. Jahrhunderts eingeleitet. Seine Wiege fand schon Jacob Burckhardt im Italien der Renaissance des 13. bis 15. Jahrhunderts, dessen Kultur blühender, feiner und diesseitiger als die nordeuropäische war, da sie auf dem fruchtbaren Boden der Antike gedieh. Mächtige Stadtrepubliken wie Florenz, Genua und Venedig waren hier schon zweihundert Jahre zuvor vom Kaufmannsgeist beherrscht und auf den Handel gegründet. Doch nicht nur diese glänzende Epoche stellt das Bild vom dunklen Mittelalter in Frage. War nicht die Urbanisierung Europas am Ende des 13. Jahrhunderts vollbracht, als das Städtenetz fast in seiner heutigen Dichte und Ausdehnung gespannt war? Und diese Städte verblieben während der Frühen Neuzeit – von den wenigen Haupt- und Residenzstädten abgesehen – in ihren mittelalterlichen Mauerringen.[5] Die Städte erreichten während des hohen Mittelalters Befreiung von der feudalen Stadtherrschaft und rechtliche Autonomie, während die Frühe Neuzeit das Zurückdrängen städtischer Eigenständigkeit durch den absolutistischen Fürstenstaat erlebte. In den Stadtrepubliken des Mittelalters entwickelten sich die Institutionen der Warenwirtschaft und eine bürgerliche Stadtkultur. Wegen ihrer Handelsinteressen wirkten sie der regionalen Fragmentierung Europas entgegen. So wie Venedig mit seiner Herrschaft über das östliche Mittelmeer Orient und Okzident verknüpfte, so verband die von der Kaufmannsgilde zum Städtebund gereifte Hanse Skandinavien mit dem mittleren Europa.

Die Gemeinsamkeiten von Mittelalter und Früher Neuzeit fallen aus dieser Perspektive sehr viel stärker ins Gewicht, und die Zäsur um 1500 erweist sich als weniger tief. In beiden Epochen spricht die Wirtschaftsgeschichte von Agrargesellschaften, die damit von der industriellen Gesellschaft des 19. und 20. Jahrhunderts abgesetzt werden. Tatsächlich war noch um 1800 die Landwirtschaft in ganz Europa der bestimmende Wirtschaftssektor, und selbst im gewerblich entwickelten Nordwesten lebte die überwiegende Mehrheit der Menschen von ihr. Die landwirtschaftliche Produktivität wuchs nur langsam, und alle großen Innovationen zu ihrer Steigerung stammten bereits aus dem Mittelalter: Mehrfelderwirtschaft, Pferdeanschirrung und eiserne Pflugschar fanden ebenso wie die mechanische Getreidemühle mit Wasser- oder Windantrieb schon vor der Jahrtausendwende Verbreitung und trugen die großen Binnenkolonisationen des hohen Mittelalters. Die Ernteerträge erreichten in den meisten Regionen Europas auch am Ende des 18. Jahrhunderts nur das Vierfache der Aussaatmenge. Die Europäer vermochten während der Frühen Neuzeit sowenig wie im Mittelalter, den Hungerkrisen der Agrargesellschaften zu entkommen.[6] Noch dem englischen Pfarrer Robert Malthus war dieser Zusammenhang so selbstverständlich und unabänderlich, daß er ihn zum Angelpunkt seiner Bevölkerungstheorie machte.

In gleicher Weise blieben die Menschen den Seuchen ausgeliefert. Die apokalyptischen Reiter Hunger und Seuche ließen die Zahlen der Todesfälle alle paar Jahre in die Höhe schnellen, der Fieberkurve eines Malariakranken gleich. Es gab kein gleichmäßiges Wachstum im frühneuzeitlichen Europa. Daß die Pest am Beginn des Jahrhunderts der Aufklärung in Europa erlosch, war nicht den Fortschritten des menschlichen Geistes und der medizinischen Praxis zu danken, sondern bleibt ein bis heute ungelöstes Rätsel. Wieder einmal wurde eine Geißel der Menschheit durch eine andere abgelöst: Die Pocken hielten fortan regelmäßigere und ebenso grausame Ernte. Erst um das Jahr 1800 gewannen die Menschen dem Tod wirklich Terrain ab, als in zahlreichen europäischen Staaten die Pocken mittels der von dem englischen Arzt Edward Jenner entdeckten Kuhpockenimpfung flächendeckend bekämpft wurden.

Die regelmäßigen Katastrophen wurden auch in der Frühen Neuzeit noch von langfristigen Depressionen überlagert, die für die agrarischen Gesellschaften charakteristisch waren und sie gleichsam zwischen säkularen Expansionen und Kontraktionen pulsieren ließen. Die Krise des 17. Jahrhunderts hat die Forschung als eine solche Zeit der Kontraktion intensiv beschäftigt. Sie folgte auf eine Zeit der Ausdehnung von Bevölkerung und Wirtschaftstätigkeit im 16. Jahrhundert, der wiederum von der Mitte des 14. bis zur Mitte des 15. Jahrhunderts eine Periode der Schrumpfung vorausgegangen war. Die Krise des 17. Jahrhunderts läßt sich am deutlichsten am Rückgang des Bevölkerungswachstums, ja sogar der Bevölkerungszahlen messen, der ganz Mitteleuropa und den Mittelmeerraum betraf.[7] Dieser Einbruch in Bevölkerung und Wirtschaft war begleitet von einer tiefen Krise des europäischen Bewußtseins, einer nachhaltigen Unterbrechung des Prozesses der Rationalisierung und Säkularisierung. Die Neubelebung der Mystik, die Dominanz der Vanitas-Motive in der Kunst und der schreckliche Höhepunkt der Hexenverfolgungen kennzeichnen den Zeitgeist.

Wo mögen die Ursachen eines solchen Einbruchs gelegen haben? Natürlich spielten die langen Kriege eine Rolle, denken wir nur an den Dreißigjährigen Krieg, an die ihm nachfolgenden Kriege Frankreichs und Schwedens sowie an die Türkenkriege. Doch die Folgen des Krieges, so schwer die Verwüstungen auch waren, wurden recht bald überwunden. Schwerer mögen Änderungen des Klimas gewogen haben, die wahrscheinlich generell den größten Einfluß auf das Auf und Ab der agrarischen Gesellschaften gehabt haben. Im 17. Jahrhundert wurde das Klima drastisch feuchter und kühler, und die Ernteerträge sanken deutlich unter den Durchschnitt des vorangegangenen Jahrhunderts. Eine sogenannte Kleine Eiszeit suchte den Kontinent heim. Und doch wäre es falsch, die Wirtschaftsgeschichte dieser Zeit ganz unter dem Aspekt der Krise zu beschreiben. So wie die lange Krise des späten Mittelalters zugleich die Blütezeit der italienischen Renaissance mit ihren mächtigen Stadtrepubliken war, so konnte auch das krisengeschüttelte 17. Jahrhundert zugleich das Goldene Zeitalter der nördlichen Niederlande werden und England zur führenden Wirtschaftsmacht aufsteigen sehen. Die Krise des 17. Jahrhunderts war offensichtlich keine Krise der innovativen Wirtschaftssektoren in Handel und Gewerbe, sondern eine alten Typs, also nach Ursachen und Dauer eine Krise der agrarischen Gesellschaften.

Insgesamt war das europäische Wachstum während der Frühen Neuzeit noch äußerst langsam. Die Entwicklung der Bevölkerungszahlen gilt dabei als verläßlicher Indikator für das gesamte Wirtschaftswachstum, denn in einer Zeit, als der Mensch weder Sterblichkeitsrate noch Geburtenquote wirksam beeinflussen konnte, hing die Bevölkerungszahl fast ganz vom Nahrungsspielraum ab. Das jährliche Bevölkerungswachstum betrug über die drei Jahrhunderte von 1500 bis 1800 nach übereinstimmenden neueren Schätzungen 0,28 %, was einer Verdoppelung innerhalb von 250 Jahren gleichkommt.[8] Das Wachstum der Frühen Neuzeit war noch typisch für agrarische Gesellschaften, anders als im industriellen Zeitalter, in dem die Verdopplungszeiten geringer gewesen sind als die Abstände der Generationen.

Wunder Europa

Europa unterlag also während der Frühen Neuzeit noch in vielfacher Weise den Zwängen der agrarischen Gesellschaften. Und doch reiften in dieser Zeit alle die Anlagen heran, aus denen sich am Ende des 18. Jahrhunderts die moderne bürgerliche Industriegesellschaft entfaltete. Der eigentliche Übergang geschah gleichsam in einem Quantensprung, in der industriellen Revolution und der politischen bürgerlichen Revolution. Doch nicht dieser revolutionäre Sprung ist es, der die Wirtschaftshistoriker beschäftigt, wenn sie über das Wunder Europa debattieren.

Das Interesse gilt vor allem der Vorgeschichte; gefragt wird nach den besonderen Voraussetzungen der europäischen agrarischen Gesellschaft, nach dem historischen Ort, an dem die Wege sich gabelten. Erstaunlich erscheint ganz allgemein, daß der Menschheit überhaupt die Überwindung der zehntausend Jahre bestehenden agrarischen Gesellschaft gelang. Denn die agrarischen Gesellschaften verkörperten offenbar labile Gleichgewichtszustände, sie erlebten wiederkehrende Zyklen des Wachstums und des Aufstiegs großer Reiche, denen Übervölkerung, Katastrophen, Aufstände und Zusammenbrüche großen Ausmaßes folgten. Nicht Entwicklungslinien, sondern Kreisläufe, die Teufelskreisen glichen, wären das entsprechende Modell. In den Agrargesellschaften lauerten demzufolge innere Fallen, die jede Entwicklung blockierten. Dazu gehörte einmal die malthusianische Falle aus Übervölkerung und Knappheit, zum andern die Falle der Despotien von Priestern und Monarchen, die Neuerungen zu ersticken.

Was ist naheliegender als die Frage, warum die Überwindung des agrarischen Gesellschaftssystems ausgerechnet den Europäern gelang, standen sie doch noch um 1500 keineswegs an der Spitze der Weltzivilisationen.

Drei andere große Zivilisationen gab es zu dieser Zeit: das China der Ming-Dynastie, das in der Mitte des 17. Jahrhunderts unter die Herrschaft der mongolischen Mandschu kam; das islamisierte Indien, das seit 1526 unter den mongolischen Mogulherrschern zentralisiert wurde; das Osmanische Reich der Türken, die ebenfalls aus dem Innern Asiens stammten. Die Osmanen hatten sich auf den eroberten arabischen und byzantinischen Gebieten um das Mittelmeer etabliert und die islamische Kultur der Unterworfenen übernommen. Die Geschichte Europas vollzog sich in stetiger Auseinandersetzung und im Austausch vor allem mit dem benachbarten arabisch-islamischen Raum. Von dorther übernahmen die Europäer die indischen Zahlen mit der Null – eine Notwendigkeit für Bankwesen und Handel –, von dorther empfingen sie das weiterentwickelte antike Erbe in Chemie und Medizin, und auf diesem Wege kamen Neuerungen der Schmiedekunst, der Glasproduktion und des Schiffbaus nach Europa.

Seit Marco Polos abenteuerlichen Reisen gab es auch direkte

Beziehungen ins ferne China. China kannte lange vor Europa den Kompaß, das Schießpulver und den Buchdruck mit beweglichen Lettern, also jene drei Schlüsseltechnologien für Handel und Schiffahrt, Kriegführung und Literarisierung, die für die europäische Frühe Neuzeit unentbehrlich waren. Es kannte Jahrhunderte früher das Papier, das Porzellan und das Papiergeld. Wieweit alle diese Dinge in Europa übernommen oder selbständig noch einmal erfunden wurden, läßt sich nur bei späten Innovationen wie dem Porzellan genau nachvollziehen. Der technologische Vorsprung der asiatischen Zivilisationen war während des Mittelalters beträchtlich. Man geht davon aus, daß Europa am Ende des 15. Jahrhunderts aufholte, als es die meisten jener Erfindungen in seinen Besitz gebracht hatte und sie erfolgreicher anzuwenden begann als die alten Zivilisationen.

Warum konnte dies gelingen? Warum führte die Kenntnis des Kompasses und des Schießpulvers die Chinesen nicht zur Entdeckung und Eroberung der Welt? Im 14. bis 16. Jahrhundert hatten die Chinesen den ganzen Indischen Ozean befahren und Kolonien an der Küste Indochinas, der Westküste Indiens und am Persischen Golf gegründet. Mit dem Zerfall des Ming-Reiches fand diese Expansion plötzlich ein Ende. Warum zog der Buchdruck dort nicht die Literarisierung der Massen, die Rationalisierung der Welt und die Säkularisierung der Gesellschaft nach sich? Warum löste das Papiergeld in China nicht traditionelle Bindungen zugunsten der gefühllosen baren Zahlung auf? Ein pauschaler Hinweis auf die zerstörerischen Mongoleneinfälle und die lähmende Wirkung der mongolischen Reichsbildungen für die asiatischen Zivilisationen löst das Rätsel nicht, auch wenn es zu den Glücksfällen Europas gehört, daß der Mongolensturm in der Mitte des 13. Jahrhunderts haltmachte, nachdem er schon ganz Polen und Ungarn durchquert und Mähren und Schlesien erreicht hatte.

Die verheerende Wirkung der Mongolenkriege für Asien wird in ihrer langfristigen Wirkung oftmals überschätzt. Die Eroberungen der zentralasiatischen Steppenvölker brachten den unterworfenen Zivilisationen ungeheure Verwüstungen, doch die Fähigkeit zur Regeneration ist in agrarischen Gesellschaften groß. Die mongolische Herrschaft hemmte keineswegs jegliche weitere Dynamik, und auch das China der Mandschu-Herrscher kannte seine Renaissancen und Aufklärungen. China erreichte auf seiner riesigen Fläche um 1800 eine Dichte von 80 Einwohnern pro Quadratkilometer, eine Bevölkerungsdichte, wie sie Europa nur im hoch urbanisierten Holland kannte. Der Anteil Asiens an der Weltbevölkerung war zwischen 1500 und 1800 von etwa der Hälfte auf rund zwei Drittel gewachsen, während Europa recht gleichbleibend ein knappes Fünftel der Menschheit trug. Da Dichte und Dynamik der Bevölkerung in agrarischen Gesellschaften ein guter Indikator für die Wirtschaftstätigkeit sind, müßten wir das Zentrum der Weltentwicklung auch für diesen Zeitraum noch in Asien vermuten. Wenn wir vom Wunder Europa in der Frühneuzeit sprechen, kann diese bedeutsame quantitative Seite der Zivilisation nicht gemeint sein.

Auch unsere Vorstellungen von einem Vorsprung der europäischen Stadtentwicklung werden durch neuere Forschungen korrigiert.[9] Der Anteil der Stadtbevölkerung erwies sich vor 1800 in allen eurasischen Zivilisationen als erstaunlich gleichmäßig zwischen 13 % und 16 % liegend, wenn man die Siedlungen mit mehr als 2000 Einwohnern zählt. Damit war das Maß des unter den Bedingungen der agrarischen Gesellschaften Möglichen wohl erreicht. Hinsichtlich der sehr großen Städte mit mehr als 200 000 Einwohnern wies Europa lange einen Rückstand auf. Erst um 1700, als unter den 20 Metropolen der Welt die vier europäischen Städte Paris, London, Amsterdam und Neapel waren, entsprach dies dem europäischen Anteil an der Weltbevölkerung. Der Vorsprung der asiatischen Zivilisationen hing hier natürlich wesentlich mit den zentralisierten großen Reichen zusammen, die entsprechende Zentren der Verwaltung und Konsumtion benötigten. Das europäische Wunder erweist sich auch aus dieser Sicht nicht als eines der Zahl, sondern als eines der Institutionen. Paul Bairoch formuliert das in aller Vorsicht so:

> »Die Städte des christlichen Europa scheinen im allgemeinen stärker nach außen gerichtet in ihrer Wirtschaftstätigkeit, von stärkerer Eigenart und Verschiedenheit in Stadtbild und Archi-

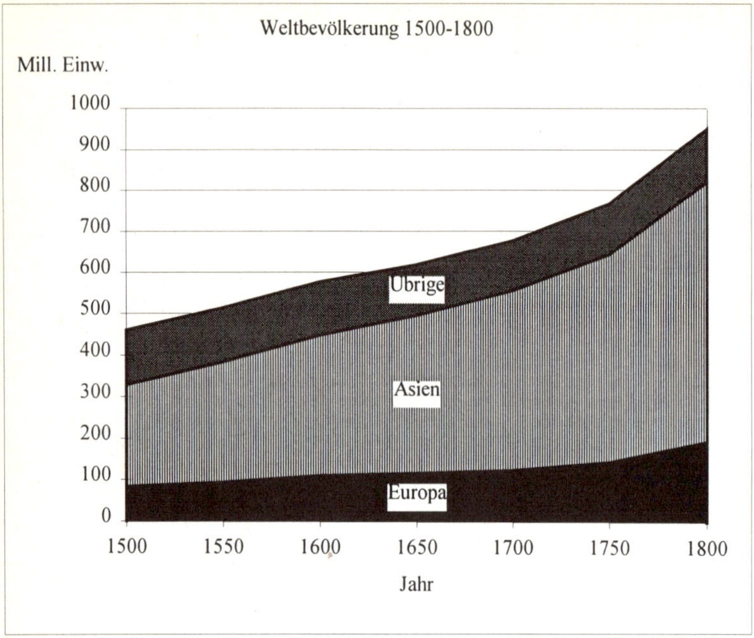

1 *Entwicklung der Weltbevölkerung 1500–1800*

tektur, bevölkert von besser gebildeten Bürgern gewesen zu sein, und so bildeten sie schließlich eine freiere Welt.«[10]

Als Gegenstück zu dem europäischen Rechtssatz »Stadtluft macht frei« zitiert der Autor einen Kenner der chinesischen Geschichte: »Chinas Luft macht niemanden frei.«[11] Nicht nach den Quellen des Wachstums ist also zu fragen, sondern nach jener besonderen europäischen Freiheit, die offenbar der Motor einer Dynamik war, die schließlich den Quantensprung zur Industriegesellschaft auslöste. Sichten wir die Antworten, die schon gegeben sind.

Die Gunst der Geographie ist oft bemüht worden. Ein erstrangiges Argument sind die reich gegliederten langen Küsten der westlichen eurasischen Landmasse, die ihre Bewohner auf das Meer hinlenkten, auf Seeschiffahrt und Fernhandel. Der Expansionsdruck der Großreiche im Osten und Süden hat diese Ausrichtung wohl noch verstärkt. Die Nähe zum Meer hat die Mentalität der Europäer geprägt. Seit jeher scheinen seefahrende Völker individualistischer, unternehmender und freier als die Völker im Binnenland, die nach Meinung von Beobachtern den Vorrang der Gemeinschaft betonten, eher autoritär verfaßt waren und zu hierarchischer Organisation neigten.[12] Darin mag mehr als ein Körnchen Wahrheit liegen. Agierten nicht die Reiche der Mandschu, der Moguln und der Osmanen, die aus den Invasionen der Steppenvölker hervorgegangen waren, gleichsam mit dem Rücken zum Meer? Und bewegten sich nicht die Zentren der europäischen Wirtschaftsentwicklung immer entlang der Küsten, erst des Mittelmeeres, dann des Atlantik?

Begünstigend für Europas Entwicklung scheint auch das kühlere Klima gewesen zu sein, die kurzen Vegetationsperioden und die schweren und nassen Böden. Dies erforderte eine intensive und individuelle Bodenbearbeitung im Unterschied zu den extensiven Anstrengungen in den fruchtbaren Stromtälern Asiens.[13] Die Vielfalt der asiatischen Ackerbausysteme sollte allerdings nicht auf die kollektiven Anstrengungen bei der Bewässerung reduziert werden, will man nicht der überholten Vorstellung von einer asiatischen Produktionsweise folgen. Leichter bildet sich privates Bodeneigentum allerdings dort, wo die Erträge in harter Arbeit des einzelnen erzielt werden müssen. Diese individuelle Mühsal mit schweren Böden in kurzen Vegetationsperioden forderte wohl auch eher zur Vervollkommnung des Ackergerätes und der Bearbeitungsmethoden heraus. So war ein Anstoß gegeben, Menschenkraft zu sparen und durch Tierkraft zu ersetzen.

Ein anderes geopolitisches Argument zielt auf die Unterschiede der Staatenbildung. Die kleinräumige Gliederung des Kontinents hat die Europäer vor Großreichen bewahrt.[14] Das Ausbleiben eines Großreiches in der Nachfolge des Römischen Reiches ist tatsächlich gar nicht hoch genug zu schätzen für die Entwicklung der europäischen Freiheit. Die Zersplitterung und Schwäche der Staatsgewalten war die Kehrseite der glanzvollen italienischen Stadtrepubliken, der Schweizerischen Freiheit und des erfolgreichen Freiheitskampfes der Niederlande. Der so oft beklagte politische Flickenteppich des Heiligen Römischen Reiches Deutscher Nation setzte der Steuergier und Tyrannei jedes einzelnen Fürsten enge Grenzen. Und die feudale ständische Organisation der europäischen Staatenwelt war schließlich der Grund, auf dem die parlamentarisch verfaßten Nationalstaaten wachsen konnten.

Doch die geopolitischen Bedingungen scheinen für weitreichende Folgerungen nicht hinreichend zu sein. Insbesondere können sie weder den individuellen Besitz am Boden erklären, aus dem sich schließlich das Privateigentum an diesem wichtigen Produktionsfaktor entwickelte, noch vermögen Gebirge und Insellagen die politische Zersplitterung des Kontinents überzeugend zu begründen. Für beides war eher ein anderer Aspekt ausschlaggebend: die römisch-barbarische Synthese am Beginn des europäischen Mittelalters. In erster Linie kommt die Verbindung von weströmischer und germanischer Kultur in Betracht. Die oströmisch-slawische Synthese hat offenbar im politischen Bereich dem autokratischen Byzantinismus wenig entgegengesetzt und im sozialen Bereich Gemeineigentum und Clanstrukturen begünstigt. Hingegen hat die römisch-germanische Synthese jene dynamischen Strukturen hervorgebracht, die das ganze germanische, romanische, slawische und keltische Europa jenseits des unmittelbaren byzantinischen Einflußbereiches prägen sollten.

Im politischen Bereich spielte das Lehnswesen, eine Hierarchie mit recht schwacher Bindekraft und großer Unabhängigkeit der Adeligen auf allen Rängen der Pyramide, eine wichtige Rolle. Die Vasallen verfügten unmittelbar über die Einkünfte und gelangten im Laufe des Mittelalters in den erblichen Besitz ihrer Lehensgüter. Ergänzt durch das in Europa verbreitete Wahlkönigtum lieferte dieses System den Stoff zu unzähligen Fehden und Fronden. Das Lehnssystem verhinderte im Mittelalter die Bildung zentralisierter Reiche. Es konservierte den Einfluß ständischer Gremien, in denen nicht nur Adelige, sondern auch Städte und bäuerliche Landgemeinden vertreten waren. Die Stände konnten die Interessen der wirtschaftlich aktiven Bevölkerung gegen die Renten- und Steuerforderungen des Staates und der Hierarchien schützen und somit den Spielraum wirtschaftlicher Entwicklung bewahren.

Während der Frühen Neuzeit waren zweierlei Entwicklungen zu beobachten. In großen Teilen Europas etablierten sich doch noch zentralisierte Flächenstaaten unter Ausschaltung der Stände. Die Frühe Neuzeit war so auch die Epoche des europäischen Absolutismus. Anderwärts erlangten die Stände die Oberhand und schufen die Grundlage für den modernen Parlamentarismus. Dies geschah im Unabhängigkeitskrieg der Generalstaaten der nördlichen Niederlande gegen die Herrschaft der Habsburger ausgangs des 16. Jahrhunderts oder im Kampf des englischen Parlaments unter Oliver Cromwell gegen den königlichen Absolutismus der Stuarts Mitte des 17. Jahrhunderts. Im nachhinein betrachtet war der zweite Weg nicht nur der erfolgreichere, sondern auch der Weg europäischer Kontinuität.

Für den Alltag des Wirtschaftslebens mag ein anderer Aspekt der römisch-germanischen Synthese noch größere Bedeutung gehabt haben: das Gemeinde- und Gildewesen. Es wurde zu einer ebenso allgemeinen wie vielfältigen Institution. Es wahrte und schützte die individuelle Wirtschaftsweise und bildete zugleich ein kollektives Gegengewicht zu den herrschenden Hierarchien. Landgemeinden und städtische Kommunen wuchsen daraus ebenso wie Handwerkszünfte und Kaufmannsgilden. Sie alle bildeten die Räume, in denen sich jenes bißchen mehr Freiheit entfalten konnte, das für die Entwicklung des europäischen Wunders nötig war.

Schließlich soll die Besonderheit der europäischen Familienstrukturen angeführt werden, jenes *European marriage pattern*, das Peter Laslett als das Muster der alteuropäischen Welt westwärts einer Linie St. Petersburg – Triest erkannte.[15] Fand die Eheschließung in anderen Kulturen nur kurze Zeit nach der Geschlechtsreife statt, so heiratete man in Europa nach einer langen Jugendphase im Gesindedienst oder Gesellenstand eher in den späten Zwanzigern. Ergebnis des europäischen Modells war nicht nur eine geringere Kinderzahl, sondern vor allem ein großer Generationenabstand. Die Kernfamilie bildete hier die häufigste Familienform, also die aus einem Elternpaar und dessen Kindern bestehende, im Ganzen Haus durch Gesinde ergänzte Kleinfamilie. Konflikte zu Lebzeiten der Eltern wurden durch das Ausgedinge geregelt, im Zunfthandwerk häufig auch durch die Niederlassung der Söhne am fremden Ort. Dieses Familiengefüge unterschied sich wesentlich von der überall sonst typischen Stammfamilie, in der mehrere Generationen unter einem Dach und in einem Haushalt lebten. Das niedrigere Heiratsalter begünstigte die Stammfamilie schon deshalb, weil die Eltern und Großeltern häufiger die Heirat der Nachkommen noch erlebten. Diese Großfamilien waren patriarchalisch strukturiert, sie standen unter der Herrschaft des jeweils lebenden Stammvaters und umfaßten die Familien aller Söhne. Das westliche Familienmodell ist nur für die Frühe Neuzeit gut belegt, wo die Kirchenbücher uns genaue Auskunft über Heirat, Geburt und Tod geben; es geht aber wahrscheinlich in sehr viel ältere Zeiten zurück.

Die Einzigartigkeit des europäischen Familiensystems hing wohl auch mit der religiösen Tradition des westlichen Christentums zusammen. Da es keine Ahnenverehrung gab, entfiel der Grund für das Patriarchat des Familienältesten. Die Söhne hatten keine Aufgaben im Ahnenkult, die sie an das Vaterhaus banden, und es lag kein religiöser Sinn in der Zeugung zahlreicher männlicher Nachkommen. Wirtschaftliche Gründe lassen sich ebenfalls anführen. So mag die Hofübergabe bei Lebzeiten von den Grundherren bevorzugt worden sein, und der Bedarf des Ganzen Hauses an Arbeitskräften legte Gesindedienst nahe. Es ist offensichtlich, daß der europäische Familientyp ungleich mehr zur Bildung des Privateigentums beitrug als die patriarchalische Großfamilie. Gesindedienst und Gesellenarbeit als Lebensphase stellten Lohnarbeit zu geringen sozialen Kosten bereit und beförderten so die Ausbreitung freier Lohnarbeitsverhältnisse im Übergang zum Kapitalismus. Und natürlich begünstigte die Kleinfamilie die Entwicklung des Individuums und trug zur Ausbildung individueller Freiheitsrechte bei.

Ist das europäische Wunder hiermit erklärt? Alle Antworten sagen nur etwas über Bedingungen, die ein Entrinnen aus der agrarischen Gesellschaft ermöglicht haben können, nichts darüber, warum das Unwahrscheinliche zu einem bestimmten Zeitpunkt tatsächlich geschah. Dennoch bleibt eine offene Debatte wichtig. Sie hilft ein eurozentrisches Geschichtsbild aufzubrechen, in dem bürgerliche Gesellschaft und kapitalistische Wirtschaftsweise das natürliche Ziel der Weltgeschichte gewesen sind. Aber noch während der tiefen Krise des 17. Jahrhunderts war die Richtung der europäischen Geschichte keineswegs entschieden. Nicht wir sind das Wunder, sagte Ernest Gellner in diesem Zusammenhang, sondern das Wunder ist uns geschehen. Das Tor zur Flucht aus der agrarischen Gesellschaft stand einen historischen Moment lang offen, und die Europäer konnten hindurchgehen.[16] Wie kritisch wir heute auch die europäische Moderne beurteilen, jene Flucht war eine Befreiung, die größere Lebenschancen für sehr viel mehr Menschen brachte. In diesem Sinne erschließt sich die europäische Geschichte des 16. bis 18. Jahrhunderts dem Chronisten noch immer als ein Emanzipationsprozeß.

Regionen I: Wandernde Zentren

Um 1500 existierte Europa kaum im Bewußtsein der Zeitgenossen. Die Christenheit war die Gemeinschaft, in der sich die Bewohner des Kontinents zusammenfanden. Sie war dies, obwohl der universale Anspruch des römischen Kaisertums gescheitert war. Andere Majestäten beanspruchten ebenso große Nähe zur universalen Kirche, indem sie sich als allerchristlichste oder katholische Könige bezeichneten. Die Christenheit bildete europäische Identität, obwohl die eine christliche Kirche schon unwiderruflich in eine östliche, orthodoxe und eine westliche, römische entzweit war und unmittelbar vor den neuen großen Spaltungen der Reformationen stand. Als der romantische Dichter Novalis im Jahre 1799 sein Manifest »Die Christenheit oder Europa« schrieb, beschwor er gerade diese vorreformatorische, vormoderne und vorrevolutionäre Einheit als eine rückwärtsgewandte Utopie.

Diese europäische Identität war im Mittelalter eine Sache des Klerus und seiner lateinischen Kultur gewesen. Sie war außerdem eine Angelegenheit des Hochadels mit seinen weitgespannten Heiratsnetzen. Die Einheit der Christenheit wurde real und militant in den Kreuzzügen und in der spanischen Konquista, in den Judenpogromen und in den Türkenkriegen. Eine wirtschaftliche Einheit gab es nicht. Am Ende der Frühen Neuzeit, zur Zeit des Novalis, war die christliche Identität Europas in langen Glaubenskriegen und aufgeklärter Säkularisierung zur Chimäre geworden. Aber die Regionen Europas waren arbeitsteilig miteinander zu einem Wirtschaftssystem verflochten, das offenbar von festerem Bestand war als das fragile politische Gleichgewichtssystem des Ancien régime. Denn nur durch dieses europäische Wirtschaftssystem war es möglich, daß in der historisch kurzen Zeit von einem Jahrhundert der ganze Kontinent von der Industrialisierung ergriffen und umgewälzt wurde.

Die Schilderung dieser allmählichen Verflechtung soll mit der

Betrachtung der Zentren des europäischen Wirtschaftslebens beginnen. Die Abfolge dieser Zentren ist die Geschichte einer Wanderung von Süden und Osten nach Norden und Westen, von Venedigs Herrschaft im östlichen Mittelmeer, das ja über Jahrtausende wirklich in der Mitte der Alten Welt gelegen hatte, über die portugiesische und die holländische Seeherrschaft bis zur Vormacht Englands. Die Holländer und Engländer ernteten auch, was die Hanse im Ostseeraum gesät hatte. Und die kontinentalen Regionen haben als Märkte, Rohstofflieferanten und Zulieferer den Aufstieg der Küstenländer erst ermöglicht.

Venedig

Am Beginn der Frühen Neuzeit strahlte der Glanz Venedigs ungetrübt. Die Eroberung Konstantinopels durch die Osmanen hatte die Herrschaft Venedigs im östlichen Mittelmeer keinesfalls beendet und seine Rolle als europäischer Mittler im Orienthandel zunächst kaum beeinträchtigt. Das Reich des Sultans verdiente gut an dem Transithandel der arabischen Karawanen mit den Gewürzen Asiens. Erst die Portugiesen sperrten den Indern und Arabern den Gewürzhandel auf dem Karawanenweg, als sie den Seeweg zur Hauptstraße des europäischen Pfefferhandels machten und vom indischen Goa aus den Ozean beherrschten. Schon wenige Jahre nach der Rückkehr Vasco da Gamas mit seinen Pfefferschiffen im Jahre 1498 konnten die venezianischen Kaufleute im Hafen von Alexandria keine einzige Last Pfeffer mehr auftreiben. Zeitweise bezog die Lagunenstadt ihren Pfeffer aus Antwerpen, wohin die portugiesischen Schiffe gingen, bevor um die Mitte des 16. Jahrhunderts die alte Karawanenstraße und mit ihr der Levantehandel wieder auflebte. Doch so wichtig der Pfeffer als Leitgut des europäischen Asienhandels im Mittelalter auch gewesen war – er mußte auf den Tafeln der Reichen den Hautgout des Fleisches übertönen und wurde geradezu mit Gold aufgewogen –, mit der massenhaften Anlieferung auf dem Seeweg sank sein Wert rasch. Die Wirtschaft Venedigs ruhte hingegen auf mehreren, vorerst festen Fundamenten.

Da war zunächst das große und reiche Staatsgebiet der Terra Ferma: der Kranz der gewerbereichen Städte Bergamo, Brescia, Vicenza und Verona, ergänzt durch die Inseln Zypern, Kreta und Korfu, die strategische Bastionen an den Zugängen zu den Häfen der Levante bildeten. Venedig besaß somit eigene Ressourcen an Baumwolle, Holz und Wein, und es verfügte über das begehrte Salz von Istriens Küsten. Seine Flotte erreichte erst am Vorabend des zyprischen Krieges ihre maximale Größe mit 42 Schiffen, von denen 15 mehr als 600 oder gar 900 Tonnen faßten, also größer als später die englischen und holländischen Ostindienfahrer waren.[17] Venedig war während des 16. Jahrhunderts das Zentrum der Luxusgewerbe. Es war der Ursprungsort kostbarer Seiden- und Samtstoffe und der mit Gold und Silber durchwirkten Brokate, und seine Tuchmacher brachten so dichte, glatte und echtfarbige Wollstoffe hervor, wie man sie nirgendwo sonst in Europa zu machen verstand. Venedig beherbergte die Glas- und Spiegelproduktion auf der Insel Murano mit ihren streng bewachten Produktionsgeheimnissen, und es führte in der Herstellung parfümierter Seifen und feiner Wachsarbeiten. Diese Gewerbe gaben Venedigs Handel eine sichere Basis. In Venedig sollen noch 1660 mehr als vier Zehntel der arbeitenden Bewohner in der Textilproduktion beschäftigt gewesen sein, also mehrere zehntausend in der mindestens 160 000 Einwohner zählenden Stadt.[18]

Im Zentrum der Luxusproduktion wurden die höchsten Löhne gezahlt, was häufig als Grund für den Niedergang der venezianischen Gewerbe nach der Mitte des 17. Jahrhunderts angeführt wird. Doch diese Höchstlöhne befanden sich im Einklang mit den Kosten der Lebenshaltung und natürlich mit den erzielten Preisen. Um die Mitte des 17. Jahrhunderts aber lag Venedig nicht mehr im Mittelpunkt der europäischen Welt. Italienische Emigranten hatten die Produktionsgeheimnisse in das flämische Antwerpen, von dort ins holländische Leiden und schließlich in viele andere Gewerbestädte West- und Mitteleuropas getragen. Selbst in Bergamo im eigenen Herrschaftsbereich der Terra Ferma wuchs die Konkurrenz für Venedigs Luxusproduktion. Seit der Mitte des

17. Jahrhunderts verfielen daher die traditionsreichen Gewerbe der Lagunenstadt. Es ist nicht nötig, für diesen Niedergang nach einzelnen Gründen und besonderen Schuldigen zu suchen. Wie jedes Produktionszentrum konnte Venedig auf Dauer die Verbreitung seiner Produktionsgeheimnisse nicht verhindern und seinen Technologievorsprung nicht sichern, und wie stets hatten die Konkurrenten zunächst einen Vorteil durch die fern vom Zentrum geringeren Preise und Löhne.

Erst die Niederlage im Krieg gegen die Osmanen im Jahre 1571 scheint den langen Abstieg einzuleiten. Die Republik verlor Zypern an die Türken und lud eine Staatsschuld von 12 Millionen Dukaten auf sich. Am Vorabend des Dreißigjährigen Krieges galt die Serenissima aber noch immer als die reichste Macht Europas. Ihre Schatzkammern bargen angeblich mehr als 12 Millionen Dukaten, eine Summe, über die kein anderer Herrscher der Christenheit verfügte.[19] Die ungebrochene Rolle Venedigs als Vermittler im europäischen Zahlungsverkehr beruhte auf diesem Reichtum und vermehrte ihn. Es konnte diese Rolle spielen, weil es noch immer den Landhandel über die Alpenpässe beherrschte, ein Handel, der das Schicksal Venedigs mit dem der oberdeutschen Handelszentren Augsburg, Nürnberg, Ulm und Frankfurt am Main verknüpfte. Die deutschen Kaufleute, die in Venedig seit eh und je im Fondaco dei Tedeschi, dem deutschen Handelshof am Canale Grande, wohnten und handelten, mußten hohe Zölle zahlen, besaßen dafür aber das Monopol für den Handel über die Alpen auch vor den italienischen Kaufleuten. Sie führten die venezianischen Waren und die Waffen, Stoffe und Früchte des Orients auf die Messen von Frankfurt und Leipzig, von wo sie bevorzugt an die Höfe und Herren in Mittel- und Osteuropa gingen, oder sie ließen sie über Graubünden und Basel den Rhein hinauf nach Nordeuropa bringen. Von nördlich der Alpen brachten die Nürnberger und Augsburger vor allem Barchent, ein Baumwollmischgewebe, das traditionell in Schwaben gewebt wurde, dazu schlesisches Leinen und Eisenwaren aus dem Norden in die Lagunenstadt. Die Handelsbilanz der Deutschen war stets negativ, sie mußten Silber in beträchtlichem Umfang über die Alpen führen. Noch um das Jahr 1600 erhielt die Serenissima vom Fondaco jährlich etwa

150000 Kronen an Zollgebühren. Man muß mindestens das Zwanzigfache dieser Summe für den Umfang des Warenverkehrs annehmen, also eine Größenordnung von mehreren Millionen.

Anfang des neuen Jahrhunderts machte sich der Aufstieg der Niederländer bemerkbar, die Venedig nicht nur auf den kontinentalen Märkten mit fremden Waren Konkurrenz machten, sondern auch die venezianischen Waren auf dem billigeren Seeweg nach Amsterdam und Nordeuropa brachten. Der holländische Seehandel und der oberdeutsche Landhandel mit Venedig standen in unmittelbarer Konkurrenz; wenn Kriege den einen verhinderten, florierte der andere. Als infolge des Waffenstillstandes zwischen Spanien und den Niederlanden im Jahre 1609 der Seeweg wieder offen war, fielen die Einnahmen der Republik Venedig aus dem Fondaco dei Tedeschi nach dem Bericht eines deutschen Diplomaten auf ein Viertel.

Der Dreißigjährige Krieg brachte den dramatischen, unumkehrbaren Einbruch nach einem bis dahin eher schleichenden Bedeutungsverlust. Belagerungen, Kontributionen und Plünderungen, die mit den schwedischen Heeren über die schwäbischen und fränkischen Reichsstädte kamen, und die nachhaltige Störung der Handelswege über die Alpen durch marodierende Söldner verödeten die Lebensadern des traditionellen Warenverkehrs. Damit war die Lagunenstadt von ihrem mitteleuropäischen Markt weitgehend abgeschnitten. Die schweizerischen Städte und Kaufleute trugen den Teil des Geschäfts davon, den sie um die Schauplätze des Krieges herum auf ihr Gebiet leiten konnten. Der Löwenanteil war unwiederbringlich an die Holländer und Engländer verloren, die jetzt die kontinentalen Märkte von ihren Seehäfen aus belieferten. Der Verlust Kretas an die Osmanen in einem neuen kostspieligen Krieg im Jahre 1669 war dann der Schlag, den Venedig nicht mehr verwinden konnte.

Die Mitte des 17. Jahrhunderts gilt als eine negative Wende für Venedig und darüber hinaus für ganz Italien. Die anderen Zentren der italienischen Stadtwirtschaften, Mailand, Genua und Florenz, verloren ebenso ihren Glanz und fanden sich nun auf einen Seitenpfad der Entwicklung abgedrängt. Aus Mailand, das zu Beginn des 16. Jahrhunderts unter spanische Herrschaft gekommen war, flohen protestantische und jüdische Kaufleute vor der drohenden Inquisition. Genua, das im 16. Jahrhundert zum führenden Bankplatz Europas aufgestiegen war, verlor seinen Reichtum in den spanischen Staatsbankrotten. Jenseits dieser besonderen Umstände und Gründe litt das blühende Gewerbe Italiens allgemein an Auszehrung, die alten Handelsbeziehungen zerrissen. Das Bild hellt sich jedoch auf, wenn man den Blick auf das flache Land richtet. Dort entwickelte sich der Anbau von Wein, Oliven, Zitrusfrüchten und Maulbeerkulturen auf der Grundlage der traditionellen Halbpacht und zunehmend auch unter Nutzung von Lohnarbeit. Man kann geradezu einen Dualismus zwischen einer siechenden Stadtwirtschaft und einer sich modernisierenden, leistungsfähigen Landwirtschaft bemerken. Das Umland der alten Metropolen mit seinen mittleren Städten und größeren Dörfern wurde zugleich Ort eines neu aufblühenden Gewerbes. Nicht mehr verfeinerte Luxuswaren, sondern preiswerte Massengüter wurden hier produziert.[20]

Zwar führten die Nürnberger auch nach dem Krieg wieder schlesisches Leinen nach Venedig aus, zwar siedelten sich italienische Kaufleute in erheblicher Zahl in den Handelszentren nördlich der Alpen an, zwar brachten die Venezianer nun selbst ihre traditionellen Waren auf die Messen von Frankfurt am Main und Leipzig. Doch dieser Austausch vollzog sich nicht mehr im Zentrum der europäischen Wirtschaftsbeziehungen, sondern an deren Rand. Venedig blieb eine reiche Stadt, die Reisende, Dichter und Abenteurer wie den berühmten Magier Cagliostro anzog. Giacomo Casanova gibt in seinen Lebenserinnerungen Schilderungen dieses Glanzes und der immer noch gefährlichen Macht der Dogen und ihrer Geheimpolizei. Es gelang der Serenissima, sich der türkischen Übermacht weiterhin zu erwehren. Erst unter Napoleons Schlägen fiel die mehr als tausendjährige Republik fast widerstandslos. Das Handelsnetz, in dessen Zentrum Venedig agiert hatte, wäre auch dann zu einem schmalen Segment des europäischen Wirtschaftssystems geschrumpft, wenn die langen Kriege des 17. Jahrhunderts es nicht zerrissen hätten. Venedig hatte eine sehr dünne Schicht des hohen Adels und des Patriziats der reichen Städte mit Luxusgütern versorgt und die große Mehrzahl der

Menschen in ihrer lokalen und provinziellen Selbstgenügsamkeit belassen. Es hatte die Wirtschaftsweise der Regionen, zwischen denen es vermittelte, noch nicht verändert.

Die Vereinigten Niederlande

Die Portugiesen, die Europas globale Expansion eingeleitet hatten, konnten ihre Hauptstadt Lissabon nicht zu dessen Zentrum machen. Sei es wegen der unzureichenden Einrichtungen und Gesetze für den weltweiten Handel, sei es wegen des Mangels kapitalkräftiger einheimischer Kaufleute in dem von Niederlassungen auswärtiger Firmen dominierten Lissabon, sei es wegen der Entfernung zu den mitteleuropäischen Absatzmärkten – die Portugiesen begannen jedenfalls sehr bald, ihre Gewürzschiffe nach Antwerpen zu bringen. Die südniederländische Handelsstadt stand damals unter der Herrschaft der spanischen Habsburger, die unter Philipp II. auch Portugal und das portugiesische Kolonialreich regierten. Fast ein Jahrhundert lang war Antwerpen der Hafen, in dem die Schätze des spanisch-portugiesischen Weltreiches anlangten. Dorthin reisten die Kaufleute der oberdeutschen Städte bald häufiger als nach Venedig, und die großen Nürnberger und Augsburger Firmen unterhielten eigene Niederlassungen in der Scheldestadt. Aus Antwerpen holten die Schiffe der Hansestädte ihr Kaufmannsgut, das sie gegen den Hering von Schonen, das Korn aus Preußen und den Flachs aus Livland tauschten.

In Antwerpen konzentrierte sich der internationale Zahlungsverkehr und sammelte sich ungeheurer Reichtum, und doch wurde es nicht eigentlich Zentrum eines europäischen Wirtschaftssystems. Die Stadt verfügte nicht über eine erwähnenswerte eigene Flotte, hatte als Teil des spanischen Weltreiches nur geringen Spielraum für selbständige Wirtschaftspolitik und wurde schließlich in den Untergang dieses Weltreiches hineingerissen. Es war vorbei mit Antwerpens Handelsmacht, als während des Freiheitskampfes der Niederlande Alexander Farnese 1585 die Stadt eroberte und die Geusen daraufhin die Scheldemündung sperrten. Die reichen protestantischen und jüdischen Kaufleute flohen vor den Spaniern nach Amsterdam. Sie brachten ihren Reichtum, ihre Kenntnisse und ihre Handelsverbindungen mit und legten der gastfreundlichen Stadt so die Rolle eines Welthandelszentrums als Morgengabe in den Schoß. Antwerpen erscheint daher in der europäischen Wirtschaftsgeschichte als ein Zentrum des Übergangs, fast als ein Platzhalter Amsterdams.

Doch Amsterdam verdankte seine neue Rolle keineswegs nur der Gunst einer historischen Stunde. Die befreiten sieben Provinzen der nördlichen Niederlande waren zu jener Zeit der ideale Ort für das Zentrum des europäischen Wirtschaftssystems. Für den Platz sprach seine Lage. Es befand sich an der Atlantikküste auf halbem Wege zwischen den Häfen des Mittelmeeres und der Ostsee und war über Rhein, Maas und Elbe mit den innereuropäischen Zentren günstig verbunden. Die Natur zeigte sich Amsterdam und den Holländern jedoch auch von einer ungünstigen Seite. Die weite Zuidersee, die Amsterdam vom offenen Meer trennte, war zu seicht für große Schiffe, es gab kaum Wald als Quelle für Brennmaterial und Baustoff, und der Ackerbau wurde durch Moore und Fluten behindert. Die Bewohner setzten Energie und Erfindungsreichtum dagegen. Sie deichten das Land ein und entwässerten es durch ein System aus Kanälen und Windmühlen. Sie nutzten den Torf der Moore als Brennmaterial und importierten das Holz für Haus- und Schiffbau aus dem nahen Skandinavien. So erschlossen sie sich ein unerschöpfliches Holzreservoir zur selben Zeit, als Venedigs Schiffbau inmitten der entwaldeten Mittelmeerregion zum Erliegen kam. Den Ausweg für die Hafeneinfahrt fanden die Holländer im »Kamel«, einer Art Schleppschiff, das die großen Segler auf seinen Rücken lud, wie es die Wüstenschiffe mit den Lasten taten, und über die Sand- und Muschelbänke der Zuidersee bugsierte.[21]

Erfindungsreichtum und Tüchtigkeit der Niederländer waren aus einer Gesellschaft gewachsen, die sich seit dem hohen Mittelalter durch Freiheit und Urbanität vom inneren Europa abhob. Die Bauern, die dem Meer die fruchtbaren Polder abrangen, konnten nicht in Abhängigkeit von feudalen Grundherren gehalten werden. Auch die Stadtluft, die frei machte, wehte hier kräftiger als anderswo in Europa. Schon am Beginn des 16. Jahrhunderts lebten mehr als ein Viertel der Niederländer in Städten. Als die unabhängigen Vereinigten Provinzen zum Zentrum der europäischen Wirtschaft aufstiegen, erfuhr die Verstädterung nochmals einen mächtigen Schub auf 43 % der Bevölkerung im Jahre 1675. In der Provinz Holland, in der neben Amsterdam sieben weitere der zehn nordniederländischen Großstädte lagen, überwogen die Städter sogar bei weitem.[22] In diesem Raum weitgehender Freiheit von feudalen Strukturen gedieh die calvinische Reformation zugleich mit der Toleranz gegenüber anderen Konfessionen. Portugiesische Juden und französische Hugenotten bildeten die prominentesten Gruppen unter den Religionsflüchtlingen, die Reichtum, Gewerbekunst und Kultur der Provinzen mehrten.

Wo so viele erlesene Güter zusammenströmten, entwickelte sich der Luxuskonsum. Die Herstellung anspruchsvoller Güter blühte zugleich mit allen Hilfsgewerben des Kaufmanns. Die Schiffbauer entwickelten die Fluite, einen unschlagbar preisgünstigen Schiffstyp, der die Koggen der Hansen an Wendigkeit und Seetüchtigkeit ebenso übertraf wie die Karavellen der Portugiesen an Fassungsvermögen. Der schlanke, im Serienbau gefertigte Dreimaster vereinte die Vorteile beider Schiffstypen. Aus der Brillenschleiferei, die in dem früh alphabetisierten Land seit langem einen wachsenden Markt hatte, entwickelten sich gleich zwei bedeutende Produktionen: zum einen der optische Instrumentenbau, der für die Galileische Revolution in den Naturwissenschaften Voraussetzung war, und zum andern die begehrte Diamantenschleiferei. Die niederländische Textilproduktion war äußerst erfolgreich mit ihren modischen leichten Wollzeugen, die als *new draperies* den Markt eroberten. Als die hohen Löhne im Zentrum des europäischen Wirtschaftssystems die Konkurrenzfähigkeit mit den billigeren Engländern gefährdeten, begründeten die Unternehmer in Leiden um 1640 eine Fabrikation sehr hochwertiger Tuche aus spanischer Merinowolle, die als Leidener Laken selbst vor der Haustür der venezianischen Tuchkaufleute Absatz fanden und die Vorherrschaft der Holländer auf diesem Markt für lange Zeit sicherten. Als zweite Produktionslinie behaupteten sich die Kamelotts aus kostbarem türkischem Mohair. Das Gewerbe bot einem immer größeren Teil der Bewohner der Vereinigten Provinzen eine qualifizierte Arbeit zu den höchsten Löhnen der damaligen Welt und somit Anteil am Reichtum des Landes. Erheblichen Schaden erlitten die holländischen Gewerbe erst im letzten Drittel des 17. Jahrhunderts durch die aggressive französische Zollpolitik, die ihnen den Zugang zum wichtigsten europäischen Absatzmarkt versperrte.

Die Amsterdamer Kaufleute mußten nicht warten wie zuvor die Antwerpener, bis ihnen fremde Schiffe die Waren brachten. Sie verfügten während des goldenen 17. Jahrhunderts über die stärkste Flotte der Welt und sandten ihre Konvois in alle Regionen der Erde. Die Holländer beschränkten die Portugiesen auf ihre Stützpunkte in Goa und im chinesischen Macao und verdrängten sie fast ganz aus dem Ostindienhandel. Batavia (Jakarta) wurde das Zentrum des holländischen ostindischen Imperiums, von dort aus beherrschten sie das ganze chinesische und indische Meer einschließlich des Handels, den die Bewohner dieser Regionen untereinander trieben. Auch die westindischen Besitzungen – das portugiesische Brasilien und das spanische Amerika – kamen kaum mehr den beiden Kolonialmächten zugute. Ihre Schätze gelangten auf holländischen Schiffen nach Europa und brachten vor allem dem Kaufmann Profit. Holländische Schiffe waren im russischen Nordmeerhafen Archangelsk ebenso regelmäßige Gäste wie in den syrischen Häfen des Osmanischen Reiches. Und wohin die Schiffe nicht fahren konnten, dorthin schickten die Amsterdamer ihre beauftragten Faktoren, die überall höhere Preise bieten konnten als die Einheimischen. So kauften sie in Moskau Kaviar und Zobelfelle auf und im syrischen Aleppo die Stoffe und Düfte des Orients.[23]

Dieser Handel verband die entfernten Regionen miteinander, und er veränderte deren Wirtschaftsweise, indem er sie vom Markt abhängig machte. Die Holländer brauchten das Getreide des ostelbischen Mitteleuropa nicht nur für den Bedarf der eigenen wachsenden Gewerbezentren, sondern auch für Lieferungen in den Mittelmeerraum mit seinen sinkenden Getreideerträgen. Den Getreidehandel mit den Küsten des baltischen Meeres nannten die Generalstaaten mit guten Gründen ihren Mutterhandel. Im Ostseeraum stieg die Marktproduktion von Getreide und im Mittelmeerraum die Abhängigkeit von den Lieferungen. Die Macht des Kaufmanns zeigte sich in jedem Falle im Preis. Die Holländer behaupteten sich auf dieser Versorgungsader entschieden über ihr Goldenes Zeitalter hinaus, als die Engländer sie aus dem Handel mit der Neuen Welt verdrängten und ihnen die Vorherrschaft im Indischen Ozean erfolgreich streitig machten. Für die Entwicklung eines europäischen Weltsystems war die innereuropäische Route noch immer entscheidend.

Die Amsterdamer Kaufleute verbanden die westfälischen und schlesischen Leinweber mit dem fernen Brasilien, wo ihre Stoffe die schwarzen Sklaven kleideten, und sie lieferten mitteleuropäisches Kupfergeschirr und Leinen an die Oberschicht der afrikanischen Westküste, von der sie die Sklaven bezogen. Die ländlichen Gegenden Anatoliens, die das Mohairgarn lieferten, orientierten sich ebenso auf den Amsterdamer Markt wie die Sägemühlen und Eisenhämmer Skandinaviens. So wurde Amsterdam wirklich zum Zentrum eines europäischen Wirtschaftssystems, das im Maßstab der Zeit eine Weltwirtschaft bildete.

Die Niederländer gründeten ihre wirtschaftliche Macht nicht auf Kolonialreiche, sondern auf die Freiheit der Meere, die der Delfter Staatsrechtler Hugo Grotius im Jahre 1609 zur politischen Theorie erhob. Die berühmte Schrift über das Mare Liberum war eine Auftragsarbeit der Vereinigten Ostindischen Kompanie gegen die Portugiesen. Die Generalstaaten erhoben sie zur Staatsdoktrin. Dieses Bündnis von wirtschaftlicher und politischer Macht verhalf der ständischen Republik der Kaufleute zu jener unwiderstehlichen Durchschlagskraft in einer Umgebung starrer feudaler Strukturen.

Englands Aufstieg

Das Goldene Zeitalter der Niederlande war ein Zeitalter des Handelskapitalismus. Es dauerte vom Ende des 16. Jahrhunderts bis etwa zur Mitte des 18. Jahrhunderts. Als England die Holländer von ihrem Platz verdrängte und London die Rolle des Weltzentrums übernahm, war dies zunächst ein Kampf auf denselben Feldern und mit denselben Waffen, ein Kampf um die Seeherrschaft und die Dominanz im Zwischenhandel. London war von seiner Lage her stets der natürliche Konkurrent Amsterdams gewesen. Allerdings konnte man mit der Navigationsakte, die das englische Parlament im Jahre 1651 verabschiedete, um Hollands Zwischenhandel zu stören, zunächst nur Nadelstiche versetzen. Um etwa die Bestimmung zu realisieren, fortan alle Importwaren nur auf englischen Schiffen auf die Insel zu bringen, hätte es einer weit größeren Handelsflotte und ausgedehnterer Handelsbeziehungen bedurft, als sie die Engländer damals besaßen. Die Navigationsakte stand in der Tradition der wirtschaftlichen *splendid isolation* des Inselreiches, die in der zweiten Hälfte des 16. Jahrhunderts mit der Ausweisung der italienischen und hansischen Kaufleute und mit der Gründung einer Reihe englischer Überseekompanien unter königlicher Regie eingesetzt hatte. Diese Wirtschaftspolitik der Tudors und Stuarts entsprach wohl der politischen Sonderentwicklung eines englischen Absolutismus, wie sie Heinrich VIII. mit der Reformation von oben einleitete. Solche Politik vermochte jedoch nicht die Vorherrschaft des freieren Holland im Welthandel zu brechen; dessen Dominanz konnte sich im Gegenteil gleichzeitig entfalten.

Grundsätzlich änderten sich die Verhältnisse mit der Etablierung der konstitutionellen Monarchie infolge der englischen Revolutionen in den Jahren 1641 bis 1688, die den Aufstieg zur Spitze des europäischen Wirtschaftssystems einleiteten.[24] Nun erhielten die Wirtschaftsinteressen der Bürger ähnliches Gewicht wie in den Vereinigten Niederlanden. Die Veränderungen ereigneten sich auf allen Feldern des Wirtschaftslebens, nach den Worten eines Zeitgenossen wie das Ausschlagen einer Topfpflanze, die von der schattigen Fensterbank in Licht und Luft des Gartens gebracht wird.

In der Landwirtschaft vollzog sich geradezu eine Revolution, da die Entmachtung der alten Aristokratie die letzten feudalen Barrieren niedergerissen hatte, die einer marktorientierten, auf freier Lohnarbeit und kapitalistischen Pachtverhältnissen beruhenden Wirtschaftsweise im Wege gestanden hatten.[25] Durch die Einhegungen konnten die großen Grundeigentümer und die wohlhabenden Bauern ihre Interessen durchsetzen, während die Kleineigentümer die Nutzung von Wald und Weide verloren, die nun nicht mehr Gemeindeeigentum waren. Weiden und Ackerland wurden getrennt, traditionelle Rotationssysteme mit Brache beseitigt und so der Übergang zu Düngung und Fruchtwechselwirtschaft ermöglicht. Der Bauer oder kleine Pächter, der sorgfältig Buch über seine Wirtschaft führte und die Ratschläge der Hausväterliteratur für neue Anbaumethoden und Kulturen eifrig aufnahm, war im ausgehenden 17. Jahrhundert eine ebenso gewöhnliche Erscheinung wie der Grundherr, der den Kanalbau beförderte, um seine Produkte günstiger auf den Londoner Markt zu bringen, und der Mühlen und Minen anlegte, um mit dem Gewerbe noch höheren Profit als mit Fleisch, Korn und Wolle zu machen. England, das am Beginn des 17. Jahrhunderts in schlechten Erntejahren Korn einführen mußte, wurde zum Agrarexporteur. Im ersten Jahrzehnt des 18. Jahrhunderts übertraf die Menge des englischen Getreideexports erstmals die Gesamtmenge der Getreideexporte aus dem Ostseeraum, die durch den dänischen Sund gingen.[26] Das Zentrum der europäischen Weltwirtschaft hatte sich aus der Abhängigkeit von der Versorgung durch die Peripherie befreit.

In der Folge konnten die Preise für Nahrungsmittel ebenso sinken wie der Anteil der Bevölkerung in der Landwirtschaft. Die Umwälzungen in der Landwirtschaft beförderten die Verstädterung der Gesellschaft, denn es wuchs das Einkommen, das für gewerbliche Güter und Dienstleistungen ausgegeben werden konnte. Ein Londoner Mechaniker, also ein qualifizierter Arbeiter oder Handwerker, der ausgangs des 17. Jahrhunderts noch 35 Tageslöhne für einen Quarter Weizen bezahlen mußte, erhielt hundert Jahre später dieselbe Menge Brotgetreide für 14 Tageslöhne.

Die Gewerbe expandierten also gleichfalls, und dies vor allem auf dem flachen Lande, wo die Landwirtschaft nicht mehr alle Bewohner beschäftigte und zugleich die Nachfrage für Gewerbeerzeugnisse stieg. Der Binnenmarkt war Englands Stärke und seine Trumpfkarte im Wettbewerb mit den kleinen und weniger volkreichen Vereinigten Niederlanden. England war nicht im selben Maße auf den Zwischenhandel angewiesen. Der Handel mit der Neuen Welt profitierte vom rasch wachsenden Verbrauch an Zucker, Kaffee, Tee, Tabak und Rum. Der karibische Zucker süßte nicht nur Kaffee und Tee, sondern wurde auch in England selbst zu Rum verarbeitet. Die Einfuhr von Tabak und Kaffee sank im Verlauf des 18. Jahrhunderts wieder, jedoch nicht wegen der Mäßigung der Konsumenten. Tabak baute man bald in England selbst gewinnbringend an, und der Kaffee wurde durch den Tee verdrängt, weil die britische Ostindische Kompanie die Steuerpolitik der Regierung für ihre Handelsinteressen mobilisieren konnte.

Der Genußmittelkonsum breitete sich zunächst in den großen Städten aus. Das ist sicher ein Indiz für gewachsene Einkommen, war aber nicht nur Luxus für die kleinen Leute. Die stimulierenden Substanzen erleichterten die überlange Arbeit in den dumpfen Werkstätten, sie mußten oft genug auch Hunger- und Schwächezustände ertragen helfen. Wir stehen einer Modernisierung der Ernährungsweise gegenüber, bei der England den Schrittmacher für den alten Kontinent spielte. Und weil dies ein Massenphänomen war, brachte der Tee- und Tabakhandel weit mehr ein, als die mittelalterlichen Pfeffersäcke aus dem Gewürzhandel gewinnen konnten.

Der Export entwickelte sich noch stürmischer als der Import. Wie England in der Landwirtschaft vom Importeur zum Ausfuhrland von Getreide geworden war, so geschah dies auch im Gewerbesektor, vor allem in der Textilindustrie. Die langhaarige Wolle der englischen Schafe lieferte bald die Grundlage für ebenso feine Tuche, wie sie die Leidener *new draperies* webten. Die Fabrikation bedruckter Baumwollstoffe, die den indischen Kattunen ebenbürtig waren, wuchs während des 18. Jahrhunderts rasch zum zweiten Standbein der englischen Exportproduktion und bildete das Feld für die technologischen Umwälzungen der industriellen

Revolution. Während der ersten sechs Jahrzehnte des 18. Jahrhunderts wuchs die gewerbliche Produktion ganz Englands um die Hälfte, aber das Exportgewerbe stieg auf 222 %, also mehr als doppelt so stark.[27] Die nachfolgende Zeit stand im Zeichen der industriellen Revolution und damit eines noch viel imposanteren Wirtschaftswachstums.

Das Zentrum des englischen Binnenmarktes, den Fernand Braudel sogar einen nationalen Markt nennt, war London.[28] Schon als Hauptstadt des elisabethanischen England hatte London mit Paris um die Spitzenposition unter den Städten des Kontinents konkurriert. In der Zeit der Revolution und der Bürgerkriege nach der Mitte des 17. Jahrhunderts erreichte es diesen Rang mühelos und blieb für zweihundert Jahre die wirtschaftliche Metropole des Kontinents. London war Schlund und Arm, Kopf und Herz Englands. Die Agrarüberschüsse des ganzen Landes wurden hier konsumiert, und die Erzeugnisse seiner Gewerbe setzten den Maßstab bis ins schottische Edinburgh und ins irische Dublin. London war das Zentrum des Luxus und der Moden, und der Landadel verbrachte regelmäßig die ganze Ballsaison in der Hauptstadt. Es war zugleich die Höhle des Lasters und des Elends, wie William Hogarth sie uns in seinen Stichen überliefert hat. Im 18. Jahrhundert erlitt London eine epidemische Ausbreitung der Trunksucht, die seine Einwohner über das Maß der großen Städte hinaus dezimierte. Um die überdurchschnittliche Sterblichkeit auszugleichen, war zwischen 1650 und 1775 genau die Hälfte des natürlichen Bevölkerungszuwachses von ganz England nötig, also rund 900 000 Zuwanderer vom Lande. Es kamen aber wohl doppelt so viele nach London, denn die Stadt wuchs unentwegt.[29]

London wurde das Herz im Kreislauf des internationalen Handels. Dazu verhalfen die großen und regelmäßigen Kapitalströme, die aus den Taschen der wohlhabenden Grundeigentümer, Pächter, Manufakturunternehmer, Kaufleute und Handwerker an die Londoner Börse flossen und die Handelsgesellschaften mästeten. Die Kraft des jungen britischen Kapitalismus war unverwüstlich. Er war selbst durch die Kriege nicht zu stören, die zur See und auf dem nordamerikanischen Kontinent nahezu unentwegt zu führen waren. Die Engländer besiegten in diesen Kriegen die beiden alten Rivalen Holland und Frankreich. Sie hatten inzwischen die leistungsfähigsten Schiffswerften und die stärkste Kriegs- und Handelsflotte der Welt. Sie eroberten im Jahre 1664 das 1625 gegründete Neu Amsterdam und nannten es fortan New York.

Den Engländern gelang, was weder Portugiesen und Spaniern noch Holländern gelungen war: die Verknüpfung der Handelsherrschaft mit einem Kolonialreich. Im Unterschied zu den spanischen Kolonien wuchs ihnen mit der Besiedlung weiter Gebiete Nordamerikas ein überseeisches Territorium zu, das nicht nur Rohstoffe und Agrarerzeugnisse lieferte, sondern ein entwickelter Markt war. Es duplizierte die Wirtschaft des Mutterlandes gleichsam. Allerdings konnte England diesen Doppelgänger, der aus einer dissidentischen Emigration gewachsen und eher ein ungebärdiger jüngerer Bruder war, nicht lange wie einen Sklaven behandeln. Das wurde spätestens im Jahre 1773 offenbar, als die Anwendung der Navigationsakte gegen die Kaufleute und Bürger der Kolonie zum Bostoner Teesturm und nach dem Unabhängigkeitskrieg zur Gründung der USA führte. Daß dies nicht das Ende der beherrschenden Rolle Englands in der Weltwirtschaft war, findet seine Erklärung nicht mehr in den Entwicklungen der Frühen Neuzeit, sondern im Verlauf der nachfolgenden industriellen Revolution.

Das Ende der Hanse

Der Städtebund der Hanse, der die Handelsstädte des nördlichen Mitteleuropa bis tief in das Binnenland vereinte, verlor seit dem Ende des Mittelalters Schritt um Schritt seine Monopolstellung im Ostseeraum. Die Hansen hatten diesen Raum wirtschaftlich beherrschen können, weil sie nicht nur Luxusgüter vermittelten. Der Fernhandel zwischen den Eckpunkten des hansischen Raumes, den Kontoren in Nowgorod, London und Brügge, konzentrierte sich zwar auf kostbare Waren wie russischen Zobel, Gewürze und feine Stoffe. Im Unterschied zur Herrschaft Venedigs im Mittelmeer ruhte die Macht der Hanse jedoch auf dem Handel mit Massengütern. In den geräumigen Bäuchen ihrer Koggen brachten sie das Salz von Lüneburg an die Fangplätze des Herings vor dem skandinavischen Schonen. Der Hering fand in ganz Europa reißenden Absatz als Fastenspeise. Den Skandinaviern lieferte der hansische Kaufmann nicht nur die Gewerbeerzeugnisse seiner Städte, sondern auch Getreide, an dem in den kargen Waldregionen Nordeuropas immer Mangel herrschte, und das Hauptgetränk des nordeuropäischen Mittelalters, das Bier. Der Getreideexport nach Westeuropa hielt sich hingegen in Grenzen, denn wie alles Kaufmannsgut hätte das Korn in Lübeck umgeladen und auf dem Landweg nach Hamburg gefahren werden müssen, ein Aufwand, der sich nur für höherwertige Güter lohnte.[30]

Im Verlaufe des 16. Jahrhunderts kam nun ein widriger Umstand zum anderen. Das Unglück der Hanse mag damit begonnen haben, daß die Reformation die Nachfrage nach Hering als Fastenspeise stark einschränkte. Als die Heringsschwärme sich dann auch noch von der Küste Schonens zurückzogen und in den entfernten Gewässern der Nordsee und Islands gefangen werden mußten, wo die englisch-schottischen und dänisch-norwegischen Fischer die Plätze besetzten, war es mit dem Hauptgut des hansischen Handels vorbei. Den entscheidenden Schlag versetzte jedoch die holländische Konkurrenz. Deren Fluiten waren länger als die Koggen und wegen besserer Besegelung schneller; so konnten Massengüter auf dem Seeweg über Jütland durch den dänischen Sund von der Ostsee in den Nordseeraum transportiert werden. Der dänische Sund wurde fortan neben der Straße von Gibraltar zur Hauptstraße des innereuropäischen Seehandels, und er wurde ganz von den Holländern beherrscht. Sie brachten das Bayensalz von der spanischen Atlantikküste, das nun anstelle des Lüneburger Salzes die Fänge der Fischer konservierte. Die Holländer bürgerten Leidensches Tuch bei den Patriziern der Hansestädte und beim Adel des Hinterlandes ein – sehr zum Schaden der einheimischen Tuchweber – und sie lieferten spanische und französische Weine, die auf den feinen Tafeln das kräftige Bier verdrängten. Vor allem betrieben die Holländer ihren Mutterhandel, den massenhaften Export von Korn, aus dem südlichen Ostseeraum nach West- und Südeuropa.

Dieser Konkurrenz konnte die Hanse auch deshalb nichts entgegensetzen, weil nach der Reformation die Staaten im nordeuropäischen Raum beträchtlich an Macht gewannen und überall die hansischen Handelsprivilegien aufhoben. Die Hansen mußten eine Niederlage nach der anderen hinnehmen: die Ausweisung der Lübecker aus Schweden durch Gustav I. Wasa im Jahre 1523, die Beschlagnahme ihrer Flotte durch seinen Nachfolger, die Schließung des Stalhofs in London zugunsten der englischen Merchant Adventurers im Jahre 1598, die feindselige Politik des dänischen Königs Christian IV., der die stolzen Hamburger mit der Feste Glücksstadt in die Knie zwingen wollte und die Rostocker aus dem Norwegenhandel drängte, und schließlich die Begünstigung der Holländer durch die polnische Krone. Alles dies schnürte dem hansischen Handel die Luft ab. Die selbstbewußte Politik der neuen Territorialmächte zeigte an, daß der lockere Städtebund auch politisch nicht mehr mitreden konnte.

Der Bund fiel ohnedies unaufhaltsam auseinander, da die Hansestädte keine gemeinsamen Handelsinteressen mehr verfolgten. Die preußischen und baltischen Städte zogen als Mittler aus dem Handel der Holländer großen Profit zu Lasten Lübecks und der wendischen Städte an der westlichen Ostsee. Die Nordseestädte unter Führung Hamburgs sahen ihren Vorteil in der Englandfahrt. Die binnenländischen Glieder der Hanse kamen zumeist im Laufe des 17. Jahrhunderts unter die Herrschaft der Landesfürsten und verloren ihre Rolle im Fernhandel. So war schon vor dem Dreißigjährigen Krieg der Untergang des alten Bundes besiegelt, den der letzte Hansetag im Jahre 1669 nur noch zur Kenntnis nehmen konnte. Im Binnenhandel über die Ostsee konnten die hansischen Küstenstädte einen zweiten Rang nach den Holländern noch lange behaupten. Sie handelten weiterhin Eisen und Holz aus Schweden, Fisch aus Norwegen, Leinen und Wachs aus den baltischen Städten und nicht zuletzt die preiswerteren Tuche, die Bücher und das Bier aus den wendischen und preußischen Städten.[31] Doch dieser Handel war provinziell geworden, die Ostsee war nur noch ein Randmeer im neuen europäischen Wirtschaftssystem.

Regionen II: Peripherie

Polen: Europas Kornkammer

Deutlicher als alle staatlichen Grenzen schied mehr als ein Jahrtausend lang die Elbe den Kontinent in seiner Mitte. Sie teilte ihn in einen städtereichen, gewerblich entwickelten, dichter besiedelten Westen und einen dünnbevölkerten, agrarischen Osten mit einem weitmaschigen Städtenetz. In dieser Elbelinie wirkte die Grenze der römisch-germanischen Synthese und der frühmittelalterlichen Staatsbildung der Karolinger nach. Jene Gebiete Ostelbiens, die Zugang zu den Ostseehäfen hatten, also Mecklenburg, Pommern und Preußen, Polen-Litauen und die baltischen Länder, entwickelten sich durch den holländischen Zwischenhandel zur Kornkammer des Kontinents. Dieser Export begann mit den großen Hungersnöten, die im letzten Viertel des 16. Jahrhunderts das entwaldete, wasserarme spanische Südeuropa heimsuchten. Die Ausfuhr erreichte ihren Höhepunkt während des großen Krieges in einem Zeitraum, in dem zugleich die Erträge in Westeuropa sanken. Die Nachfrage schwand dann mit den umwälzenden Verbesserungen der Landwirtschaft in England und den Niederlanden und mit der Einführung überseeischer Getreidesorten wie Reis und Mais im Mittelmeerraum.

Alle Häfen an der südlichen Ostsee von Reval bis Rostock waren an diesem Handel beteiligt und fanden in den beträchtlichen Profiten einen gewissen Ersatz für den verlorenen Glanz der Hanse. Der zentrale Handelsplatz wurde Danzig. Die Hansestadt an der Weichselmündung, die seit 1466 zum polnischen Königreich gehörte, sammelte die Getreideüberschüsse der ganzen Weichselniederung und des Einzugsbereiches ihrer schiffbaren Zuflüsse. Die unglaublichen Profite dieses Handels, die zwischen Danzig und dem Mittelmeer auf regelmäßig mehr als 100 % geschätzt werden, teilten sich die Danziger mit den Holländern und dem polnischen Adel, der das Getreide lieferte. Alle drei Seiten wurden reich dabei.[32]

Aus der wirtschaftlichen Interessengemeinschaft zwischen den Kaufleuten der alten Hansestädte und dem Landadel ergab sich entlang der südlichen Ostseeküste von Rostock bis Reval ein Bündnis in der ständischen Politik, das sich sowohl gegen den Monarchen als auch gegen die Landstädte und die Bauern richten konnte. Patriziat und Kaufleute strebten mit dem Erwerb von Landgütern eine Annäherung an Status und Lebensweise des Adels an. Damit gruben sich konservative Züge in das Gesicht dieser Städte, die mit der Unabhängigkeit und Modernität des westeuropäischen Bürgertums kontrastierten.

In Danzig und den anderen preußischen Städten unter der polnischen Krone waren der Annäherung engere Grenzen gesetzt, da zwischen dem lutherischen deutschen Bürgertum und dem katholischen polnischen Adel größere kulturelle Differenzen bestanden. Die Bürger der preußischen Städte verbanden die übernationale Tradition des hansischen Kaufmanns mit Elementen holländischen Lebensstils. Der Adel hingegen leitete aus mythischen sarmatischen Ursprüngen nationalpolnische Adelsfreiheit her und wappnete sich mit Verachtung gegen stadtbürgerliches Wesen. Mit der Krise des 17. Jahrhunderts steigerte sich die selbstgewisse Fremdheit des Adels zu feindseligem Zorn auf die schlauen Kaufleute, die sich mit üblen Tricks auf seine Kosten bereicherten und das Land in den Ruin zögen.[33]

Wirtschaft und Gesellschaft Polens wie des ganzen ostelbischen Nordens veränderten sich durch den Getreidehunger des westeuropäischen Marktes.[34] Im Gleichklang mit den Ausfuhren des Danziger Hafens stiegen die Preise für Brotgetreide im ganzen Lande. Ebenso drastisch stiegen die Lebenshaltungskosten und notwendigerweise die Löhne. Die Holländer hatten diese Regionen tatsächlich schlagartig in einen europäischen Markt eingebunden. Die Getreideproduktion basierte indessen keineswegs auf teurer Lohnarbeit, sondern auf der Fronarbeit der leibeigenen Bauern. In ganz Ostelbien wurden die Bauern wieder in eine schärfere Abhängigkeit mit ausgedehnten Frondiensten gezwungen, so

2 *Danziger Seehandel*

rücke bis nach dem Fisch-Marckt
sito usqve ad forum piscarium Prospectus

daß man mit Recht mit Friedrich Engels von einer zweiten Leibeigenschaft sprechen kann. Immanuel Wallerstein hat diese neue Abhängigkeit zwischen dem gewerbereichen europäischen Nordwesten und der agrarischen ostmitteleuropäischen Peripherie als einen Kernprozeß der Herausbildung eines kapitalistischen europäischen Weltsystems analysiert.[35]

Die Produktion konnte unter diesen Bedingungen nur extensiv gesteigert werden, kaum durch eine Verbesserung der Erträge. Die Ernteerträge sanken im Gegenteil während der ganzen Periode und erreichten während des Getreidebooms ihren Tiefpunkt – sei es nun wegen der Klimaverschlechterung oder wegen der unwillig geleisteten Fronarbeit. Die Gutsherren nahmen brachliegendes Land unter den Pflug und ließen Wälder roden, deren Holz sich ebenfalls gewinnbringend über Danzig verkaufen ließ. Nicht nur die Erweiterung der Anbaufläche, auch deren Konzentration in großen Eigenwirtschaften des Adels erhöhte die Marktproduktion. Vor allem die Magnaten legten Bauern, deren Land sie zu dem eigenen schlugen, und sie kauften auch Ländereien des verschuldeten Kleinadels auf. Aufgrund der fortschreitenden Verschuldung des Kleinadels bildeten sich Klientel-Verhältnisse heraus, die den Magnaten weiteren Machtzuwachs brachten.[36]

Da das Geld aus der polnischen Getreideausfuhr – soweit es nicht bei den Danziger Kaufleuten blieb – in die Hände des Adels gelangte, und da dieser Adel auch noch einen schwunghaften Zwischenhandel mit den westlichen Kaufmannswaren betrieb, die er aus Danzig bezog, litten die polnischen Landstädte und die einheimischen Gewerbe sehr. Im 17. und 18. Jahrhundert sind die wirtschaftliche und die kulturelle Eigenständigkeit des polnischen Stadtbürgertums gleichermaßen geschwunden. Die Lesefähigkeit der Bürger in der Woiwodschaft Kraków ging von der Mitte des 16. bis zum Ausgang des 18. Jahrhunderts erheblich zurück. Gleichzeitig ordnete das Bürgertum seine Wertvorstellungen mehr und mehr dem adeligen Sarmatismus unter.[37] Während des 16. Jahrhunderts waren in Polen noch mehr als 200 Märkte und ebenso viele Städte gegründet worden, großenteils auf den Besitzungen des Adels. Im Verlaufe des 17. Jahrhunderts fielen diese Neugründungen wieder auf den Status von Dörfern zurück, und ihre Einwohner wurden zu Frondiensten herangezogen. Der Anteil der Stadtbürger an der Bevölkerung Großpolens lag am Ende des 18. Jahrhunderts bei 25 %, also auf demselben Niveau wie zwei Jahrhunderte zuvor, wobei sich jeder sechste von der Landwirtschaft nährte.[38]

Als der Getreideexport seit dem späten 17. Jahrhundert drastisch und dauerhaft zurückging, war dies gleichermaßen deprimierend für die Blüte der preußischen Städte wie für die sarmatische Adelsherrlichkeit und die Einkünfte der polnischen Krone.[39] Möglicherweise war dieser wirtschaftliche Bedeutungsverlust ebenso verheerend für die weitere Existenz des polnischen Staates wie der politische und militärische Aufstieg der ehemals schwachen Nachbarn Rußland und Brandenburg-Preußen. Eine traditionsreiche Strömung der polnischen Forschung sieht das Unglück allerdings schon im 16. Jahrhundert beginnen, nicht mit dem Ende, sondern mit dem Beginn des Getreidebooms, zu dem Zeitpunkt, als Polen den »Normalweg« der westeuropäischen Entwicklung verließ.[40] Aber gab es denn eine Wahl für Polen? War nicht das ganze ostelbische Mitteleuropa schon beim Eintritt in die Frühe Neuzeit schwer benachteiligt gegenüber dem Westen und dem Mittelmeerraum, weil die Besiedelung so viel dünner und das Städtenetz so viel weitmaschiger war? Der westeuropäische Weg war allerdings ganz und gar nicht europäische Normalität, sondern jenes »europäische Wunder« als Resultat außergewöhnlicher Konstellationen.

Die Einkünfte aus dem Getreidehandel bewirkten in Polen keinen Modernisierungsschub nach holländischem oder englischem Muster, sondern sie leisteten einer umfassenden Refeudalisierung des Landes Vorschub. Und dies war in Mecklenburg, Pommern, Ostpreußen oder Livland nicht anders. Ist das ein Widerspruch zu der Feststellung, daß Ostelbien durch den Getreideexport in die europäische Weltwirtschaft integriert worden war? Das Wiederaufleben der Fronarbeit in Ostmitteleuropa gehörte offenbar zu der Kehrseite des frühneuzeitlichen Kapitalismus ebenso wie die Sklavenarbeit auf den Plantagen der Neuen Welt.

Viehstapel des Kontinents: Ungarn

Jenseits der schiffbaren Flüsse und der intensiver kultivierten Ackerbauflächen dehnte sich im Südosten Polens und in der weiten ungarischen Tiefebene die Zone der Weidewirtschaft. War Zentralpolen eine Kornkammer im europäischen Wirtschaftssystem, so war Ungarn sein Viehstapel. Das Land hatte im Unterschied zu Polen, das in der Union mit Litauen seine Großmachtzeit erlebte, ein unglückliches politisches Schicksal. Seit der verlorenen Schlacht bei Mohács im Jahre 1526 war der größere Teil unter osmanische Herrschaft gekommen, während der Nordwesten als Königreich unter habsburgischen Einfluß gelangte und Siebenbürgen als tributpflichtiges Fürstentum im Schatten des Sultans fortlebte. Immer wieder fielen dann die türkischen Truppen in die Dörfer ein, brandschatzten im Wettstreit mit den eigenen Grenztruppen und besteuerten die Bevölkerung oft genug gleichzeitig mit den königlichen Eintreibern. Trotz ständigem Kriegszustand wuchs die Bevölkerung im Verlaufe des 18. Jahrhunderts auf mehr als 8,5 Millionen. Am Ende des 16. Jahrhunderts war mit drei Millionen Bewohnern ein Tiefpunkt erreicht gewesen.[41]

Wie konnte unter diesen Bedingungen das Land in das europäische Wirtschaftssystem integriert werden? Am Beginn des 16. Jahrhunderts waren es die oberungarischen Kupfergruben gewesen, deren Schätze die Thurzó und die Fugger auf den europäischen Markt geworfen hatten. Nach dem Zusammenbruch des Fugger-Imperiums und der Überschwemmung des Marktes mit südamerikanischem Münzmetall waren diese Gruben nur noch von regionaler Bedeutung. Die slowakischen Bergstädte blieben indessen bis zum Beginn der Industrialisierung im 19. Jahrhundert die gewerblich am meisten entwickelten Zentren Ungarns.

Die Ungarn reagierten auf den Fleischhunger der wachsenden Bevölkerung im übrigen Europa, indem sie aus der Not ihrer armen, dünn besiedelten weiten Landstriche eine Tugend machten. Auf der großen Tiefebene des türkischen Ungarn – dem am meisten geschundenen Teil des Landes – begannen die Bewohner mit der Ochsenmast im großen Stil. Erstaunlich ist, daß offenbar keine

Anregungen oder Vermittlungen von außen kamen, wie das beim polnischen Getreideexport in Gestalt der Amsterdamer Kaufleute der Fall gewesen war. Die Bewohner der Puszta erkannten und ergriffen die Marktchance anscheinend, indem sie schon bestehende eigene Verbindungen nutzten.

Großenteils dienten die Ochsen der Fleischversorgung der türkischen Armee, doch aus europäischer Sicht scheinen die Westexporte interessanter. In großen Herden wurde das Vieh in die Konsumtionszentren Mittel- und Südeuropas getrieben. Die nordwesteuropäischen Gewerbezentren erhielten ihr Fleisch aus der Ochsenmast Dänemarks und Schleswig-Holsteins. Die Ochsen gingen teils über Polen und Schlesien nach Leipzig und Frankfurt am Main, zum andern Teil über Split nach Venedig. Allein 40 000 Ochsen wurden jährlich in der Kaiserstadt Wien verkauft. Unterwegs gab es ausgedehnte Rastplätze, so das thüringische Buttstätt, wo die Tiere zwischendurch weideten. Nur die urtümlichen, für die damaligen Verhältnisse riesigen, den Auerochsen verwandten Tiere aus den Weiten Kumaniens hielten diese Strapazen aus.[42] Der ungarische Ochsenhandel stieg wie der polnische Getreideexport im 16. Jahrhundert an. In der zweiten Hälfte des 16. Jahrhunderts registrierten die Zollhäuser an der österreichischen Grenze jährlich um die 100 000 Ochsen aus der großen Tiefebene.[43]

Infolge der intensiveren Viehzucht Mittel- und Westeuropas ging der Ochsenhandel im späteren 17. Jahrhundert ebenso zurück wie der Getreideexport aus dem Ostseeraum. Die ungarische Landwirtschaft stand etwa eineinhalb Jahrhunderte lang ganz im Zeichen des Ochsenhandels und tendierte zur Monokultur. Daneben breitete sich der Weinbau für den Export in den hügeligen Gegenden West- und Südungarns aus und drängte dort den Getreideanbau zurück. Abnehmer waren die benachbarten Regionen Ostmitteleuropas; vor allem der polnische Adel liebte die schweren Weine. Aber in der Handelsbilanz fiel der Wein im Vergleich zu den Ochsen kaum ins Gewicht. Diese Bilanz war zumindest auf dem Höhepunkt des Ochsenhandels aktiv – ähnlich wie die polnische Handelsbilanz mit dem westlichen Europa zur selben Zeit. Der großen Menge exportierter Agrarprodukte stand keine ebenbürtige Nachfrage nach Gewerbeerzeugnissen gegenüber.[44] Bei den Importen dominierten die Textilien, besonders schlesische Tuche und Leinenstoffe waren gefragt. Daneben kaufte man landwirtschaftliche Geräte, vor allem Sicheln und zunehmend Sensen aus der Steiermark. Das schlichte Handwerk der eigenen Städte hatte daneben kaum eine Chance. Wenn man das Vieh durch Getreide ersetzte, fände man eine große Ähnlichkeit mit der Struktur des polnischen Außenhandels. So wie die Probleme sich ähnelten, glichen sich Gesellschaftsstruktur und Wirtschaftsweise beider Länder.

Auch in Ungarn waren die Magnaten die herrschende Schicht, gestützt von einem noch zahlreicheren Kleinadel. Ihre Dominanz war hier sogar noch deutlicher, denn das Städtenetz war weitmaschiger als in Polen. Nur die »sächsischen« Städte Transsilvaniens und die westlichen Grenzstädte von Sopron/Ödenburg bis Kassa/Kaschau/Košice konnten sich durch den Handel mit Ottomanen beziehungsweise Habsburgern einigermaßen behaupten. Selbst die königlichen Städte innerhalb des Landes und die Hauptstadt Buda litten unsäglich. Die Städte und Märkte auf den Besitzungen des Adels verloren im 17. Jahrhundert vielfach ihren urbanen Charakter. Nach der Befreiung von den Türken begann eine Zeit des allgemeinen Wiederaufbaus, verbunden mit dem Zustrom bäuerlicher und bürgerlicher Siedler aus habsburgischen, deutschen und südslawischen Territorien, den Kaiserin Maria Theresia in eine planmäßige Kolonisation überleitete. Das städtische Gewerbe verharrte zwar auf dem Niveau der Produktion für schlichte Alltagsbedürfnisse, doch um die alten oberungarischen Bergbauzentren entwickelte sich eine Eisenhüttenindustrie, und einige Dutzend Textilmanufakturen wurden begründet. Am Ausgang des 18. Jahrhunderts lebten etwa 17% der ungarischen Bevölkerung vom Gewerbe, ein Niveau, das sehr genau dem Anteil der nichtlandwirtschaftlichen Bevölkerung in Polen und in den östlichen Provinzen Preußens entsprach, aber niedriger war als in den habsburgischen Erbländern.[45]

Auch in Ungarn zwang der Adel die Bauern seit dem 16. Jahrhundert in eine neue Leibeigenschaft mit unangemessenen Frondiensten und fester Schollenbindung. Die zahlreichen ungarischen Calvinisten, die mit den Zentren der reformierten Religion in

Westeuropa verbunden waren, verurteilten dieses Unrecht mit dem Blick auf die englische und holländische Freiheit. Sie sahen darin die böse Folge des polnischen Beispiels. So schrieb Pál Lisznyai Kovács aus Debrecen am Ende des 17. Jahrhunderts in seiner »Ungarischen Chronik«:

»Es ist wahrlich gegen Gott, gegen die Heilige Schrift und gegen die Gesetze aller gebildeten und christlichen Republiken dieser Welt, was die Ungarn von den benachbarten Polen gelernt haben, nämlich, daß eine Nation einen Menschen aus der gleichen Nation so verelendet, daß ein Ungar einen anderen ungarischen Menschen, daß ein Mensch von Christi Konfession ein ihm ähnliches Glied Christi so verelendet. Diese deine Tat ist wohl Ursache genug, daß Gott auch dich zum Leibeigenen anderer Nationen macht.«[46]

Am Rande Europas: Rußland

Mochten sich Polen und Ungarn in der Abwehr asiatischer Eroberer und in der Koexistenz mit den Osmanen als Eckstein der Christenheit verstehen, so fiel diese Rolle in besonderem Maße dem russischen Reich zu. Moskowien nannte man es in Europa, seit es im 15. Jahrhundert aus dem Großfürstentum Moskau neu erstanden war. Im Süden von den Khanaten der Tartaren bedrängt, im Westen von dem starken polnisch-litauischen Staat bedroht, der zeitweise auch über die ehemaligen Länder des Deutschen Ordens Kurland und Livland und über die Ukraine herrschte, im Norden durch die schwedische Großmacht vom Zugang zum baltischen Meer abgeschnitten, war das Reich tatsächlich von Feinden umgeben. Die christlichen europäischen Nachbarn waren dabei für die Existenz des Staates nicht weniger gefährlich als die Tartaren.

Die Ungunst der Lage, die den Staat durch keinerlei natürliche Grenzen schützte, traf auch die Wirtschaftstätigkeit. Das rauhe Klima des weiten Landes mit seinen ausgedehnten Wäldern und

Sümpfen, fehlende Zugänge zu den Weltmeeren und großen Binnenmeeren, der Mangel an schiffbaren Flußläufen, die das Land mit den europäischen Zentren verbinden könnten, die dünne Besiedlung und die aus alldem folgende Armut der Bewohner hinderten die Entwicklung von Handel, Gewerbe und städtischer Kultur. Alles dies isolierte Rußland von den anderen Regionen Europas.

Der Moskauer Staat konnte sich gegen die fortwährende Bedrohung von außen nur behaupten, indem er auch das Letzte an Steuern und Diensten aus der Bauernschaft herauspreßte und das Reich in ein autokratisches System verwandelte, wie es die europäische politische Kultur nicht kannte. Furchtbare Bauernaufstände waren die Folge. Das russische System erhielt sein Fundament in den Staatsreformen Iwans IV. und Peters I., der beiden großen Zaren, denen die Zentralisierung und Stabilisierung des Staates und seine Sicherung gegen die Nachbarn schließlich gelang.[47] Politisch wurde Rußland so im 18. Jahrhundert eine europäische Großmacht, ein Eckstein des Gleichgewichtssystems. Die wirtschaftlichen Bindungen blieben eher schwach, und die innere Struktur von Rußlands Wirtschaft und Gesellschaft unterschied sich wesentlich von der des übrigen Europa.

Entschieden schwächer, ja verschwindend gering entwickelt war das russische Städtewesen, also jene Seite der Kultur, die sowohl die Blüte der mittelmeerischen Renaissance als auch den erstaunlichen Aufschwung der nordwesteuropäischen Staaten getragen hatte. Die Hauptstadt Moskau, der Eismeerhafen Archangelsk und der alte Handelsplatz Novgorod, vielleicht noch das alte Schmiedezentrum Tula bei Moskau waren die einzigen Zentren von überregionaler Bedeutung um 1700. Zu dieser Zeit gab es im ganzen Reich kaum 200 Städte, darunter nur 103 mit mehr als 500 Anwesen im eigentlichen, administrativ abgegrenzten Stadtraum. Es gab also in dem Riesenreich nicht mehr Städte als in Kleinpolen, der alten polnischen Kernprovinz um Kraków. Zu Beginn des 18. Jahrhunderts baute Peter I. die neue Hauptstadt an der Newa und gewann die Ukraine mit Kiew und auch die Ostseeprovinzen mit Riga und Reval hinzu. Die alten Hansestädte am baltischen Meer verbanden fortan Rußland mit der alteuropäischen

Stadtkultur. Am Ende des 18. Jahrhunderts etablierte Zarin Katharina weitere 216 Städte als Mittelpunkte der neu geschaffenen Gouvernements und Kreise. Die meisten blieben bloße Verwaltungsorte ohne ein blühendes Gewerbe, von Urbanisierung ist deshalb nicht zu reden. In Städten lebten am Beginn des 18. Jahrhunderts ganze 2 % der russischen Bevölkerung, an dessen Ende war dieser Anteil nur wenig über 3 % gestiegen.[48] Das entsprach einem Zehntel des europäischen Durchschnitts und zeugt nicht einfach von Rückständigkeit, sondern von einer gänzlich anderen Gesellschaftsstruktur.

Es gab kein Stadtrecht, das die Einwohner vor dem Zugriff von Herrscher und Bojaren geschützt hätte. Die weitaus meisten Städter waren rechtlos und leibeigen wie die Landbewohner. Nur die Fernkaufleute standen unter einem besonderen Recht, das sie zu »Gästen« des Zaren, jedoch nicht zu Bürgern machte. Auch in Rußland machte die Stadtluft niemanden frei. Ebenso unterschied ihre wirtschaftliche Rolle die russischen von den übrigen Städten Europas. Nur jeder sechste Einwohner der russischen Städte war ein Handwerker, während es sonst jeder dritte bis jeder zweite war. Adelshöfe mit zahllosem Gesinde bestimmten das Bild der Städte.[49]

Das stärkste wirtschaftliche Band zwischen Rußland und dem übrigen Europa flochten die Engländer. Ende des 16. Jahrhunderts bahnte der Holländer Willem Barents auf der vergeblichen Suche nach der Nordostpassage zu den Reichtümern Indiens seinen Landsleuten den Weg in das Zarenreich. Archangelsk am Weißen Meer war bis zum Aufstieg St. Petersburgs der Umschlagplatz des russischen Außenhandels mit dem Westen. Seiner wirtschaftlichen Entwicklung entsprechend waren es nicht die Früchte des Ackerbaus oder der Viehzucht, die Rußland mit dem übrigen Europa tauschte, sondern die Schätze seiner weiten Wälder. Schon die Hansekaufleute hatten sie aus Novgorod geholt: Zobelfelle und Leder, Honig und Wachs und den als Arznei geschätzten Rhabarber. Seit dem späten 16. Jahrhundert gewann die Pottasche an Bedeutung, die für Seifensiederei, Textilbleiche und Glasbrennerei gebraucht wurde. Die Bauern gewannen dieses der Soda verwandte Kaliumkarbonat aus der Asche von Laubbäumen. Die Engländer erweiterten dann im ausgehenden 17. Jahrhundert die

Palette des Handels um die Bedürfnisse des Schiffbaus. Zu diesen *naval stores* gehörten Holz, Pech und Teer, hanfene Taue und Segelleinen, Eisen und Nägel. Auch diese Güter wurden zum guten Teil aus dem Reichtum der Wälder gewonnen. Der Rußlandhandel nahm im 18. Jahrhundert mit 35 % aller Einfuhren die zweite Stelle im englischen Außenhandel nach dem Indienhandel ein.[50] Ähnlich dominierend war der Englandhandel aus russischer Sicht. Der Umfang des russischen Chinahandels hat nur etwa 7 % des europäischen Handels betragen, und der Austausch mit dem Osmanischen Reich war noch weitaus geringfügiger. Auf den mehrjährigen Karawanenreisen nach China konnten natürlich keine Massengüter mitgeführt werden, und auch im Austausch mit den Osmanen beschränkten sich die russischen Lieferungen auf kostbare Felle und den überall begehrten Rhabarber.

Natürlich gewannen nicht nur die Ausländer bei diesem Handel. Für die russischen Kaufleute war der beschwerliche Transport der Waren in den Eismeerhafen lohnend, denn die Engländer zahlten bar und gewährten für die eingeführten Waren Kredit bis zur nächsten Saison. Diese Praxis zeugt wohl für den Bargeldmangel der russischen Kaufleute und für den niedrigen Entwicklungsstand der Warenwirtschaft im Lande. Auf Grund dieser Kredite benötigten jene Kaufleute, die im Außenhandel tätig waren, weniger Kapital als diejenigen, die den Binnenhandel mit säumigen Schuldnern bei Adel und Städtern abwickelten.

Die Exportgewerbe hatten kaum eine Beziehung zur Basis des russischen Wirtschaftslebens auf dem Dorf und in den kleinen Städten. Schon die unendliche Weite des Landes stellte sich der Verflechtung von Außen- und Binnenmarkt entgegen, wird doch nach der Gründung von St. Petersburg geklagt, daß eine Saison nicht ausreichte, um die Metallwaren des Ural zu den englischen Schiffen in die neue Hauptstadt zu bringen.[51] Der schwache Binnenmarkt mit seiner geringen Nachfrage nach Gewerbeprodukten wird auch entscheidend für die unausgewogene Handelsbilanz gewesen sein. Die Exporte von Rohstoffen überwogen die Einfuhren aus Westeuropa bei weitem. Noch während des ganzen 18. Jahrhunderts – weit länger als Polen und Ungarn – bewahrte Rußland diese stark aktive Handelsbilanz. Sie ist sicherlich kein Zeugnis erfolgreicher merkantilistischer Wirtschaftspolitik des Zarenreiches, sondern enthüllt die andauernde Marginalität Rußlands im europäischen Wirtschaftssystem.

Während der Herrschaft der Kaiserin Katharina im letzten Drittel des 18. Jahrhunderts wuchs der russische Außenhandel sprunghaft. Eisenexport und Handelsabgaben waren neben den Steuern die wichtigste Einnahmequelle des Zarenreiches. Der Ausbau des Staatsapparates, der Armee und der Flotte ließen die Staatsausgaben noch rascher als den Handel wachsen, so daß das Zarenreich am Ausgang des 18. Jahrhunderts eine Auslandsverschuldung von 33 Millionen Rubel angesammelt hatte – das war etwas mehr als die Hälfte der jährlichen Staatseinkünfte oder die Hälfte der jährlichen Ausfuhr nach Westeuropa.[52] Man wird also annehmen können, daß der Handel mit Westeuropa im Verlaufe des 18. Jahrhunderts wesentliche Bedeutung für Rußland gewann, ja daß sich eine gewisse Abhängigkeit entwickelte. Dabei geriet kaum die im wesentlichen noch immer autarke russische Wirtschaft in Abhängigkeit, sondern in erster Linie der russische Staat.

Als Antwort auf den Eisenbedarf des westeuropäischen Marktes entwickelten sich Bergbau und Hüttenwesen. Im Ural entstand um das Zentrum Jekaterinenburg eine Hüttenindustrie, die bis zum Beginn der englischen Industrialisierung aufgrund der reichen Lagerstätten und der unerschöpflichen Brennholzvorräte durchaus konkurrenzfähig war. Um 1790 stellte Rußland rund die Hälfte der Weltproduktion an Roheisen her und war der größte europäische Exporteur. Rußland führte nahezu ausschließlich Roheisen aus, das in den englischen Walzwerken und Schmieden weiterverarbeitet wurde. Während Schweden, der andere große Eisenexporteur, unter dem Einfluß von Wissenschaftlern und Ingenieuren wie Christopher Polhem eine leistungsfähige Eisenverarbeitung aufbaute, gelang dies in Rußland nur in dem Umfang, wie es für die Ausrüstung von Heer und Flotte unerläßlich war. Die Nachfrage der Armee nach Uniformtuchen war auch der Motor für die Entwicklung des Wollgewerbes. Rußland verfügte am Ende des 18. Jahrhunderts über etwa 400 Textilmanufakturen. Unter Einschluß der Berg- und Hüttenwerke geben die Schätzungen im Jahre 1800 etwa 2000 großbetriebliche Anlagen mit 200 000 Arbeitern an.[53]

Es wird deutlich, daß Rußland den Anschluß an die europäische Entwicklung suchte. Doch diese Anpassung erfolgte auf der Basis des Systems der Leibeigenschaft, und sie mußte daher in eine Sackgasse führen. Überall in Europa gab es Manufakturen mit Zwangsarbeitern aus Waisenhäusern und Strafanstalten, doch das blieb alles in allem betrachtet eine Randerscheinung in der frühneuzeitlichen Gewerbeentwicklung. Anders war es in den russischen Manufakturen, wo unfreie Arbeit die Regel war. Schon im 17. Jahrhundert hatte es zu den Privilegien ausländischer Unternehmer gehört, daß sie ganze Dörfer kaufen und die Bauern zur Zwangsarbeit in ihren Manufakturen verwenden durften. Die Bauern blieben diesen Betrieben erblich zugeschrieben. Zar Peter gestattete dies mit einem Gesetz von 1721 auch inländischen Unternehmern. Nicht nur einfache Arbeiten, Transporte und Hilfsdienste wurden von Leibeigenen ausgeführt, selbst qualifizierte Spezialisten waren unter ihnen zu finden. Die Vorherrschaft der Leibeigenenarbeit im Gewerbe wird in ihrem ganzen Ausmaß erst deutlich, wenn man die Unzahl ländlicher Branntweinbrennereien und Pottaschefabriken einbezieht, die von Adligen auf ihren Gütern errichtet und ausschließlich mit Leibeigenen betrieben wurden.[54]

Was schien unter den Bedingungen des Selbstherrschertums und der Leibeigenschaft von neun Zehnteln der Bevölkerung naheliegender, als dringend gebrauchte Arbeiter auf diesem Wege zu rekrutieren? Der Zar schickte seine Bauern in die staatlichen Bergwerke und Eisenhütten, so wie er sie zum Bau von St. Petersburg und für die mörderischen Kanalbauten befohlen hatte. Leibeigene Arbeiter erhielten im allgemeinen nur ein Zehntel des Lohnes, der freien Arbeitern bezahlt werden mußte. Billig waren sie in Wahrheit nicht, denn die Arbeit der Leibeigenen war von geringer Qualität und mit einem hohen Aufwand für Bewachung und Bestrafung verbunden. Gleichzeitig verhinderten die leichte Verfügbarkeit und die scheinbar niedrigen Kosten der Leibeigenenarbeit jede Anstrengung, menschliche Arbeit zu ersetzen oder ihre Wirksamkeit zu erhöhen. Die Leibeigenschaft lähmte den Erfindergeist der Menschen ebenso wie ihre Tatkraft und Kunstfertigkeit. So war die Eisenproduktion im Ural am Ende in eine Sackgasse geraten, als die englische Hüttenindustrie mittels Dampfmaschinen und Steinkohle ihre Produktion vervielfachte und selbst zum Exporteur wurde.

Erst nachdem das Recht der Unternehmer zum Kauf von Leibeigenen im Jahre 1752 wieder eingeschränkt wurde, entwickelten sich in nennenswertem Umfang echte Lohnarbeitsverhältnisse im russischen Gewerbe. Inseln freier Arbeit entstanden in Moskau, dem Verbraucher- und Gewerbezentrum des Landes, wo genügend freie und qualifizierte Arbeiter verfügbar waren, und in der neuen Baumwolldruckerei und Seidenweberei, wo neuartige oder hochkomplizierte Fertigkeiten erforderlich waren. Doch diese Inseln fielen ihrer geringen Ausdehnung halber kaum ins Gewicht. Der Mangel an freien Arbeitern war zweifellos ein ebenso großes Hindernis für die Entwicklung des Gewerbes wie die schwache Tradition des städtischen Handwerks.

Die Leibeigenschaft war keine Besonderheit der russischen Geschichte. Um die Mitte des 17. Jahrhunderts, als sie mit dem Gesetzbuch von 1649 rechtlich fixiert wurde, kamen auch die ungarischen Bauern in die neue Abhängigkeit, ließ sich der polnische, kurbrandenburgische und mecklenburgische Adel die erbliche Untertänigkeit und Dienstpflicht seiner Bauern verbriefen, und zu eben dieser Zeit litten auch die Bauern in den österreichischen und böhmischen Ländern der Habsburger unter Robot, den Frondiensten. Auch in Rußland gab es Freiräume, vor allem die Kosakenfreiheit der Militärbauern am unteren Don und in den Steppen am Rande des Reiches. Und wo die russischen Bauern nicht wie sonst in Europa in die Städte fliehen konnten, boten die dichten Wälder und die unermeßlichen Weiten des gerade kolonisierten Sibiriens Auswege. Die Besiedlung Sibiriens erfolgte vornehmlich durch entlaufene Leibeigene und geflohene Altgläubige. Die Flucht wurde deshalb vom Staat zeitweise geradezu begünstigt. Auch in Rußland konnten Bauern durch Handel und Wirtschaft reich werden. Doch die gewöhnliche Leibeigenschaft war hier wohl härter, der Sklaverei ähnlicher als in den mitteleuropäischen Regionen östlich der Elbe. Die Bauern konnten ohne ihre Hofstelle verkauft werden, was offenbar häufig geschah. Der Preis für eine Bauernfamilie soll zu Zar Peters Zeiten 50 Rubel betragen haben, für eine entflohene Familie, die unbegrenzt zurückgefordert werden konnte, nur die Hälfte. Vergebens versuchte der Zar, den Verkauf einzelner Familienmitglieder zu untersagen.[55]

In Rußland empörten sich ausgangs des 18. Jahrhunderts Menschen im Namen der Aufklärung gegen diese Mißhandlung der menschlichen Kreatur. Alexander Radiščev, ein hoher Beamter der Zarin Katharina, büßte seine Kritik mit zehnjähriger Verbannung nach Sibirien. Obwohl dieser selbstherrliche Akt im fernen Rußland geschah, blieb er nicht unbemerkt; europäische Aufklärer reagierten darauf in ihren Korrespondenzartikeln mit tiefem Abscheu. Mehrere deutsche Journale berichteten davon, und die Deutsche Monatsschrift druckte Radiščevs »Reise von Petersburg nach Moskau«, die in Rußland noch bis zur Revolution von 1905 verboten blieb. Nicht nur der Handel und die Machtpolitik, auch die geistigen Gemeinsamkeiten banden Rußland zunehmend an die europäische Entwicklung.

Die Osmanen und Europa

Am Beginn der Frühen Neuzeit erlebte das Osmanische Reich unter Sultan Suleiman dem Prächtigen in Europa seine größte Ausdehnung. Griechenland und Serbien, Bulgarien und Teile Ungarns standen direkt unter der Herrschaft der Pforte; die Fürsten von Siebenbürgen, der Walachei und Moldawiens waren tributpflichtig. Der türkische Vormarsch konnte 1683 vor Wien gestoppt und Ungarn zurückgewonnen werden, doch das übrige Südosteuropa blieb Teil des Türkischen Reiches bis zu den nationalen Bewegungen des 19. Jahrhunderts. Das Osmanische Reich ist damit ein Teil der europäischen Geschichte in der Frühen Neuzeit geworden. Die Völker des Balkans sahen im Rückblick diese Vergangenheit als Geschichte der Unfreiheit, der Ausplünderung und der erzwungenen wirtschaftlichen Rückständigkeit.[56] Nur selten wird dagegen darauf hingewiesen, daß die bäuerliche Welt des Balkans im Verhältnis zu den Handels- und Gewerbezentren der Levante seit jeher archaisch war und sich unabhängig von der türkischen Herrschaft in einer Randlage befand. Unzweifelhaft ist jedoch, daß die Bevölkerung dieses Teils von Europa, die nur in der Oberschicht islamisiert wurde, viel von der osmanischen Alltagskultur und Lebensweise übernahm und an dem lebhaften Handel und Wandel des Reiches zu ihrem Vorteil teilnahm. So hat der Handel zwischen der Pforte und Rußland nahezu ausschließlich in den Händen balkanischer Kaufleute gelegen, ebenso wie der lebhafte Austausch mit dem polnisch-litauischen Staat und dem Habsburgerreich.[57]

Das Osmanische Reich war keine asiatische Despotie, die mit der abendländischen Freiheit stritt. Die Toleranz gegen Andersgläubige war weit größer als im christlichen Europa, weshalb zahlreiche spanische Juden vor den Verfolgungen der Rekonquista dorthin flohen. Die Bauern in den islamischen Kerngebieten waren nicht leibeigen wie im ostelbischen Europa, sondern hatten dem Staat einen bestimmten Teil der Ernte abzuliefern. Eine Reorganisation der Militärverfassung legte zwar die Einsammlung und Verwertung dieser Abgaben seit dem 17. Jahrhundert in die Hände von Beauftragten vor Ort. Doch daraus entwickelte sich keine Gutsherrschaft mit großen Eigenbetrieben und einer richterlichen und polizeilichen Gewalt über die Bauern nach ostelbischem Muster. Die lokalen Machthaber waren nicht mit jenen Herren identisch, die auf wüsten Arealen Weidewirtschaft betrieben oder Plantagen durch Teilpächter bearbeiten ließen. Auch solche *çiftliks*, die sich im osmanischen Europa verbreiteten und zwischen 25 und 50 Hektar groß waren, begründeten keine agrarische Marktproduktion großen Stils, wie es die ostelbischen Gutswirtschaften taten. Vorstellungen von einer Feudalisierung des türkischen Reiches in der Frühen Neuzeit sind durch neuere Forschungen korrigiert worden.[58] Die bäuerliche Wirtschaftsweise blieb erhalten, und sie war äußerst konservativ, unverändert seit Jahrhunderten.

Einen gewissen Einfluß auf die ländliche Gesellschaft hatte die europäische Nachfrage nach Kattun und Seidenstoffen in jenen küstennahen Regionen Syriens und Kleinasiens, in denen traditionell Seide und Baumwolle angebaut wurden. Als die persischen Seidenkarawanen um die Mitte des 18. Jahrhunderts ausblieben, wurde das Aufkommen der Region gesteigert. Die Kaufleute von Aleppo konnten Gespinst und Gewebe auf den regionalen und lokalen Märkten aufkaufen, ohne daß sie zum Verlagssystem übergingen. Erst in der Mitte des 19. Jahrhunderts spannen und webten die Bewohner ganzer ländlicher Regionen für den Export nach Europa.

Das Osmanische Reich umfaßte Regionen ältester Zivilisationen und einer entwickelten urbanen Kultur. Diese Zentren, soweit sie an den großen Handelsstraßen lagen oder Mittelpunkte von Provinzen waren, wuchsen während der Blütezeit des Imperiums gewaltig. Istanbul hatte um 1700 eine dreiviertel Million Einwohner, war also größer als London und Paris. Auch das syrische Aleppo, der Stapelplatz für den persischen Karawanenhandel, und das ägyptische Kairo gehörten um 1600 mit mehr als 200 000 Einwohnern zu den Weltstädten. Der Bevölkerungsanteil der Städte mit mehr als 10 000 Einwohnern soll in den asiatischen Kernprovinzen zwischen 10 % und 20 % gelegen haben, im europäischen Teil der Levante lag der Anteil aller Stadtbewohner um 15 %.[59] Der Urbanisierungsgrad entsprach also dem der entwickelten westeuropäischen Regionen.

Die Handelsbilanz des Osmanischen Reiches mit Europa war ganz unausgeglichen, bestimmt durch den Export. Das galt für den Handel von Engländern und Franzosen im östlichen Mittelmeer, die ihre umfangreichen Einkäufe mit Silbermünzen ausgleichen mußten, aber auch für den bedeutenden Landhandel ins östliche und mittlere Europa. Am Beispiel des Donauhandels mit der Habsburgermonarchie und auf den Leipziger Messen wird dies sichtbar.[60] Das wichtigste Handelsgut war die Baumwolle, nicht nur als Faser, sondern auch als Stoff in bedruckten Qualitäten. Die griechischen oder bulgarischen Kaufleute verkauften zunehmend Erzeugnisse der Textilmanufakturen, die damals in den Balkanländern entstanden. Etwa die Hälfte des gesamten mitteleuropäischen Handels der Türkei lief auf dem Landweg über die Leipziger Messen. Von dort bezogen dann die polnischen Kaufleute jene türkischen Stoffe, Waffen und Gebrauchsgegenstände, für die es in der sarmatischen Adelskultur eine Vorliebe gab.

Der Handel hatte traditionell im islamischen Wirtschaftssystem ein sehr hohes Ansehen, und die Steuersätze entsprachen dem ebenso wie die Rechtsprechung. Er wurde weniger belastet als das

Handwerk, und beide steuerten geringer als die Bauernschaft. Der Transithandel und die Handelstätigkeit fremder Kaufleute waren in diese wohlwollende Politik eingeschlossen, denn die Pforte zog aus den Importen denselben Gewinn wie aus jedem anderen Handel. Auch in Streitfällen begünstigte der Staat regelmäßig den Kaufmann gegenüber dem Handwerker. Vernachlässigung und Zurückbleiben von Gewerbe und Landwirtschaft mögen sich daraus erklären. Der Staat scheute sich auch nicht, das einheimische Gewerbe zu schröpfen und zu schädigen, um Importe europäischer Güter zu erleichtern. Bezeichnend ist das Schicksal der Färber von Aleppo. Sie hatten die Baumwollstoffe der Region und verschiedene indische Importe seit eh und je in traditionellen Tönen eingefärbt und ihr gutes Auskommen dabei gefunden. Im frühen 18. Jahrhundert begannen nun die Franzosen, Tuche in die syrische Handelsstadt einzuführen, die leuchtend hell eingefärbt waren. Die Färber führten daraufhin eigene, neue Farben ein (Zitronengelb, Hellblau und Goldtöne) und konnten so der fremden Konkurrenz standhalten. Nach einiger Zeit kamen die Steuereinnehmer darauf, daß hier eine Neuerung vorlag, und sie verordneten eine zusätzliche, beträchtliche Steuer. Alle Eingaben der Färberzunft in Istanbul blieben vergeblich.[61]

Die Färber von Aleppo gerieten hier zwischen die Mühlsteine zweier grundsätzlich verschiedener Wirtschaftsauffassungen, der uralten Wertschätzung des Handels in der Levante einerseits und des aggressiven europäischen Merkantilismus andererseits. Der Merkantilismus war eine Antwort auf den expandierenden Handelskapitalismus des Westens, während im Osmanischen Reich die Traditionen der vorderasiatischen Handelsvölker durch den Koran fixiert waren und lebendig blieben. Umfangreiche Privilegien europäischer Kaufleute – die sogenannten Kapitulationen – sind deshalb kein Zeichen der Schwäche gegenüber dem Westen gewesen. Sie dienten im Einklang mit dem göttlichen Recht des Koran der Pflege erstrangiger Quellen des Fiskus. Die Abgaben der Europäer in den türkischen Häfen machten ein Zehntel aller Staatseinnahmen aus.[62] Das Osmanische Reich konnte die gänzlich andere Wirtschaftsethik der Europäer nicht erkennen und daher auch nicht angemessen reagieren. Und lange Zeit schien dazu auch kein Anlaß, denn von einer störenden oder gar zerstörerischen Überschwemmung des türkischen Marktes mit europäischen Gewerbeprodukten konnte vor dem 19. Jahrhundert nicht die Rede sein.

Das Osmanische Reich büßte zwar seit der Mitte des 17. Jahrhunderts deutlich an expansiver Kraft ein, blieb aber bis zum Ausgang des 18. Jahrhunderts ein gewaltiger, vielfach gegliederter Wirtschaftsraum, dessen innere Handelsbeziehungen von weit größerem Gewicht waren als der Warenaustausch mit Westeuropa. So wickelte Ägypten nur ein Siebtel seines Handels mit Europa ab, während mehr als die Hälfte in andere Provinzen des Reiches gingen. Ein Viertel aller Waren wurde durch das Rote Meer in den Indischen Ozean gesandt, und die Beziehungen nach Persien, Indien und China waren zweifellos umfangreicher und bedeutender als die nach Westeuropa. Das Reich war ein eigenes wirtschaftliches Weltsystem, das mit Osten und Westen handelte, wie es die Völker der Levante von jeher getan hatten.

Wege der Technik

Fortschritt auf alten Bahnen: Begrenzte Antriebskräfte

Die Frühe Neuzeit war keine Zeit der großen Erfindungen. Dies gilt nicht nur im Vergleich mit der industriellen Revolution, sondern auch im Verhältnis zum Mittelalter. Fortschritte wurden erreicht in der Verbesserung, neuen Kombination und breiten Anwendung der bekannten Techniken.[63]

So stammte der Räderpflug mit eiserner Schar aus dem hohen Mittelalter. Während der Frühen Neuzeit kombinierten die Bauern auf den schweren Böden Nordwesteuropas das Tiefpflügen mit der Fruchtwechselwirtschaft und mit Düngung. Klee und andere Futterpflanzen traten dabei an die Stelle der Brache; so war die Stallfütterung im Winter gesichert und man gewann dabei noch Dung, um ihn im Frühjahr auf das Feld zu bringen. Diese Fortschritte drangen von England und Holland bis nach Hannover und Kursachsen vor.[64] Eine scheinbar geringfügige Verbesserung mit großer Wirkung stellte auch der Übergang von der Bockwindmühle zur Holländermühle dar. Die Bockwindmühle, die als Ganzes in den Wind gedreht werden mußte, konnte nur ein kleines und leichtes Mahlwerk haben. Der Holländertyp, dem alle heute erhaltenen Windmühlen angehören, besaß eine drehbare Haube und ein großes, stationäres Mühlenhaus. Sein schweres, im 19. Jahrhundert auch eisernes Mühlwerk diente im Ursprungsland zur Entwässerung des Landes, das als Polder dem Meer abgerungen worden war.

Viele neue Verwendungen fand man für das Wasserrad. Es trieb nicht mehr nur die meisten Getreidemühlen des Kontinents, sondern auch Pulvermühlen und Papiermühlen, Eisenhämmer und Sägemühlen. Die Papiermühlen nahmen mit der Ausbreitung des

Buchdrucks ebenso rasch zu wie die Pulvermühlen mit der Entwicklung der Artillerie. Die Eisenhämmer hatten erst seit dem Beginn des 18. Jahrhunderts Konjunktur, als man die Sprödigkeit des Gußeisens soweit gemeistert hatte, daß man es statt der teuren Bronze für den Guß der Geschütze verwenden konnte. In bescheideneren Dimensionen fanden Wasserräder auch im Handwerk Anwendung: Schmiede und Drahtzieher gebrauchten sie, und die Walkmühlen der Tuchmacher wurden nach Möglichkeit ebenfalls vom Wasser getrieben. Fließende Gewässer waren in der Frühen Neuzeit mehr als irgendwann sonst entscheidend für die Standortwahl von Gewerben aller Art, und die europäischen Mittelgebirge wurden so zu bevorzugten Regionen der Gewerbeentwicklung.

Ausgefeilt und bis an die Grenze der Möglichkeiten getrieben wurden die Wasserkünste im Bergbau. Hier datieren wesentliche Neuerungen aus dem letzten Drittel des 15. Jahrhunderts, als die Silberförderung im sächsisch-böhmischen Erzgebirge einen Boom erlebte. Als Georg Agricola sich 1527 im böhmischen Joachimsthal niederließ, war er von den technischen Einrichtungen tief beeindruckt. Agricola begründete die Montanwissenschaften mit seinen »Zwölf Büchern vom Berg- und Hüttenwesen«. Darin beschreibt er ein gewaltiges Kehrrad, das vorwärts und rückwärts laufend das Wasser aus dem Berg bis 200 Meter tief abpumpen konnte. Da Wasserläufe oft fehlten oder zu weit entfernt waren, fanden im Bergbau überwiegend Menschen- und Tierkraft Verwendung. Zu Agricolas Zeiten waren es die großen Heinzenkünste, in denen Treträder statt des Wasserrades die endlosen Eimerketten trieben. Die Entwässerung durch Menschenkraft kam indessen nur bis zu einer Tiefe von 20 Meter in Frage. Größere Kräfte lieferten die Pferdegöpel, die sich seit dem 16. Jahrhundert in dem Maße einbürgerten, wie das Erz aus immer größeren Tiefen geholt werden mußte.[65]

Auch die Kräfte des Wasserrades waren schließlich ausgeschöpft. Ein Monument dieser Technik am Ende ihrer Möglichkeiten war das Wasserhebewerk von Marly. Ludwig XIV. hatte es in den Jahren 1661 bis 1665 erbaut, um die Fontänen von Versailles zu betreiben. Dazu mußte das Seinewasser 162 Meter hoch transportiert werden, so trieben 14 riesige Wasserräder 221 Pumpen. Die Kraft wurde durch Stangengetriebe übertragen, wie sie zuerst im sächsischen Bergbau des 16. Jahrhunderts Verwendung fanden. Das Hebewerk von Marly, das immerhin bis 1817 in Betrieb blieb, hatte einen äußerst geringen Wirkungsgrad: Die Kraftausbeute der Riesenanlage betrug nur 80 bis 100 PS. Welche Gedanken bewegten wohl James Watt, als er 1786 auf Einladung des Königs das Werk besichtigte? Er war schon ein weithin berühmter Erfinder und wird nicht erst hier geahnt haben, wie sehr seine gerade 20 Jahre alte Dampfmaschine die Welt verändern sollte.[66]

Der niedrige Wirkungsgrad des Wasserhebewerkes von Marly korrespondierte mit den ungeheuren Kosten und mit dem luxuriösen Zweck, Glanz und Macht des Sonnenkönigs zu repräsentieren. Wo es auf wirtschaftlichen Erfolg ankam, war solche Verschwendung undenkbar. Nach wie vor mußte auf die Muskelkraft von Tier und Mensch zurückgegriffen werden, wo nicht in unmittelbarer Nähe ein fließendes Gewässer zur Verfügung stand. Das war in den wasserarmen Ebenen Osteuropas naturgemäß häufiger der Fall als in den quellreichen Mittelgebirgen des Westens; Pferdegöpel und von Menschen getriebene Treträder waren deshalb noch um 1800 weit verbreitete Kraftmaschinen. Treträder fand man überall dort, wo menschliche Arbeit billig war, also vor allem in den russischen Leibeigenenmanufakturen und in den Zucht- und Werkhäusern des Westens. Noch um 1800 gab es selbst in England Treträder in 54 Strafanstalten.[67] Im allgemeinen betrug der Tageslohn eines freien Arbeiters in Europa zu dieser Zeit jedoch ein Mehrfaches der Unterhaltskosten eines Pferdes, deshalb mußte man die Tierkraft nutzen, wo man den Menschenverstand nicht brauchte.

Nicht zufällig konzentrierten sich die Anstrengungen zur Erfindung von Kraftmaschinen dort, wo der Lohn besonders hoch und die Menschenkraft am kostbarsten waren, also im Zentrum des europäischen Weltsystems. In England entwässerte man die Gruben schon seit 1711 durch die einfache Dampfmaschine von Thomas Newcomen. Sie hatte nur einen geringen Wirkungsgrad, weil heißer Dampf und Kühlwasser abwechselnd in denselben Kolben gespritzt wurden, zu Recht wurde sie dennoch als der Freund der Bergleute bezeichnet. Dieser Vorläufer von Watts genialer Erfindung ermöglichte erst den enormen Aufschwung des englischen

Kohlenbergbaus, der wiederum die Grundlage der neuen Hochofentechnik war. Newcomens Maschine ist ebenso wie die Watts ein Glied in einer langen Kette von Anstrengungen zur Erfindung von Kraftmaschinen, eine Kette, die bis zu Leonardo da Vincis Entwürfen zurückreicht. Dahinter steht eine fortschreitende Verteuerung der menschlichen Arbeit, die die europäische Entwicklung ganz offensichtlich von der Entwicklung der übrigen Weltkulturen unterschied. In den asiatischen Zivilisationen blieb der Mensch die wichtigste Antriebskraft, sei es als Lastenträger, beim Ziehen von Karren und Wagen, als Treidler die Kähne flußaufwärts schleppend oder im Tretrad fronend.

Fortschritt auf alten Bahnen: Die Schranken von Raum und Zeit

Vielfältige Verbesserungen anstatt grundlegender Umwälzungen gab es auch im Verkehrswesen und in der Nachrichtenübermittlung. Die Fortschritte blieben deshalb in heutigen Augen bescheiden. Vor allem die Seereisen dehnten sich endlos, und die Seeleute litten Gefahr für Leib und Leben durch Mangel an Trinkwasser und Vitaminen, durch Krankheiten, Unwetter und Piraten. Die Überquerung der Ozeane dauerte schon deshalb länger als eine Saison, weil man die günstigen Meeresströmungen nutzen mußte. Daran änderte sich von den Zeiten des Kolumbus bis zu denen des James Cook grundsätzlich nichts. Die entscheidende technische Neuerung war der Dreimaster mit variabler Besegelung gewesen, wie ihn schon die Karavelle der Portugiesen um 1430 verkörperte. Dieses Schiff ermöglichte das Kreuzen gegen den Wind und die Hochseeschiffahrt. Hansen, Holländer und Engländer vervollkommneten diesen Urtyp, den erst die eisernen Dampfschiffe des 19. Jahrhunderts ablösten.

Mit der Dichte des Handelsverkehrs entwickelte sich auf den Hauptrouten eine Art Linienverkehr, auf dem die gefährlichen Klippen der Hochseeschiffahrt mit seemännischer Routine umsegelt wurden. Die Sicherheit nahm auch durch das Fahren in Konvois mit bewaffneten Geleitschiffen zu. Alle spanischen Schiffe, die in die Neue Welt fuhren, mußten sich in Sevilla, wo sich der königliche Handelshof befand, in die beiden jährlich abgehenden Konvois eingliedern und hatten sich für die Rückfahrt wiederum in Havanna zu versammeln. Das geschah nicht nur aus Sicherheitsgründen, sondern auch, um Veruntreuung und Schmuggel vorzubeugen, wozu der Kapitän des Geleitschiffes ein Doppel der Ladungsdeklaration jedes Schiffes mit sich führte.

Die holländischen Segler bewältigten während der ersten Hälfte des 18. Jahrhunderts die Strecke zwischen Danzig und Amsterdam durchschnittlich in 25 Tagen, zwischen Danzig und Lissabon waren sie etwa acht Wochen unterwegs.[68] Wenn man bedenkt, daß zur selben Zeit ein reitender Bote – die schnellste Art, auf dem Landweg zu kommunizieren – mit einem Brief von Venedig nach Hamburg drei Wochen brauchte, so wird klar, daß der Vorteil des Seeweges nicht nur in der Möglichkeit zum Transport großer Lasten, sondern auch in der Schnelligkeit lag. Es war ein großer Nachteil, vom Seeweg abgeschnitten zu sein, wie es das Zarenreich fast ganz war.

Nur die schiffbaren Flüsse boten im Binnenland eine annehmbare Alternative zu dem mühseligen, langsamen und gefährlichen Landtransport von Waren und Gütern. Rhein, Elbe, Weichsel und Donau waren daher die wichtigsten Verkehrswege im inneren Europa. Osteuropa war in dieser Hinsicht von der Natur spärlich ausgestattet, doch auch in den gewässerreichen Regionen des Kontinents gab man sich mit dem Vorhandenen nicht zufrieden und baute Kanäle. In der Lombardei gab es schon seit dem 15. Jahrhundert ein Kanalsystem. Die Niederländer verbanden seit der Mitte des 16. Jahrhunderts Brüssel und Antwerpen, die Amsterdamer Zuidersee und die Scheldemündung mit Kanälen; die Franzosen verbanden Seine und Loire mit dem Briare-Kanal; in Kurbrandenburg entstand eine Kanalverbindung zwischen Elbe und Oder. Wallenstein begann während seiner kurzen Regierungszeit als Herzog von Mecklenburg, einen Kanal von der Elbe zur Ostsee zu graben, und in Schweden entstand der Hjälmare-Kanal. Am Ende des 18. Jahrhunderts waren sogar Bug, Dniepr und Niemen miteinander verbunden. Alle diese Kanäle hatten wenig Bedeutung für den Fernhandel, aber um so größere für den Verkehr innerhalb der jeweiligen Länder. Das gilt besonders für die dichten Kanalsysteme der Niederlande und Englands. Mit ihren Schleusen, Brücken und Häfen schöpften sie die technischen Möglichkeiten der Zeit aus und senkten vor allem die Preise für Brenn- und Baustoffe.

Auf den Landwegen brachten gefederte Kutschen spürbare Verbesserung. Nun konnte man sich auf Reisen begeben, ohne selbst reiten zu müssen und ohne sich der Witterung unmittelbar auszusetzen. Doch erst im 18. Jahrhundert entwickelte sich daraus ein dichterer Verkehr, so daß es kein ungewöhnliches Wagnis mehr war, über Land zu reisen. Ebenso hinderlich wie die unzureichenden Verkehrsmittel waren die buchstäblich bodenlosen und unwegsamen Straßen, ein leidvolles Kapitel in allen Reisebeschreibungen aus dem alten Europa. Die Verbesserungen kamen langsam voran, der Chausseebau ist erst eine Erscheinung des frühen 19. Jahrhunderts. Nur in England schufen die Bedürfnisse des Binnenmarktes während des 18. Jahrhunderts schon ein dichtes Netz befestigter Straßen und Chausseen.[69]

Im Verkehrswesen ragt als organisatorische Neuerung die Post heraus. Die Einrichtung eines festen Linienverkehrs von Kurieren und Postkutschen mit einem Netz von Poststationen hat die Kommunikation leichter und zuverlässiger und für breitere soziale Schichten zugänglich gemacht. Briefeschreiben und Reisen waren kein Privileg der großen Handelshäuser, der Höfe und des Klerus mehr. Schon damals hatte der Fortschritt seine Kritiker. Als 1669 eine Postkutsche in einem Tag von London nach Manchester fuhr, prophezeite man den Niedergang der Themse-Schiffahrt, das Ende der edlen Reitkunst und darum auch den Ruin der Sattler und Sporenmacher. Nichts von alledem trat ein, und die Eilposten wurden zu einer verbreiteten Einrichtung, die den Kunden bald nicht mehr schnell genug war.

Die Entwicklung des Postwesens war zugleich die Voraussetzung für die Verbreitung von kaufmännischen Nachrichten und politischen Neuigkeiten, die im 16. Jahrhundert noch als handgeschriebene Avisen und Relationen kursierten und zu Beginn des

17. Jahrhunderts an mehreren Orten in Europa als periodische gedruckte Zeitungen erschienen. Eine frühe deutsche Zeitung ist 1609 in Straßburg erschienen.[70] Das Postwesen war zugleich ein ideales Medium der Spionage und der Zensur. Es lag seit einem Vertrag mit den Habsburgern aus dem Jahre 1505 weitgehend in den Händen der Familie Taxis aus dem oberitalienischen Bergamo, die 1595 auch als Kaiserliche Generalpostmeister bestellt wurde und es bis zum Ende des Reiches blieb. Das Monopol der Reichspost wurde indessen bald von den neuen absolutistischen Flächenstaaten ausgehöhlt. Nicht nur innerhalb des Reiches errichteten Preußen, Bayern, Sachsen und die anderen größeren Staaten ihre eigenen Postdienste. Auch die Postkutschen und reitenden Kuriere der Nachbarn machten an den Grenzen nicht halt. Die schwedische Post reichte bis Hamburg, die der Thurn und Taxis fuhr dafür nach Warschau, Kopenhagen oder Venedig. Auf diese Weise wurde das Postnetz schließlich immer dichter und erfaßte selbst die äußersten Ränder Europas.[71]

So wichtig die Verbesserungen waren, die mit den traditionellen Kräften und Instrumenten erreicht worden waren, am Ende der Frühen Neuzeit waren die Möglichkeiten ausgeschöpft und auf vielen Gebieten unzureichend für die Bedürfnisse von Wirtschaft und Gesellschaft. Mit der Kraft der Pferde, des Windes und der Wasserströmung waren die Geschwindigkeiten des Personen- und Güterverkehrs ebensowenig zu steigern wie die Aktualität der Nachrichtenübermittlung.

Technik und Wissenschaft

Technik und Wissenschaft waren während der Frühen Neuzeit keineswegs so eng verwandt wie man aus heutiger Perspektive glauben sollte. Die Technik war eine Angelegenheit der Handwerker. Erst langsam bildete sich ein eigener Berufsstand von Mechanikern und Ingenieuren heraus, wobei man beim Festungsbauer vom Ingenieur sprach, während im zivilen Sektor die Bezeichnung Mechaniker vorherrschte. Sowohl die Fertigkeiten als auch die Erzeugnisse galten den Zeitgenossen mit vollem Recht als Künste. Die Buchdruckerei wurde als Schwarze Kunst bewundert, große Hebewerke wie das von Marly bezeichnete man als Wasserkunst. Der Handwerker übte seine Kunst aus, wie er sie von seinem Meister übernommen hatte, als eine besondere Fähigkeit mit Regeln, die durch Tradition geheiligt waren und nicht erklärt oder hinterfragt werden konnten. Solche Kunst konnte nur persönlich weitergegeben und mündlich überliefert werden. Diese Kunstfertigkeit schloß allerdings zunehmend Zeichnen und Rechnen, Messen und Wiegen ein. Jeder Zimmergeselle mußte einen Riß zu einem Fachwerk und einem Haus machen können, und jeder Müllergeselle hatte auch das Zimmerhandwerk gelernt, um eine Mühle bauen zu können.

Die Buchdruckerkunst änderte an dieser mündlichen Überlieferung der Technik vorerst nur wenig. Georg Agricola gelang es mit seinen Schriften über den Bergbau keineswegs, die Erzgewinnung auf eine wissenschaftliche Grundlage zu stellen, denn die Praktiker lasen offenbar noch kaum. Noch im 18. Jahrhundert war die Stahlschmelze ein empirisch gewonnenes Geheimnis jedes Hüttenmeisters, das er auf dem Sterbebett an seinen Sohn weitergab. Die Geschichte des ungarischen Eisenhüttenwesens zeigt exemplarisch, wie mühselig sich Neuerungen auf diesem Weg verbreiteten. Der Hochofen mußte während des ganzen 18. Jahrhunderts immer wieder von neuem an verschiedenen Orten durch Spezialisten eingeführt werden, die aus andern Ländern der Monarchie herbeigeholt wurden.[72] Obwohl René Antoine Ferchault de Réaumur – nach dessen Namen eine Thermometerskala benannt wurde – im Jahre 1722 ein Buch veröffentlichte über die Kunst, Schmiedeeisen durch Verschmelzen mit Gußeisen in Stahl zu verwandeln, dauerte es noch Jahrzehnte bis zur breiteren Anwendung. Umgekehrt waren ungebildete Bauern imstande, hochwertige Pottasche herzustellen, lange bevor 1757 in Boston die erste wissenschaftliche Schrift darüber erschien. Und die böhmischen Glasmacher wußten nicht, warum ihr Glas so hart und funkelnd wie Bergkristall war. Das Geheimnis lag in der Pottasche, die sie notgedrungen an Stelle der in Venedig gebräuchlichen Soda aus Meerespflanzen verwendeten.[73]

Es wäre jedoch falsch, die Wirkungen des Buchdrucks zu unterschätzen. Mit der Lesekundigkeit der Techniker und Handwerker stieg der Gebrauch von Fachbüchern, die schließlich wohl nicht weniger gelesen wurden als die Hausväterliteratur für Landwirte. Im Verlaufe des 18. Jahrhunderts hat sich dieser Teil des Buchmarktes spürbar ausgeweitet. Nun erschienen auch Enzyklopädien, in denen Technik und Ökonomie einen zentralen Platz hatten. Die erste war die 1728 von Ephraim Chambers in London herausgegebene, die bedeutendste die 1751 bis 1780 von Denis Diderot und Jean le Rond d'Alembert in Paris veröffentlichte, die umfangreichste die 1773 von Johann Georg Krünitz in Berlin begonnene Ökonomisch-technologische Enzyklopädie, die bis 1858 auf 242 Bände anwuchs. Doch die Beschreibungen und Zeichnungen waren nicht so vollkommen, daß man danach Neuerungen hätte bauen oder einführen können. Die Literatur nützte nur dem, der die Gegenstände im Prinzip schon kannte. So blieben der Augenschein und die persönliche Unterweisung auf diesem Felde noch unersetzlich.

Als ein Pionier der Verbindung von Wissenschaft und Technik wirkte der schwedische Ingenieur Christopher Polhem (1661–1751).[74] Durch den frühen Tod der Eltern in Armut geraten, hatte er sich selbst zu einem Mechaniker ausgebildet. Er trachtete danach, die Gesetze der Physik und Mechanik zu begreifen, und eignete sich im Selbststudium Algebra und Latein an, bis er endlich als Student in Uppsala Aufnahme fand. Mit einem Stipendium des schwedischen Königs reiste er ausgangs des 17. Jahrhunderts durch die europäischen Zentren des technischen Fortschritts in den Niederlanden, in England, Oberdeutschland und Sachsen. Er studierte die philosophischen, naturwissenschaftlichen und mechanischen Werke seiner Zeit, war ein Anhänger der Lehren des Descartes und wurde selbst Lehrer einer ganzen Generation schwedischer Wissenschaftler und Ingenieure. Sein Schüler und Freund Emanuel Swedenborg, der große Naturwissenschaftler und Mystiker, gab ihm den Titel eines »Schwedischen Archimedes«. Polhem, ein Universalgelehrter wie sein Zeitgenosse Leibniz, widmete alle seine Schriften dem patriotischen Ziel der Industrialisierung Schwedens. Noch mit 78 Jahren wurde er zum Präsidenten der Schwedischen Akademie der Wissenschaften gewählt. Mit hohen Staatsämtern im Minenwesen betraut, erfolgreich als Unternehmer des Metallwerkes in Dalarna, von Karl XII. hoch geschätzt und geadelt, war er doch als Erfinder mit vielen seiner Projekte gescheitert. Die praktische Umsetzung seiner neuartigen Bergwerksmaschinen gelang nicht. Als er im Bergwerk von Falun ein neuartiges Pumpwerk ohne Kunsträder, Gestänge und Röhrenwerk bauen wollte, stellten sich die skeptischen Traditionalisten in der Bergwerksgesellschaft seinen ökonomischen Forderungen und dem technischen Risiko entgegen. Ähnlich erging es ihm später mit seiner Siphonmaschine, einer Luftdruckpumpe, die zwar im Ausland nachgebaut, aber in Schweden zu seiner Zeit nicht realisiert wurde. Christopher Polhem wurde von seinen Gegnern im Jahre 1716 sogar gezwungen, sein Amt als Kunstmeister des größten schwedischen Bergwerks in Stora Kopparberg bei Falun aufzugeben, und wenig später waren alle seine komplizierten neuen Einrichtungen dort verfallen und zerstört.[75] Die Verbindung zwischen Wissenschaft und Technik, die der Schwedische Archimedes in seiner Person ideal verkörperte, konnte praktisch noch nicht vollzogen werden.

Selbst in der Navigation wurde diese Verbindung zwischen Wissenschaft und Praxis nur mühsam vollzogen, obwohl die großen Entdeckungen Geographen und Instrumentenbauer vor gewaltige Aufgaben stellten. Die Seeleute bewältigten noch lange Zeit auch die Hochseeschiffahrt mit Erfahrung und handwerklicher Navigationskunst. Sie kannten den Sternenhimmel und die herrschenden Windrichtungen, die Farbe des Wassers und die Beschaffenheit des Meeresbodens, und sie vermochten die bekannten günstigen Winde und Meeresströmungen zu nutzen. Die seemännische Erfahrung diente der Wissenschaft mit zahllosen Messungen von Routen, Küstenlinien und Entfernungen von Hafen zu Hafen. So schufen die Kartographen immer genauere Seeatlanten. Gerhard Mercator soll in seinem 1569 erschienenen Seeatlas erstmals das Netz einander senkrecht schneidender Längen- und Breitengrade auf die Erdoberfläche projektiert und so eine allgemein gültige Standortbestimmung ermöglicht haben. Doch zeigt nicht schon die Weltkarte des Battista Agnese (Abb. 3) aus dem um 1540 datierten italienischen Seeatlas außer einer erstaunlichen Kenntnis der Erdoberfläche die uns vertrauten Längen- und Breitengrade?

Auch als die Seeleute mit Kompaß und Sextanten nach Seekarten segelten, brauchten sie ihre handwerklich überlieferte Navigationskunst weiterhin. Denn auf hoher See versagten die empfindlichen Winkelmesser und Chronometer oft, und die Seekarten waren nur dann ein Wegweiser, wenn man die falschen Angaben des Kompasses anhand des Sternenhimmels korrigieren konnte. Die Instrumentenbauer waren ebenso auf die Dienste der Seeleute angewiesen wie die Kartographen, denn eine Erprobung der Geräte war an Land nicht möglich. So nahm der englische Kapitän Martin Frobisher die modernsten Globen und Meßgeräte mit, als er im Jahre 1576 im Auftrage der Merchant Adventurers auf die Suche nach einem nordwestlichen Seeweg nach China ging. Kapitän und Steuermann erhielten vor der Abreise genaue Unterweisungen durch die Konstrukteure. Später bedankte sich Frobisher mit dem Zusatz, daß man sich bei der Benutzung immer als ungelehrter und unwürdiger Schüler gefühlt hätte. Die Seefahrer waren wohl nicht gut mit der Technik zurechtgekommen und hatten statt dessen auf ihre Erfahrung zurückgegriffen. Erst im 19. Jahrhundert konnte sich die Wissenschaft im vollen Umfang für die Dienste revanchieren, die sie seit den großen Entdeckungen von der Schifffahrt erhalten hatte; die Navigation wurde zur Wissenschaft.[76]

Nicht nur die Praxis machte eine Annäherung von Wissenschaft und Technik schwierig, sondern auch die philosophisch-theologische Tradition. Die mittelalterliche Scholastik beruhte auf Spekulationen und Gedankenexperimenten. Ein neues enges Verhältnis zwischen Wissenschaft und Technik begründete erst Galileo Galilei, der ein sehr begabter Techniker war. Er versuchte seinen Zeitgenossen klarzumachen, daß die Technik sich nicht gegen die Natur richte und deren Ordnung gleichsam aufzuheben trachte, sondern daß sie im Einklang mit den Naturgesetzen und also mit Gottes Schöpfung wirke. Wie sein Inquisitionsprozeß lehrt, predigte er gerade bei den Mächtigen tauben Ohren. Galilei führte das Experiment in die Naturwissenschaften ein, wobei die Grenze zum Gedankenexperiment noch unscharf blieb. Er ersann technisch raffinierte Versuchsanordnungen wie die Fallrinne, mit der

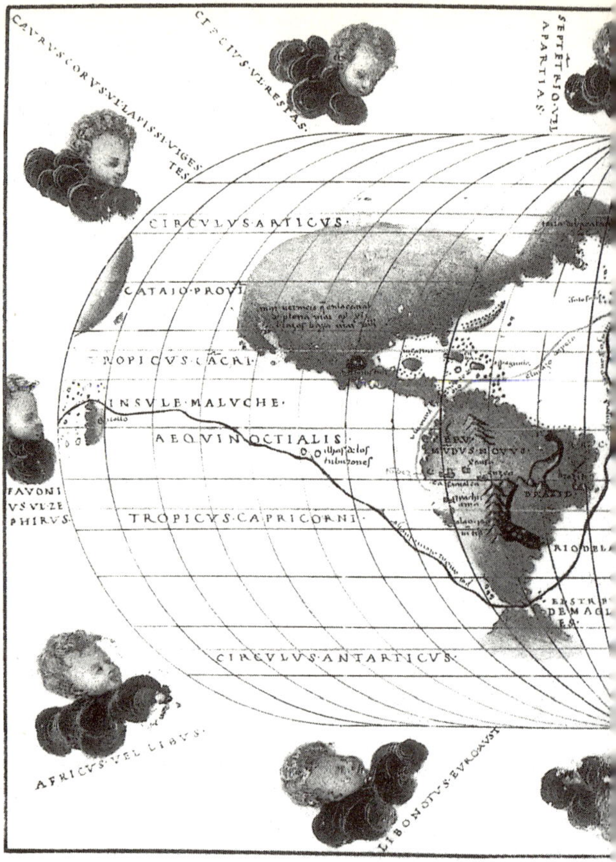

3 *Weltkarte mit der Reiseroute des Fernand Magellan*

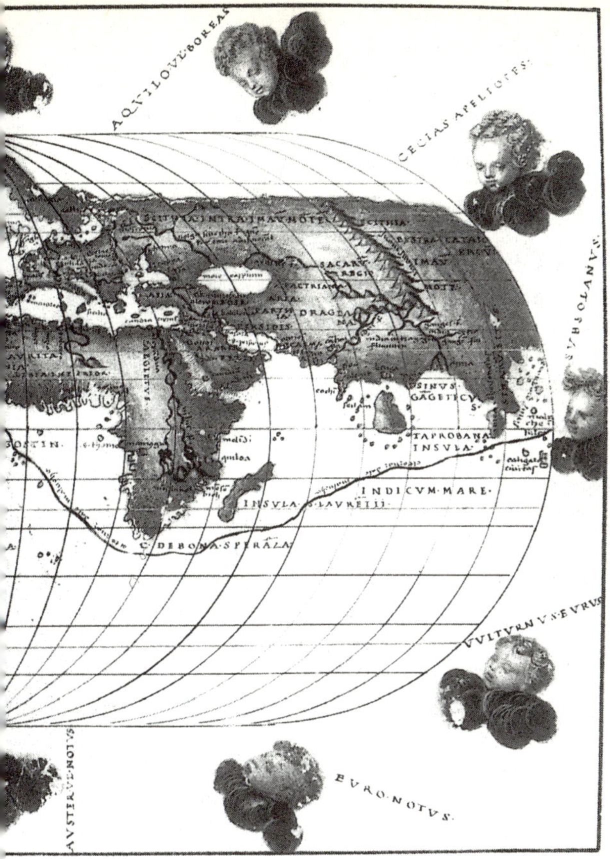
AQVILO VEL BOREAS
CECIAS APELIOTES
SVBSOLANVS
VVLTVRNVS EVRVS
EVRO NOTVS
AVSTER VEL NOTVS
SCITHIA
SINVS GAGETICVS
TAPROBANA INSVLA
INDICVM MARE
INSVLA S. LAVRENTII
C. DE BONA SPERANZA

er seine Berechnungen zu Ballistik und Fallgeschwindigkeit prüfte. Er baute auf die Nachricht von der Erfindung des Fernrohrs hin ein astronomisches Instrument, das den holländischen Fernrohren überlegen war. Schließlich erfand er das Uhrpendel, um die Räderuhren mit einer für seine Messungen hinreichenden Präzision auszustatten.[77]

Nicht alle bedeutenden Wissenschaftler hatten ein so enges und gutes Verhältnis zur Technik wie Galilei. Leonhard Euler sollte im Auftrag des preußischen Königs Friedrich II. eine Wasserhebemaschine für die Fontäne in Sanssouci berechnen, kam aber zu keinem brauchbaren Ergebnis. Noch viele Jahre später goß der Monarch in einem Brief an Voltaire bitteren Spott über den großen Mathematiker aus, der es nicht vermocht hätte, einen einzigen Tropfen aus dem Bassin 50 Fuß hoch zu bringen: »Eitelkeit der Geometrie!«[78]

Während der Epoche der Aufklärung entwickelte sich eine enge und dauerhafte Liaison zwischen Wissenschaft und Technik. Die Rationalität der Aufklärer wurde wesentlich geprägt von den großen Fortschritten der Mathematik und Mechanik seit Isaac Newton. Große Denker wie Descartes und Leibniz gründeten ihre umfassenden Systeme der Wirklichkeit auf Mathematik und Mechanik. Physik und Mathematik fanden Eingang in die mechanistische Biologie von Julien Offray de La Mettries Werk »Der Mensch – eine Maschine« (1748). Die wissenschaftlichen Akademien des Aufklärungszeitalters widmeten sich mit Preisaufgaben und eigenen Forschungsunternehmen zahllosen technischen Problemen und wirkten so dahin, daß sich die Technik aus einer Kunst zur Wissenschaft wandelte.

Auch die Dampfmaschine entsprang schon der Verbindung von Technik und Naturwissenschaften. Otto von Guerickes Forschungen über das Vakuum, die Gastheorie von Robert Boyle und die Wärmelehre von James Watts Freund J. Black waren ebenso wichtige Voraussetzungen für die Erfindung des Glasgower Universitätsmechanikers wie das Quecksilberthermometer Daniel Gabriel Fahrenheits, mit dem er die Temperaturunterschiede in beiden Zylindern der Maschine genau messen konnte. Ein Besucher schrieb über James Watt: »Ich erwartete einen Handwerker und war überrascht, einen Wissenschaftler zu finden.«[79] Die Erfindung der Dampfmaschine beendet die Trennung von Wissenschaft und Technik, sie zeigt damit zugleich das Ende der Frühen Neuzeit an. James Watts Erfindung steht noch heute im allgemeinen Bewußtsein für den Beginn der industriellen Revolution.

Wanderungen: Die Spezialisten

Solange die Technik eine Kunst blieb, konnte sie sich nur durch die Wanderung der Techniker ausbreiten. Die Frühe Neuzeit erlebte Massenwanderungen und Vertreibungen vor allem infolge der Glaubensspaltung und der religiösen Verfolgungen, die der Reformation folgten. So flohen schon im 16. Jahrhundert italienische Glasmacher und Seidenweber, Tuchbereiter und Baumeister aus dem spanischen Herrschaftsbereich vor der Inquisition in die oberdeutschen Reichsstädte und verpflanzten so den Höchststand der damaligen Technologie dorthin. Hundert Jahre später hatte die Vertreibung der französischen Protestanten nach der Aufhebung des Toleranzedikts im Jahre 1685 ähnliche Folgen. Die meisten und die wohlhabendsten Hugenotten gingen zwar in die benachbarten Vereinigten Niederlande und nach England, doch die größte Wirkung hatte ihre Ansiedlung im rückständigeren Mitteleuropa, wo sie unter anderem Gobelinmanufakturen und Strumpfwirkerei heimisch machten. Die reformierten deutschen Staaten machten sich den Exodus der französischen Calvinisten planmäßig zunutze, um ihre gewerbearmen, im Dreißigjährigen Krieg verheerten Länder aufzubauen.

Daneben gab es eine wachsende Zahl gesuchter Spezialisten, die von Land zu Land und von einem Auftrag zum nächsten zogen, wie es schon die Meister der mittelalterlichen Bauhütten getan hatten. Dieses wandernde Spezialistentum zeigt, wie selten und kostbar technische Fähigkeiten noch waren und wie begrenzt die Aufgaben am jeweiligen Ort. Wandernden italienischen Baumeistern ist der glanzvolle Aufbau Wiens nach den Türkenkriegen ebenso zu danken wie das barocke Dresden Augusts des Starken. Auch Glashüttenmeister zogen durch etlicher Herren Länder und die Wälder vieler Grundherren, da die Glashütten nach Erschöpfung der Holzvorräte aufgelassen wurden. Sie sicherten so im ganzen böhmisch-sächsisch-österreichisch-bayerischen Raum die kunstgerechte Fertigung.[80] Die Festungsbaumeister, die im 17. Jahrhundert die Städte des Kontinents mit dicken Mauern, Wällen und Bastionen gegen die Belagerungen der neuen Artillerie wappneten, waren ebenfalls landfahrende Künstler, die nur selten seßhaft werden konnten. Eine Ausnahme bildete der Schweizer Gregor Memhardt, der in der Mitte des 17. Jahrhunderts aus Holland nach Berlin kam, dort nach der Stadtbefestigung auch noch den Schloßbau und die Stadterweiterung beaufsichtigte und schließlich Bürgermeister der Neustadt Friedrichswerder wurde. Weltläufig waren auch die sächsisch-böhmischen Hüttenmeister und Geschützgießer, Schöpfer einer bedrohlichen Artillerie, die man selbst am Hofe der indischen Mogulfürsten traf. Als Lieferanten für den Bedarf des Kriegshandwerks waren diese sächsischen Fachleute am begehrtesten. Zar Peter I. sandte kurz vor seinem schwedischen Krieg eine spezifizierte Wunschliste an den Dresdener Hof:

> »1. Einer, der hohe eiserne Öfen zu schmelzen und zu gießen weiß [...] 2. einer, der den Eisenhammer versteht und Stahl machen kann [...] 3. ein Rotschmied, der metallene Stücke [Geschütze, H. S.], Glocken, Granaten, Bomben, Karkassen und Kugeln zu gießen verstehe [...] 4. einer, der Pallasche [Hiebwaffe, H. S.], Degen und Harnische machen kann 5. einer, der allerlei Geschütz, als Flinten, Karabiner, Musketen, Pistolen [...] verfertigt [...] 6. Bergleute, welche die Bergwerke wohl verstehen [...]«[81]

Dem Wunsch wurde entsprochen. Dies geschah im Verlaufe der Großen Gesandtschaft 1697 und 1698, als der Zar unter dem Namen Peter Michailow das Schiffszimmerhandwerk im holländischen Zaandem lernte. Mit ihm gingen russische Gesandte nach England, Holland und nach Venedig, von wo aus sie Schiffbauer und Schiffsleute in großer Zahl nach Rußland sandten. Die Reise war also zugleich eine große Werbefahrt für ausländische Spezialisten.

Die wandernden Spezialisten führten räumlich getrennte technologische Erfahrungen und Neuerungen immer wieder in eigenen Innovationen zusammen. Ein Beispiel ist der Salinenmeister Johann Sebastian Claiß, der in der bayerischen Saline Traunstein ein neues Produktionsverfahren einführte. Im Jahre 1742 als Sohn eines Bäckers und Schulmeisters geboren, lernte er das im heimischen Schwarzwald florierende Uhrmacherhandwerk und hielt sich dann auf seiner Wanderschaft sieben Jahre lang in England auf, wo er James Watt und andere berühmte Ingenieure und Erfinder kennenlernte. Er erfand selbst eine neue Waage und kehrte, 30 Jahre alt, als Hofmechanikus und Lehrer der Experimentalphilosophie an das Gymnasium in Karlsruhe zurück. Wenige Jahre später wandte er sich ins schweizerische Winterthur, wo er eine chemische Fabrik gründete und im Auftrage der Stadt Bern die Salinen im Kanton Waadt modernisierte. Damit war er so erfolgreich, daß ihn im Jahre 1782 die bayerische Regierung mit der Verbesserung des Salinenwesens im Kurfürstentum beauftragte und ihn bald darauf zum Hofkammerrat und Salinenoberkommissar ernannte. Nach fast einem Vierteljahrhundert erfolgreicher Tätigkeit als Beamter, Unternehmer und Erfinder ging der noch immer tatkräftige Mann nach Frankreich als Generalinspektor der lothringischen Salinen, die er nach eigenem Bekunden »ganz nach dem Muster von Traunstein, nur schöner und in ungleich größerem Maßstab« einrichtete.[82] Die räumliche Mobilität korrespondierte nicht nur in diesem Falle mit der Vielfalt der Tätigkeiten und Begabungen und mit einem eindrucksvollen sozialen Aufstieg.

Im 18. Jahrhundert, mit der Erleichterung des Reisens durch die Postkutschen, werden Bildungsreisen von Technikern ein immer wichtigeres Mittel zur Verbreitung von Kenntnissen und Verfahren. England wird das wichtigste Ziel, und unter den deutschen Englandreisenden bildeten die Techniker die stärkste Gruppe. Der Besuch in der Dampfmaschinenfabrik von Boulton und Watt in Birmingham gehörte geradezu zum Pflichtprogramm des Techniktourismus. Im Jahre 1767, kurz nach der Aufnahme der Dampfmaschinenproduktion, zählte Matthew Boulton stolz die Besucher einer Woche auf: den Fürsten Poniatowski, Neffe des Königs von Polen, die Botschafter Frankreichs, Dänemarks, Sardiniens und der Vereinigten Niederlande, den russischen Grafen Orlow und den Vizekönig von Irland. 20 Jahre später jedoch erließ er ein strenges Besuchsverbot für seine Fabrik, um das Ausspionieren seiner Produktionsgeheimnisse zu verhindern. Diese Furcht bezog sich natürlich nicht auf die erlauchten Besucher, sondern auf die wachsende Flut als Besucher getarnter Mechaniker, denen es um Nachahmung und Nachbau ging. Das englische Parlament erließ daher in der zweiten Hälfte des 18. Jahrhunderts eine Vielzahl von Gesetzen, die jede Ausfuhr von Maschinen, Werkzeugen und Mustern besonders aus allen Zweigen des Textilgewerbes verbot. Boulton und Watt waren aus demselben Grunde schon bald dazu übergegangen, ihre Dampfmaschinen zu vermieten anstatt zu verleihen. Auf dem Kontinent mußte man allerdings einen recht hohen Stand der eigenen Technik erreicht haben, wenn Nachbau und Nachahmung nach Beschreibungen und Modellen gelingen sollten.[83]

Wanderungen: Die Handwerksgesellen

Wenn schon für die Elite der Mechaniker und Ingenieure der Augenschein die wichtigste Informationsquelle war, so gilt dies für den weiten Bereich alltäglicher Handwerkstechnik und Handwerkskunst erst recht. Das Handwerk war ganz und gar eine mündliche Kultur. Die Weitergabe der Arbeitserfahrungen erfolgte ausschließlich direkt vom Meister zum Lehrling und Gesellen, durch Beispiel und Erfahrung. Noch im frühen 18. Jahrhundert gelangte die Lesefähigkeit der meisten Handwerker kaum über Gesangbuchverse hinaus. So war die Gesellenwanderschaft der Zünfte eine besonders wertvolle Einrichtung. Der Austausch von Arbeitserfahrungen über die Stadtmauern hinaus blieb nicht der Wanderlust des einzelnen überlassen oder eine Nebenwirkung von Schicksalsschlägen wie Kriegen und religiösen Vertreibungen. Seit dem 16. Jahrhundert mehren sich die Vorschriften der Zunftstatuten über die Gesellenwanderschaft, erst dann bildete das europäische Handwerk die Wanderpflicht als Gewohnheit seines Nachwuchses voll aus.

Die Gesellen wanderten im ganzen Geltungsbereich des Zunftrechts, denn nur bei zünftigen Meistern war die Qualifikation für eigene Meisterschaft zu erwerben. Sie wanderten also überwiegend im Reich, aber auch im weiten ostmitteleuropäischen Verbreitungsraum der deutschen Stadtrechte bis in die russischen Ostseeprovinzen und nach Siebenbürgen. Einbezogen waren der niederländische Raum und Skandinavien. Geringer war der Austausch mit dem romanischen Europa, wo die Zünfte abweichende Regeln hatten, und auch mit England, das erst im Zuge der industriellen Revolution größere Anziehungskraft erlangte. Die Gesellenwanderung trug den technischen Austausch der verschiedenen europäischen Regionen untereinander im Alltag, und sie erreichte jeden Winkel und jede Kleinstadt.

Die gut erforschten Wanderungen der Handwerksgesellen in Ungarn mögen dies illustrieren. Bei den Goldschmieden von Pozsony (Preßburg/Bratislava) arbeiteten schon im 16. Jahrhundert Wandergesellen aus Augsburg und Altenburg in Sachsen, aus dem nahen Wien und aus dem fernen Friesland, aus Württemberg und aus Rügenwalde in Pommern. In diesem weiten Raum wird sich der Standard der Goldschmiedekunst so weitgehend angeglichen haben. Das Innovationszentrum lag im süddeutschen Raum, um Augsburg und Nürnberg. Für die Gesellen aus Sopron (Ödenburg) konnte eine Hauptwanderroute rekonstruiert werden, die über Wien entlang der Donau nach Regensburg, von dort nach Nürnberg und ins französische Straßburg führte, die weiter durch die rheinischen und westfälischen Städte bis in die Hansestädte Hamburg und Rostock leitete und über Berlin, Sachsen und Thüringen, Böhmen und Mähren schließlich zurück nach Sopron wies.[84]

Manch einer mochte die Heimat vergessen und in fernen Städten in eine Werkstatt einheiraten. Ein anderer kam nur wenige Meilen weit in die nächste Kleinstadt, weil er lieber hinterm Ofen saß, wie ein bekanntes Wanderlied spottete. Und einige durften nicht wandern, wie die Metallhandwerker der Reichsstadt Nürnberg und des Bergischen Landes um Solingen, die im Besitz höchster technologischer Kompetenzen waren und deren Verbreitung nicht wünschen konnten.

Im späten 18. Jahrhundert nahmen sich die Obrigkeiten der Gesellenwanderschaft an. Sie mochten das Wandern außerhalb der Landesgrenzen ganz verbieten, wie die Hohenzollern, die mehr Angst vor dem Verlust ihrer Untertanen als vor technologischer Rückständigkeit hatten, oder sie versuchten die Wanderung durch genaue Vorschriften zu perfektionieren. Letzteres tat der Fürst des Zwergstaates Öttingen. Die Ziele, die er in seiner 1785 erlassenen Wanderordnung den Gesellen setzte, erzählen von den Zentren der Handwerkskünste: die Buchbinder sollten nach Sachsen, Frankreich, Holland und England reisen; die Rotgerber mußten Augsburg, Weißenburg in Ungarn, Wien, das belgische Lüttich, England und Rußland wählen. Die Kürschner wurden des feinen Pelzwerks wegen nach St. Petersburg und Moskau gewiesen, sie sollten sich daneben nach Danzig, Königsberg und Warschau wenden. Die Schneider sollten ihren feinen Geschmack in den Haupt- und Residenzstädten schulen: Wien, Dresden, Berlin, Mannheim, Paris und London waren die Zentren der Moden. Die Glaser sollten sich noch immer in Venedig und die Posamentierer in Genua umschauen. Die Lebküchler hatten Nürnberg und Polen als Ziel, wo sie nicht nur in Thorn (Toruñ) die guten Pfefferkuchen backen lernten.[85] Die Wanderordnung ist eine Anleitung zu europäischen Bildungsreisen, eine Beschränkung auf den Raum des Reiches ist nicht mehr zu erkennen. Westeuropa ist ein Schwerpunkt, Italien tritt dagegen ganz zurück. Erstaunlich ist die starke Orientierung auf Wanderziele in Ostmitteleuropa und Rußland. Der Technologieaustausch lief keineswegs nur einseitig in westöstlicher Richtung. Die Einheit des europäischen Wirtschaftssystems war den Zeitgenossen offenbar selbstverständliche, alltägliche Erfahrung.

Arkanum und Staatsgewalt

Der schärfsten Aufsicht unterlagen von jeher die Arbeiter und Techniker, die Träger des Produktionsgeheimnisses – des Arkanums – waren. Die Republik Venedig hatte die Flucht ihrer Spiegelmacher von Murano mit der Todesstrafe bedroht, und die englische Regierung soll nach dem Zeugnis eines hochrangigen preußischen Englandreisenden ausreisewillige Spezialisten zu Hunderten in australische Strafkolonien verbannt haben.[86] Einen besonders drastischen Versuch zur Wahrung eines Arkanums unternahmen die Engländer in Rußland. Peter I. hatte während der Großen Gesandtschaft in London auch Tabakschneider und Tabakspinner angeworben, die in Rußland eine Werkstätte einrichteten. Der britische Gesandte schlug daraufhin in London Alarm. Der Tabakhandel mit Rußland sei gefährdet, wenn man dort lernen würde, den Tabak aus dem Kaukasus zu verarbeiten. Daraufhin befahl die englische Regierung, die Arbeiter zurückzubringen und die Werkstatt zu zerstören.[87]

Arkanum und Wunderglaube durchdrangen sich in der Alchimie, wo die Goldmacherei als ernstes Geschäft in enger Verbindung mit den Mächtigen betrieben wurde und schließlich zur Erfindung des »Weißen Goldes« Porzellan führte. August der Starke kerkerte den Erfinder Johann Friedrich Böttger lebenslang auf der Festung Königsstein ein. Auf die Dauer aber war es unmöglich, die Menschen, die Produktionsgeheimnisse trugen, zu isolieren. So ermöglichten entlaufene Meister aus Meißen eine Gründungswelle von Porzellanmanufakturen, die man um die Mitte des 18. Jahrhunderts dann in fast allen europäischen Staaten fand.

Restriktive Maßnahmen mochten den technologischen Vorsprung für eine Weile bewahren, freilich nur solange, bis anderswo die Voraussetzungen zur Übernahme der neuen Technik herangereift waren. So hatte einst ein Engländer die Geheimnisse der italienischen Seidenweberei ausgespäht. John Lombe schlich sich als Arbeiter in eine Seidenmanufaktur in Piemont ein, wo er die Konstruktion eines Seidenwebstuhls genau aufzeichnete und sie seinem Bruder Thomas sandte, der im Jahre 1719 ein englisches Patent darauf erhielt. Er selbst rekonstruierte nach seiner Rückkehr 1717 eine Seidenmühle, wie er sie dort gesehen hatte, und schuf gemeinsam mit seinem Bruder im englischen Darby eine blühende Seidenindustrie, die den italienischen Stoffen bald erfolgreich Konkurrenz machte. Der Hamburger Professor Büsch bezog sich angesichts der neuen englischen Maßnahmen im Jahre 1786 darauf:

> »Jetzt lesen wir [...], daß man auf Verfügungen denke, um das Besehen und Abstehlen derer Erfindungen, welche bis jetzt noch den Britischen Manufacturen eigenthümlich sind, zu verhüten. Aber wie wird das möglich sein, wenn die Ausländer ihre Lombes aussenden, die in Britischen Manufacturen arbeiten, und das, was sie dort abgesehen haben, mit sich nach Haus fortnehmen?«

Die absolutistischen Staaten setzten seit dem ausgehenden 17. Jahrhundert alle ihre Mittel ein, um die neuen Gewerbe für die Wirtschaftskraft ihres Landes zu gewinnen. Der eine Weg war die Abwerbung mit immer verlockenderen Vergünstigungen und Entlohnungen. Das geschah massenhaft, und vor allem Brandenburg-Preußen war in Europa dafür verschrien, die begehrten Arbeiter im Ausland ähnlich aggressiv zu werben wie die Soldaten. So kamen die Berliner Seidenweber aus Lyon und die Eberswalder Messerschmiede aus Thüringen, Uhrmacher aus der Schweiz und Zeugweber in großer Zahl aus Sachsen.[88] Werbung steigerte sich leicht zur Gewalt. Als Peter I. nicht genug Fachleute für den Bau der Donflotte hatte, mit der er gegen den Tatarenkhan ziehen wollte, ließ er kurzerhand Zimmerleute und Schiffsleute von den englischen Schiffen fortführen, die in Archangelsk überwinterten. Im nächsten Sommer wurden sie vom Don ans Weiße Meer zurückgebracht und gelangten glücklich wieder in die Heimat.

Gewalt war in allen Staaten damals nichts Ungewöhnliches, und so charakterisiert diese Geschichte weniger den Schauplatz als die Zeit. Das Leben jener gesuchten Fachleute war gefährlich, da sie sich auf der Wanderung durch die Länder Europas im Dienste launischer Monarchen riskanten Projekten widmeten. Sie bildeten eine schmale Elite von europäischem Zuschnitt, so europäisch, wie es zuvor nur der Hochadel und der Klerus gewesen waren.

Das Handwerk

Herbst oder Blütezeit?

Es ist merkwürdig, daß die meisten Handbücher zur Geschichte der Frühen Neuzeit das Handwerk vernachlässigen. Es scheint keiner Beachtung wert neben der großartigen Ausweitung des Handels, neben den neuen Manufakturen und den ausgreifenden Netzen der Verlage. Die meisten Autoren sehen im Zunfthandwerk dieser Periode einen Hemmschuh für die freie Entfaltung der großbetrieblichen Produktionsformen, denen die Zukunft gehörte. Diese Anschauung wird der Realität des frühneuzeitlichen Wirtschaftslebens nicht gerecht. Sie wird einerseits durch die beredten Klagen in den Quellen über wachsende Konkurrenz und schlechte Zeiten genährt, die doch nur die Monopole schützen sollten. Sie beruht andererseits auf einer zweihundertjährigen Tradition aufgeklärter und liberaler Kritik, die alle ständischen Schranken für die bürgerliche Freiheit des Marktes niederreißen wollte. Damit wurde für einen noch recht lebendigen Körper der Totenschein ausgestellt.

So wie die Landwirtschaft überall in Europa trotz ostelbischer Gutswirtschaft und oberitalienischer Latifundien auf der Arbeit von Bauern ruhte, so bildeten die Handwerksmeister nach wie vor den festen Grund des Gewerbes. Vor der industriellen Revolution stellten die großgewerblichen Betriebsformen nur Inseln dar. Das konnte auch gar nicht anders sein. Zum einen befriedigten immer noch die lokalen Märkte den gewöhnlichen Bedarf an Kleidung und Nahrung, Gerätschaften und Hausrat. Der Fernhandel war zwar gewaltig expandiert im Vergleich zum Mittelalter, doch weder die Transportkapazitäten noch die Kapitalströme hätten für den Alltagskonsum ausgereicht. Zum andern waren die einfachen Werkzeuge in Gebrauch und Kapitalaufwand unverändert auf den

Kleinbetrieb zugeschnitten. Der Großbetrieb brachte beim damaligen Stand der Technik kaum Kostenvorteile bei erhöhten Risiken.

Die Lebenskraft des handwerklichen Kleinbetriebes läßt sich aus der brandenburgisch-preußischen Gewerbestatistik ablesen. Gerade in Brandenburg-Preußen päppelte der Staat im 18. Jahrhundert das Großgewerbe nach Kräften auf. Die Zahl der Arbeiter in Verlag und Manufaktur wuchs zwar rasch, doch sie erreichte noch im Jahre 1802 nicht einmal die Hälfte der im Handwerk beschäftigten Meister, Gesellen und Lehrlinge.[89] Die Übergänge waren außerdem fließend. Handwerk und Großbetrieb arbeiteten während der Frühen Neuzeit in der Regel nicht als Konkurrenten, sondern gingen viel öfter eine Symbiose ein. Diejenigen, die in der preußischen Statistik zur Fabrikation gerechnet wurden, arbeiteten vielfach auch noch in kleinen, handwerklichen Betrieben, am heimischen Webstuhl oder in der eigenen Schmiede. Das galt für die meisten Weber, die zum großen Berliner Lagerhaus ihre Uniformtuche lieferten, ebenso wie für die Weber der Calwer Zeughandlungskompanie im Schwarzwald oder für die Schmiede im hessischen Schmalkalden und im schwedischen Hedemora. Die Handwerker hatten damit zwar ihre Selbständigkeit eingebüßt. Sie waren vom Kaufmann abhängig geworden, der ihre Erzeugnisse abnahm oder als Manufakturunternehmer weiterverarbeiten ließ und also auch über Qualität, Preis und Gestalt der Erzeugnisse entschied. Eingetauscht hatten sie ein wenig mehr Sicherheit durch den Zugang zu entfernten Märkten oder zu großen Heereslieferungen.

Das Handwerk nahm teil an dem allgemeinen Wachstum, der Spezialisierung und der Verfeinerung der Wirtschaftstätigkeit. Es befand sich keineswegs allgemein im Niedergang. Zutreffender ist von der vollen Entfaltung des alten Handwerks während der Frühen Neuzeit zu sprechen. Der Wiederaufbau Mitteleuropas nach den langen Kriegen des 17. Jahrhunderts erfolgte mit Hilfe des traditionellen Zunfthandwerks, und eben dies erklärt die Regenerationsfähigkeit von Stadtbevölkerung und Wirtschaft. So geschah es auch in Ungarn nach den Türkenkriegen, wo Tuchmacher und Schuhmacher mit Steuervergünstigungen ins Land geholt wurden, um das Funktionieren des alltäglichen Lebens zu gewährleisten. Leidens Lakenherstellung lief ganz und gar in der handwerklichen Betriebsform, die also durchaus geeignet war, Güter von hoher Qualität für den Weltmarkt zu produzieren. Gleiches gilt für die Haarlemer Leinenproduktion, für die Tabakpfeifenmacher von Gouda und für die Delfter Töpferei, deren Aufstieg ebenfalls in Hollands goldenem 17. Jahrhundert begann.

Das Handwerk profitierte von dem ganz allmählich schrumpfenden Gewicht des agrarischen Sektors. Mit dem Anteil der Stadtbewohner in weiten Teilen des Kontinents wuchs zunächst die Zahl der im Handwerk Beschäftigten und ihrer Familien, denn Stadtbevölkerung war überwiegend Handwerksbevölkerung. In den schwächer entwickelten Ländern der europäischen Peripherie waren die Möglichkeiten für die Entwicklung des Handwerks jedoch noch längst nicht ausgeschöpft. Das West-Ost-Gefälle in den brandenburgisch-preußischen Territorien ist augenfällig, und wegen der europäischen Ausdehnung dieses expandierenden Staatswesens darf man es stellvertretend für große Teile des Kontinents nehmen. In den Provinzen am Niederrhein waren 78 Meister und Gesellen für je 1000 Einwohner tätig, während es im fernen Ostpreußen nur knapp die Hälfte waren. Die Handwerksdichte in den westlichen Provinzen hat zweifellos ausgereicht, alle Einwohner mit einer weiten, spezialisierten Palette von Produkten flächendeckend zu versorgen. Diese Dichte wurde zwar in holländischen und schweizerischen Gewerbedistrikten mit überregionalem Absatz noch deutlich überboten, schöpfte aber wohl im wesentlichen das Maß vorindustrieller Bedarfsdeckung aus. Ganz anders stand es im preußischen Osten. Hier wird man wohl Unterversorgung annehmen oder zumindest Reserven in der weiteren Ausgliederung von Handwerksarbeit aus der Hauswirtschaft vermuten dürfen. Im Osten dieses expandierenden mitteleuropäischen Staates war das Ganze Haus noch intakt, und Meister, Hausfrau und Gesinde buken, schlachteten, webten, nähten und zimmerten darin nach Bedarf und Herkommen.

Der gewöhnliche Handwerksbetrieb blieb sehr klein, der allein arbeitende Meister ohne Gesellen und Lehrlinge war eher die Regel als die Ausnahme. Die Zunftstatuten, die meistens zwei Gesellen und einen Lehrling pro Meister erlaubten, gaben also nicht das

Normalmaß an, sondern ein oberes Limit, das jedoch von den privilegierten Hofhandwerkern überschritten werden konnte. In den verschiedenen Provinzen Brandenburg-Preußens variierte die durchschnittliche Betriebsgröße im städtischen Handwerk um 1800 zwischen 1,25 in der Grafschaft Mark und 1,89 in Berlin. Nicht einmal in der Metropole hatte also jeder Meister im Durchschnitt wenigstens einen Gesellen oder Lehrling in seiner Werkstatt. Nur für das schwedische Stadthandwerk wird diese Ziffer für dieselbe Zeit deutlich günstiger mit 2,6 angegeben. Die preußischen Zahlen scheinen eher charakteristisch für das frühneuzeitliche Handwerk gewesen zu sein, denn sie entsprechen recht genau jenen Größenordnungen, die schon für Augsburg im Jahre 1619 genannt wurden. Dort arbeiteten drei Viertel aller Handwerksmeister alleine, weitere 15 % hatten einen Gesellen an ihrer Seite, und nur das letzte knappe Zehntel beschäftigte zwei oder mehr Gesellen.[90] Augsburg stand in jenem ersten Jahr des großen Krieges noch glänzend da, noch unterhielt die berühmte Weberstadt der Fugger erstrangige Handelsbeziehungen nach Venedig und Amsterdam. Die große Zahl der allein arbeitenden Meister war also kein Zeichen von Niedergang, und man wird diese Handwerker kaum alle als verarmt ansehen müssen. Genausowenig dürfen wir die geringen Betriebsgrößen im Handwerk um 1800, die uns aus den Statistiken gut bekannt sind, als Ergebnis von Niedergang und Verarmung deuten, wie es seitdem immer wieder geschehen ist. Denn den goldenen Boden des Handwerks, auf dem sich der Meister im Kreise seiner Gesellen regte, hat es auch zu Zeiten des Hans Sachs kaum gegeben. Richard Wagners »Meistersinger« oder E. T. A. Hoffmanns Novelle »Meister Martin der Küfner und seine Gesellen« webten Legenden im Sinne eines romantischen Gesellschaftsideals.

Dieses Ideal mochte allerdings bei den 10 % der wohlhabenden Handwerker seine Bestätigung finden, denn jenseits des Durchschnitts variierte die Betriebsgröße beträchtlich. Vor allem in den Exportgewerben, so in der Feintuchmacherei von Venedig oder Leiden, im Schiffbau und in den Baugewerben gab es große Betriebe mit einem Dutzend oder mehr Beschäftigten. Andere Gewerbe ließen sich ohne Hilfskraft nicht betreiben, wie die Tuchmacherei und die Damastweberei mit ihren breiten Webstühlen. Allerdings waren die Meister dieser Gewerbe häufig so arm, daß sie Ehefrauen und Kinder als Arbeitskräfte heranziehen mußten. Die Müllerei und das Schmiedehandwerk ebenso wie Bäckerei und Brauerei erforderten größere Produktionseinrichtungen und waren überdurchschnittlich mit Gesellen versorgt. In diesen Handwerken konnte am ehesten Wohlstand wachsen, denn Betriebsgröße und Kapitalausstattung standen im Zusammenhang mit sozialem Ansehen, Preisen und Einkommen. Zu den wohlhabenden Handwerkern gehörten überall die Goldschmiede, die in England sogar die Rolle der Bankiers übernahmen. Am anderen Ende der Skala standen die vielen Schneider, Schuhmacher oder Weber, die nichts besaßen als ihre Handwerkskunst und ein wenig Werkzeug. Sie arbeiteten mit dem von ihren Kunden gelieferten Material gegen Lohn in einer Werkstätte, die zugleich Wohnraum sein mußte, und waren somit der härtesten Konkurrenz Unzünftiger ausgesetzt. Der arme Schuster im dunklen Keller oder das magere Schneiderlein, von denen Lieder und Märchen erzählen, gehörten ebenso zur Alltagserfahrung wie der reiche und geizige Müller oder der hartherzige Bäcker.

In Berlin beschreibt ein wohlhabender Bäcker während des Siebenjährigen Krieges die Not und die Wut des hungernden »Pöbels«, vor der die Bäcker die Läden schlossen und das Brot versteckten, wie dies auch in Augsburg während des Dreißigjährigen Krieges geschehen war. Brotunruhen waren häufig in dem von Hungerkrisen geplagten frühneuzeitlichen Europa, und immer wieder setzten so die kleinen Leute ihre Vorstellung vom gerechten Preis gegen die Zwischenhändler und die von ihnen bestimmten Marktpreise durch.[91] Unter diesen Armen, die bei jeder Teuerung dem Hunger preisgegeben waren, befanden sich indessen kaum Handwerker, sondern vor allem Tagelöhner, Witwen und Waisen, entlassene Soldaten und herrenlose Dienstboten. Die Zunftordnung bewahrte dem alten Handwerk seine »Nahrung«. Wenn nicht arge Kriegs- und Notzeiten hereinbrachen, konnten sich die Handwerker als ein stadtbürgerlicher Mittelstand behaupten, bewahrt vor der existentiellen Gefährdung der Lohnarbeiter, aber auch ausgeschlossen vom behäbigen Wohlstand der Kaufleute.

Innovationen – Pro und Kontra

Entgegen einer oft vertretenen Meinung wies das frühneuzeitliche Handwerk Neuerungen keineswegs grundsätzlich ab. Die allgemeine Einführung des Flügelspinnrades im 15. Jahrhundert und des Tretspinnrades im Verlaufe des 16. Jahrhunderts sind solche Beispiele geräuschloser Innovation. Im Metallhandwerk verbreiteten sich der Schraubstock und die Drehbank ebenfalls seit dem Beginn des 16. Jahrhunderts ziemlich rasch. Das Nürnberger Metallgewerbe war geradezu ein Zentrum handwerklicher Innovation, weithin berühmt für die Leistungen im Gerätebau für Schiffahrt und Astronomie. Das Nürnberger Ei, die im Jahre 1510 vom Goldschmied Peter Henlein gebaute tragbare Uhr, ist nur die populärste dieser Erfindungen.[92]

Doch oft ging der Annahme von Innovationen ein längeres Ringen um den Schutz des alten Arbeitsbereiches voraus. Es scheint sonderbar, solche Haltung gerade in den führenden Zentren der Gewerbe zu finden. So gaben die flandrischen Walker noch im 16. Jahrhundert den Kampf gegen die Walkmühle nicht auf, obwohl sie längst in ganz Europa verbreitet war. Exemplarisch für die Innovationsfeindschaft der Zünfte wird immer wieder der lange Kampf gegen die Bandmühle angeführt. Diese im späten 16. Jahrhundert erfundene Vorrichtung, auf der man mittels mehrerer Weberschiffchen gleichzeitig eine größere Zahl von Bändern machen konnte, vervielfältigte die Arbeitsproduktivität und gefährdete so die Beschäftigung der Bandweber. Die Spur der Verbote und Zerstörungen zieht sich durch das ganze 17. Jahrhundert. Die Abwehr war besonders erbittert in den Zentren zweiter Ordnung: in den südlichen Niederlanden, in Frankreich und im Reich, wo die Bandmühle wiederholt und zum letzten Mal 1719 durch kaiserlichen Erlaß verboten wurde. Andererseits hatte der Rat der Reichsstadt Frankfurt am Main schon 1583 die Verwendung ausdrücklich erlaubt, und auch in Basel, in London und an vielen anderen Orten richteten sich die Gewerke auf die neue Technik ein, um der Konkurrenz gewachsen zu sein.[93] Die kam zunächst aus den nördlichen Niederlanden, wo in Leiden schon um 1610 auf 45

Bandmühlen täglich mehr als 1000 Meter Bänder gewebt wurden. In den Vereinigten Niederlanden wurde diese Mühle patentiert und ihre Ausfuhr verboten.[94] Da der Markt für Borten und Bänder sich während des 18. Jahrhunderts durch Mode und Uniformbedarf ausweitete, gab es schließlich kaum noch Widerstand gegen die allgemeine Anwendung. Die traditionelle Fertigung auf einem Bandwebstuhl behauptete sich daneben für die kunstvolleren, reicheren Bänder und Tressen. Die Leidener Textilgewerbe führen vor, wie eng die Dominanz auf dem Weltmarkt mit dem technologischen Vorsprung verbunden war. Als die Marktführung verlorenging – teils an die staatlich abgeschotteten Gewerbe der Nachbarländer, teils an das billigere Landgewerbe –, war auch die Kraft zu technischen Neuerungen erlahmt.

Rembrandts Portrait des berühmten Amsterdamer Goldschmieds Jan Lutma weist ausdrücklich auf die innovative Seite handwerklichen Könnens hin. Neben der Schale auf dem Tisch liegen Werkzeuge, die zur Ausführung gepunzter Arbeiten benötigt wurden. Der im Jahre 1584 geborene, damals 72 Jahre alte Meister hatte diese Technik wiederentdeckt und inzwischen an seinen Sohn Johannes weitergegeben, der zugleich Goldschmied, Kupferstecher und Münzgraveur war. Das oberitalienische, das niederländische, das oberdeutsche und das französische Handwerk setzten Maßstäbe. Doch wo das Handwerk eine reiche Handelsstadt, eine Hauptstadt oder einen Hof beliefern konnte, wurden überall – dem verfeinerten Geschmack der Auftraggeber entsprechend – vollendete künstlerische und technische Leistungen vollbracht. Die prächtigen Tafeln des Kodex von Balthasar Behem, die das Krakauer Handwerk um 1500 schildern, zeugen ebenso davon wie die reich dekorierten Rokoko-Uhren oder die kunstvollen Möbel jener Zeit, die in Museen und Schlössern überall in Europa zu finden sind.[95]

Das Handwerk reagierte also auf Neuerungen auf verschiedene Weise. Das konnte ebenso durch Übernahme wie durch Abschottung geschehen oder auch durch eigene Erfindungen. Wenn die Zunftordnungen immer wieder neue Meisterstücke vorschrieben, so sollte dies selten neue Barrieren für die Bewerber errichten, weit häufiger wollte man sich dem Zeitgeschmack und dem Standard

4 *Der Goldschmied Jan Lutma im Alter von 72 Jahren*

des auswärtigen Handwerks anpassen.[96] Der Hauptweg handwerklicher Modernisierung war aber wohl die Ausbildung immer neuer, spezialisierter Berufe. Im alten Handwerk teilte man ja die Arbeit nicht innerhalb der Werkstatt auf, wie es dann in der fortschrittlichen Manufaktur der Fall war. Im Handwerk schufen Meister und Gesellen jeweils das ganze Stück vom ersten bis zum letzten Handgriff. Arbeitsteilung und Spezialisierung erfolgten ausschließlich zwischen den Werkstätten, zwischen den Handwerken. So konnten Fortschritte in der Arbeitsteilung und Spezialisierung nur durch fortwährende Abspaltung neuer Handwerksberufe erfolgen. Je größer die Stadt und je anspruchsvoller der Markt, desto weiter gedieh die Verzweigung. Die Schlosser trennten sich überall von den Schmieden und nachfolgend die Uhrmacher von den Schlossern. In einer Metropole wie Berlin saßen am Ende des 18. Jahrhunderts Großuhrmacher neben Kleinuhrmachern, flankiert von Büchsenmachern, Messer- und Nagelschmieden, Sporern und Windenmachern, dazu die verschiedenen Sparten von Instrumentenmachern und Mechanikern. Diese scheinbar schrankenlose Spezialisierung leistete die Anpassung des Handwerks an die Erfordernisse des Marktes und an neue Technologien. Im holländischen Textilzentrum Leiden gab es im 17. Jahrhundert nicht weniger als 125 verschiedene Berufe in dieser Branche.[97]

Nicht nur neue Techniken und Produkte forderten das Handwerk heraus, es reagierte auch auf die Vielfalt der Konfessionen und Kulturen. Wo verschiedene ethnische Gruppen und kulturelle Traditionen miteinander existierten, entwickelten sich eigene Berufe für die unterschiedlichen Bedürfnisse. So entwickelten sich in den ungarischen Städten seit dem 16. Jahrhundert die Zieschmenmacher, Knöpfmacher und Köppenickschneider zur Verfertigung der ungarischen Bekleidung neben den entsprechenden allgemein verbreiteten Handwerken.[98] In ähnlicher Weise behaupteten sich im zweisprachigen Berlin die französischen Weißbrotbäcker lange Zeit neben den gewöhnlichen Bäckern, weil sie den Hugenotten ihre gewohnten und speziellen Backwaren lieferten. Und in Augsburg trennte die unsichtbare Grenze zwischen Protestanten und Katholiken auch die lutherischen Buchdrucker, Kupferstecher und Goldschmiede von ihren katholischen Berufsgenossen. Jede Konfession hatte ihren eigenen Markt, allerdings bekam der lutherische Goldschmied die gesamten weltlichen Aufträge der Bürger beider Konfessionen hinzu, weil seine Kirche nicht so üppigen Goldschmuck bestellte.[99]

Die Verzweigung der Handwerksberufe schuf an den Trennlinien der Arbeitsbereiche immer neue Reibungsflächen und lieferte so den Stoff für unendliche Streitigkeiten zwischen Schuhmachern, Altschustern und Pantoffelmachern, Weißgerbern und Handschuhmachern, Gelbgießern und Gürtlern, von denen die städtischen Gerichtsbücher erzählen. Auseinandersetzungen zwischen benachbarten Handwerken wurden kaum weniger erbittert geführt als der Abwehrkampf gegen die unzünftigen Pfuscher. Diese Kompetenzstreitigkeiten sind im Urteil der Historiker gegen das Zunfthandwerk ins Feld geführt worden, denn sie schienen den Außenstehenden ebenso widersinnig wie der tödliche Kampf zweier Bauern um den Feldrain, den Gottfried Keller wohl aus seiner Erfahrung als Zürcher Stadtschreiber in Literatur verwandelte. Es ging in allen diesen Konflikten buchstäblich um die Nahrung, und wenn sie der Selbstjustiz entzogen waren und vor Stadtgerichten ausgetragen wurden, war dies ein erheblicher Fortschritt der Wirtschaftsordnung.

Das Landhandwerk

Das Handwerk blieb in der Frühen Neuzeit kein Privileg der Städte. Überall wuchs auch auf dem platten Lande beruflich spezialisierte Handwerkstätigkeit. Zutreffend ist dieser Vorgang als Territorialisierung des Gewerbes bezeichnet worden.[100] Nie vorher und niemals später gab es so viele Handwerker in den Dörfern Europas wie in jenen Jahrhunderten zwischen Mittelalter und industrieller Revolution. Die modernen Zeiten ersetzten später die Wassermühle durch die Dampfmühle, den Hufschmied durch die Werkstatt für Kraftfahrzeuge und die ländlichen Weber, Schneider und Schuster durch den Versandhandel.[101]

Während des Mittelalters hatten die Bauern nahezu autark und fast ganz ohne Bargeld gewirtschaftet. Nur die Müller und die Schmiede hatten sich schon überall auf dem Lande eingerichtet, beide an aufwendigere Produktionseinrichtungen gebunden und in der Regel auch an die Berechtigung, die der Grundherr gewährte. Die Getreidemühle blieb auch während der Frühen Neuzeit Recht und Eigentum des Grundherrn, und der Mühlenzwang, der die Einwohner der Mühle ihres jeweiligen Herrn zuwies, war eine der unzähligen Institutionen, die jenseits des Zunftzwanges das Gewerbe regelten. Alles andere war noch weitgehend Teil der bäuerlichen Wirtschaft im Ganzen Haus, vor allem dort, wo die Dörfer klein und weit entfernt voneinander waren, oder wo – wie im westlichen Schweden oder in den baltischen Küstenländern – Streusiedlung in einsamen Gehöften die Regel war. Am Beginn der Neuzeit gehörte also noch viel Handwerk zur Bauernarbeit. Die Arbeitsteilung war so unausgebildet wie die Warenwirtschaft und der Geldverkehr.

Vielleicht ist das Abbild dieser Verhältnisse in unseren Familiennamen überliefert, die im größten Teil Europas aus dem späten Mittelalter stammen. Soweit diese Namen Berufe bezeichnen, sind sie fast immer der ländlichen Gesellschaft zuzuordnen, denn in den Städten wären die meisten Berufe kein Unterscheidungsmerkmal gewesen. So finden wir heute überall die überwältigende Zahl von Müllers und Schmidts, deutlich weniger Schneiders, Schuhmachers, Webers und Zimmermanns, und vergleichsweise sehr wenige Bäckers und Binders oder Böttchers. Auch die Unterschiede zwischen Großregionen lassen sich wohl noch ablesen, so die recht häufigen Wagners im Verhältnis zu den wenigen Rademachers, denn die Stellmacherei blieb im niederdeutschen Raum viel länger Teil der Bauernarbeit als im südlichen Deutschland.

Alle diese Handwerke – die Schmiede, Müller, Leineweber, Schneider, Schuhmacher, Stellmacher, Böttcher, Zimmerleute und Bäcker – bildeten sich im Verlaufe der Frühen Neuzeit als charakteristische ländliche Handwerksberufe aus. Die Professionalisierung von gewerblicher Tätigkeit war sogar im extrem dünn besiedelten Schweden um 1800 so weit gediehen, daß man alle diese Berufe auf dem Lande vorfand. Die Zahl derer, die für Kleidung,

Wohnung und Nahrung tätig waren, wuchs überall schnell, während sich der Markt für Schmiede und Müller naturgemäß kaum erweiterte. Das Verhältnis von Schmieden und Schneidern hatte sich während der Frühen Neuzeit also zugunsten der letzteren umgekehrt. Das galt von England bis Ungarn für den ganzen Kontinent. Die Landbevölkerung setzte somit um 1800 einen deutlich größeren Teil ihrer Einkünfte für Komfort und Repräsentation ein; die Alltagskultur hatte sich zweifellos gewandelt. Die Dorfhandwerker trugen viel zu den landwirtschaftlichen Innovationen bei. Die Eggen mit Eisenzinken, die Ackerwalzen, die verbesserten Wagen und die neuen Mühlen waren ihr Werk.

Die Landhandwerker hatten ihren Beruf in der Regel zünftig gelernt. Sehr oft absolvierten sie die Lehrzeit in der Stadt, da es den Landmeistern vielfach verboten war, Lehrlinge auszubilden. Auch auf dem Lande gab es die zünftige Hierarchie von Meister und Gesellen. Sogar in den Dörfern rund um Budapest fanden sich um 1770 etliche Gesellen. Allerdings wanderten die Landgesellen selten. Des öfteren waren diese Gesellen Bauernsöhne, die wegen eines körperlichen Gebrechens für die Landarbeit ungeeignet waren. Vielfach war das Gewerbe Familientradition – genauso wie in der Stadt. Häufig diente es vor allem in Brandenburg-Preußen zur Versorgung invalider Soldaten, die eine Erlaubnis zum Gewerbebetrieb auf dem Lande als königliche Gnade erhielten. Nicht nur in Mecklenburg oder im Zürcher Unterland waren die Schullehrer auf dem Lande zugleich Leineweber, Schneider oder Schuhmacher. Da sie als Küster oder Sigrist dem Pastor zur Hand gingen, ergab sich eine dreifache Beanspruchung für einen einzigen Lebensunterhalt. Teilzeitbeschäftigung und Doppelberufe waren im Landhandwerk häufig, da der Markt stärker saisonabhängig war als in der Stadt. Müller mußten zugleich das Zimmerhandwerk gelernt haben, um Reparaturen und Neubauten am Mühlenwerk ausführen zu können, und nebenher waren sie Wirte, die ihren Mahlgästen gebrautes Bier ausschenken durften. Gleiches trifft auf viele Schmiede und die meisten ländlichen Metzger zu.

Die Landwirtschaft spielte – trotz aller Professionalisierung – als Zweitberuf eine viel größere Rolle als in der Stadt. Im bäuerlichen, dünn besiedelten Schweden ebenso wie im dicht bevölkerten Zürcher Unterland mit seinen Zwergwirtschaften bewirtschafteten die Handwerker eigene Höfe von durchschnittlicher Größe. In Mecklenburg besaßen hingegen nur die Schmiede einigermaßen regelmäßig eine kleine Bauernstelle. Die Handwerker in den nordosteuropäischen Bauerndörfern oder Adelsgütern gehörten eher zur wachsenden Zahl landloser oder landarmer Dorfbewohner, die ein Gärtchen, wenige Ziegen und vielleicht ein Schwein besaßen. Während der Ernte oder im Getreidedrusch mußten sie als Tagelöhner zusätzlichen Broterwerb suchen.[102] Der Adel hielt sich für seine Haushaltung leibeigene Spezialisten »in Livree«, darunter vor allem Schneider. Sie sind wohl oftmals auch als Lakaien beschäftigt worden und somit ebenfalls einer zweifachen Tätigkeit nachgegangen. Das Gutshandwerk des ostelbischen Adels erinnert eher an das mittelalterliche Fronhofsgewerbe als an das aufblühende Landhandwerk der hier betrachteten Epoche. Wahrscheinlich verursachte die Steigerung der Frondienste während des 17. Jahrhunderts sogar einen Rückgang, denn die leibeigene Bauernschaft verarmte so sehr, daß nur wenig Spielraum für die Anschaffung von Handwerksprodukten blieb.[103]

Ungeachtet der Einschränkungen durch Unterbeschäftigung und Doppelberufe brachte das Dorfhandwerk beachtliche Qualitätsarbeiten hervor und erwies sich dem Stadthandwerk grundsätzlich als ebenbürtig. Ein schönes Beispiel lieferten die ländlichen Tischler in den Vierlanden zwischen Hamburg und Lübeck, deren Intarsienarbeiten die Wohnstuben reicher Bauern und hanseatischer Bürgerfamilien zierten.[104] Allerdings waren die Anforderungen der Kunden selten so hoch, Reparaturen hatten ein größeres Gewicht, und die Neuanfertigungen mußten einfacher, billiger und robuster sein als in der Stadt. Dessenungeachtet klagten die städtischen Zünfte ständig über die unerbetene Konkurrenz und die zu feine Arbeit der Landmeister. Die Städte erreichten immer wieder Edikte und Verordnungen, die das Landhandwerk auf grobe Bauernarbeit einschränken sollten. Den Leinewebern wurde die Dichte der Fäden vorgeschrieben und das Damastweben verboten; die Stellmacher durften keine Kutschen bauen; die Schneider sollten nicht für Pastoren, Adel und Städter arbeiten.[105] Hier und in der geringeren Qualität der Nachfrage sind die Einschränkungen für die ländliche Handwerksarbeit zu suchen, nicht jedoch in einem geringeren Niveau von Ausbildung und Fähigkeiten.

Städte und Staaten führten während der Frühen Neuzeit einen beharrlichen und vergeblichen Kampf gegen die Ausweitung des Landhandwerks. Dem lag das Idealbild einer Arbeitsteilung zugrunde, die der Stadt Handel und Gewerbe und dem Dorf die Landwirtschaft zuwies. Solche Arbeitsteilung schien die Grundlage einer blühenden Wirtschaft und geregelten Steuereinnahme zu sein. Die Wirklichkeit widersprach dem immer mehr, und sie widerlegt auch die Sorge der Stadthandwerker vor der ländlichen Konkurrenz. Ein dichtes Landhandwerk führte offensichtlich nicht zur Schwächung der städtischen Wirtschaft, beide entwickelten sich vielmehr gleichläufig. Wo es ein dichtes Städtenetz gab, wie in Holland oder am Oberrhein, fand auch das ländliche Handwerk auf dem volkreichen, marktwirtschaftlich erschlossenen flachen Lande den besten Nährboden. Hier fanden unter 1000 Dorfbewohnern 70 und mehr Handwerker ihr Brot. Ein dünnes Städtenetz, wie es für das ostelbische Europa charakteristisch war, hatte sein Gegenstück in einem mehrfach geringeren Dorfhandwerk ringsum, das kaum eine Dichte von 15 Handwerkern auf 1000 Einwohner erreichte. Und sogar dort konzentrierten sich die wenigen Landmeister in den stadtnahen Dörfern. Dabei trat gerade der Adel in diesen Regionen als Fürsprecher des Landhandwerks auf. Wenn etwa der mecklenburgische Adel wegen des Handwerks auf seinen Gütern in Dauerfehde mit den Städten lag, so mutet das angesichts des armseligen Zustands des dortigen ländlichen Gewerbes merkwürdig an. Und fürstliche Verordnungen erließen gerade in den europäischen Regionen die schärfsten Verbote gegen das ländliche Handwerk, wo es ohnehin unterentwickelt war. Der Vorgang ist symptomatisch für den Graben zwischen der wirtschaftlichen Entwicklung und deren Widerspiegelung in Gesetzgebung und öffentlichem Bewußtsein.

Das Landhandwerk war eben nicht aus dem Niedergang der Städte oder als Notbehelf der Landarmut entstanden, sondern aus dem Wachstum von Produktivität, Arbeitsteilung und Marktbeziehungen auf dem Lande. Doch niemandem erschien dies als begrüßenswerter Fortschritt zu wachsendem Wohlstand. Denn war nicht derjenige ein armer Schlucker, der sein Brot beim Bäcker kaufen mußte, anstatt es im Backofen auf eigenem Grund aus Getreide vom eigenen Acker zu backen? Die Landbewohner ohne Haus und Hof, deren Zahl mit der Dichte der Bevölkerung im 18. Jahrhundert überall wuchs, waren die Meister und die Kunden im dörflichen Handwerk. Es zeigte so den Zerfall des Ganzen Hauses und der ständischen Ordnung an.

Die Ausweitung der Zünfte

So wie das Handwerk erst am Vorabend der industriellen Revolution seine stärkste Ausbreitung und Vielfalt gewann, entfaltete sich auch das Zunftwesen zur vollen Blüte, bevor es mit der ständischen Gesellschaft unterging. Die Zunft blieb die Lebensform des europäischen Handwerks. Durch sie gewannen die gewerblichen Arbeiter Recht und Ehre eines eigenen Standes, ihr Monopol schützte vor bedrohlicher Konkurrenz. Sie bot Solidarität in den Wechselfällen des Lebens und ermöglichte dem Handwerk Einfluß auf die Stadtpolitik. Die Zünfte verkörperten die Kraft der Schwachen, die aus dem Zusammenschluß wächst.

Bis an die Schwelle des 18. Jahrhunderts waren die Zünfte nicht auf dem Rückzug, sondern sie expandierten und bildeten ihre Institutionen immer perfekter aus. Die berufliche Spezialisierung des Handwerks ging mit einer ähnlich umfangreichen Aufsplitterung und Neubildung von Zünften einher. Von den Buchdruckern bis zu den Seidenwirkern bildeten alle neuen Gewerke ihre eigenen Zünfte aus. Dann sahen sich die Zünfte in allen diesen wirtschaftlichen, sozialen und politischen Bereichen neuen Problemen und Gegnern gegenüber. Am Ende gelang es ihnen nicht mehr, ihren Arbeitsbereich gegen das Großgewerbe, ihre Sicherungssysteme gegen den Zerfall des Ganzen Hauses und ihre Autonomie gegen den absoluten Machtanspruch der Staaten zu verteidigen. Sie erlitten Niederlagen auf allen Feldern. Der Rückzug setzte in den Zentren des europäischen Wirtschaftssystems eher ein als an dessen Peripherie, und er begann in den Haupt- und Residenzstädten, wo Privilegien für Hofhandwerker und Konzessionen für fremde Spezialisten die zünftige Macht aushöhlten.

In den Ländern der Peripherie mit schwacher mittelalterlicher Stadtentwicklung entfaltete sich das Zunftwesen eigentlich erst in dieser Zeit, wenn sich auch die Institution schon mit den Stadtgründungen nach deutschem Recht seit dem 13. Jahrhundert bis ins Baltikum, Skandinavien und Siebenbürgen verbreitet hatte. So bezeugt der Kataster der ungarischen Zunfturkunden bis zur Mitte des 18. Jahrhunderts mehr als 2000 Zunftgründungen, wo es vor der Mitte des 16. Jahrhunderts ganze 90 Zunftbriefe gegeben hatte. Nach der Befreiung von der Türkenherrschaft entstanden zahllose Neugründungen zunächst als Tochterzünfte von Wiener oder Preßburger Laden.[106] Auch in Schweden setzten die Zunftgründungen außerhalb von Stockholm erst im 16. Jahrhundert ein und erfaßten bis zum Ende des 18. Jahrhunderts die mittleren Städte.[107] Selbst im Kerngebiet des alten Zunftwesens, dem deutschen Reich, organisierten sich die Zünfte erst seit dem 16. Jahrhundert in Kleinstädten und noch später in Marktflecken. In Frankreich stärkten die Könige während des ganzen 17. Jahrhunderts die Zünfte, um Qualität und Umfang der Handwerksproduktion zu verbessern. Als Ergebnis der Zunftpolitik des mächtigen Merkantilisten Jean Baptiste Colbert erhöhte sich die Zahl der Zünfte in Paris zwischen 1672 und 1691 von 60 auf 129.[108]

Die Zünfte machten bei den Marktflecken nicht halt, sondern drängten in das Land hinaus. Es ist ein verbreiteter Irrtum, daß das Land zunftfrei gewesen sei. Mit der Verdichtung des ländlichen Gewerbes bildeten sich im Gegenteil immer häufiger eigene ländliche Zünfte. Selbst in Frankreich wurde noch 1762 die Einordnung des Dorfhandwerks in die Stadtzünfte verordnet. In ganz Mitteleuropa nötigten die Stadtzünfte das wachsende Landhandwerk zum Eintritt in die städtischen Laden. Die Bildung von Territorialzünften in einzelnen kleinen deutschen Fürstentümern lag auf derselben Linie.

Die Zunftordnung griff ferner auf die vielfältigen Formen des Großgewerbes über, und dies vor allem dort, wo unter dem Dach des Verlages weiterhin in handwerklicher Weise produziert wurde. Der Zunftverlag, in dem ganze Zünfte unter Beibehaltung ihrer alten Ordnung von einem Kaufmann abhängig wurden, war eine alte Einrichtung. Im 16. Jahrhundert verlegten Nürnberger und Augsburger Kaufleute die Zünfte in den schlesischen und lausitzischen Tuchstädten, und noch im 18. Jahrhundert praktizierte die königliche Lagerhausmanufaktur in Berlin das gleiche System mit den Tuchmacherzünften der umliegenden Städte. Auch im ländlichen Verlag waren Zünfte eher die Regel als die Ausnahme. Die ländlichen Tuchmacher um das norditalienische Prato, die Messerschmiede der Grafschaft Mark, die österreichischen Sensenschmiede und die Leinen- und Wollweber von Nordböhmen bis Schwaben arbeiteten zünftig.[109] Wenn das ländliche Verlagsgewerbe dem städtischen überlegen war, so nicht wegen fehlender Zunftfesseln. Der Wettbewerbsvorteil des ländlichen Gewerbes lag in den niedrigeren Kosten begründet. Auf dem Lande waren Ernährung, Wohnung, Heizung und Rohstoffe billiger zu haben, und Selbstversorgung war verbreitet. Solange die Produktionsformen handwerklich waren, trugen die zünftigen Qualitätsstandards und sozialen Sicherungssysteme der Zunft zur Kostensenkung bei.

Die Zünfte veränderten sich in diesem Anpassungsprozeß an kapitalistische Produktionsstrukturen, sie gerieten unter die Herrschaft der Verleger. Häufig traten die Verleger der Zunft bei und veränderten sie von innen, wie in der Tuchmacherei von Venedig oder in der Seidenweberei von Lyon. Die Seidenhändler von Lyon setzten im Jahre 1667 eine neue Zunftordnung durch, die unter allen Umständen die Erfüllung von Lieferverträgen einforderte und so die Produzenten in völlige Abhängigkeit zwang.[110] Brandenburg-Preußen startete seine eigene Seidenproduktion mit abgeworbenen Meistern aus Lyon. War es nicht eine konsequente Weiterentwicklung des Lyoner Musters, wenn die Beamten den Seidenwebern im Gewerksprivileg so gut wie keine Rechte, Staat und Unternehmern hingegen alle Gewalt einräumten?[111] Die Zunft war hier nur noch Hülle, aber am System wurde festgehalten. Noch die Fabrikzünfte des ausgehenden 18. Jahrhunderts sprechen von der Attraktivität der Institution bis an die Schwelle der Industrialisierung. Aus der Sicht der Obrigkeiten hatten die Zünfte

Ordnungsaufgaben zu erfüllen, also über Qualität und Preis der Produkte ebenso zu wachen wie über das konforme Verhalten ihrer Mitglieder und Angehörigen einschließlich der Gesellen und Lehrlinge.

Aus der Sicht der Zunftgenossen stand die Sicherung der »Nahrung« für alle Mitglieder im Zentrum des Interesses. Die Sicherung des Lebensunterhalts für alle Genossen bedeutete nicht Gleichheit von Besitz und Erwerb, da das Eigentum an Produktionsstätten und Werkzeugen ebenso individuell war wie der Produktionsprozeß und der Zugang zum Markt. Dieses Nahrungsprinzip paßte nicht zum Erwerbsstreben der Kaufleute, die sich soeben die Welt dienstbar machten. Insofern stemmte es sich gegen die Kräfte, die einen Ausweg aus den Schranken der agrarischen Gesellschaften suchten. Blieb nicht gerade für die kleinen Leute das Nahrungsprinzip das angemessene Wirtschaftsethos in einer Zeit, in der Wachstum nur äußerst langsam vonstatten ging, regional begrenzt war und von Hunger, Seuchen und Krieg immer wieder zunichte gemacht wurde? Beruhen die erstaunlichen Reproduktionsleistungen des Gewerbes nach solchen Einbrüchen nicht gerade auf der größeren Sicherheit hinter dem Zaun der Zwangs- und Bannrechte?

Glanz und Elend der Tradition

Die Quellen vermitteln den Eindruck, daß die Zunftregeln seit dem Ausgang des Mittelalters immer enger und starrer geworden sind, daß anstatt eines sichernden Zauns feste Mauern errichtet wurden. Das Meisterrecht war immer schwerer zu erlangen. Sehr oft wurde dazu die Einheirat ins Gewerk gewünscht oder gefordert, damit die Witwen und Töchter versorgt wären. Man stellte höhere Anforderungen an eheliche Geburt und Treue der Kandidaten als die strengste Kirchenzucht. Die Zünfte verlangten eine Anwartschaft in langen Mutjahren, komplizierte Meisterstücke, hohe Gebühren und teure Bewirtung beim Meisterschmaus. Der

Berliner Bäckermeister Johann Friedrich Heyde wandte um die Mitte des 18. Jahrhunderts für jeden seiner drei Söhne 120 Taler für das Meisterrecht und 400 Taler für die Betriebsgründung auf.[112] Bei einem durchschnittlichen Gesellenlohn von 100 Talern im Jahr entsprach dies dem Entgelt von mehr als fünf vollen Arbeitsjahren. Welche Chancen hatten die, deren Väter nicht wohlhabend waren?

Je fester sich der Meisterstand abschloß, desto mehr differenzierte der Gesellenstand seine Institutionen aus. Die Gesellen waren bereits im Mittelalter der mobilste Stand der städtischen Gesellschaft gewesen, doch erst im 16. Jahrhundert schrieb man die Wanderpflicht in die meisten Zunftordnungen.[113] Das englische Wort *journeyman* benennt den Gesellenstand direkt nach seiner wandernden Lebensform, und der Wandergeselle wurde fortan überall zum Stereotyp in der Volkspoesie. Wandern sollten die jungen Leute nicht nur wegen des Nutzens für die Fortbildung, sondern auch, weil sie eine weitere Hürde auf dem Weg zur Meisterschaft nehmen sollten, die für Meistersöhne von Fall zu Fall niedriger gesetzt wurde.

Die Gesellenwanderschaft hatte ungeahnte Folgen. Es entstanden Verbindungen, die über die Grenzen von Staaten hinaus größere Teile des Kontinents umspannten und Meister und Obrigkeiten das Fürchten lehrten. In den zahlreicheren Handwerken der größeren Städte hatten sich schon im Spätmittelalter Gesellengilden von den Meisterzünften getrennt. Nun verknüpften sie sich besonders innerhalb des deutschen Reiches und im Geltungsbereich des mitteleuropäischen Zunftrechts. Die Gesellen errichteten so ein eigenes Nachrichtensystem und eine strikte Gerichtsbarkeit bei Verstößen gegen das Zunftrecht. In Streitfällen standen die Gesellen eines Berufszweiges in ganzen Regionen von der Arbeit auf, sie machten also einen »Aufstand« und verließen die gebannten Städte. Wie sollten die absolutistischen Staaten nicht alle Mittel aufbieten, um diese Macht zu brechen und aus wilden und stolzen Gesellen willfährige Arbeiter zu machen? Eine Serie von Verboten der Gesellenorganisationen durchzieht die Zunftpolitik der europäischen Staaten im 18. Jahrhundert, ohne daß es ganz gelungen wäre, sie zu beseitigen. Die neuen Arbeiterbewegungen des Industriezeitalters hatten hier kräftige Wurzeln und bewahrten vor allem in den Gewerkschaften Einrichtungen der Gesellenkultur.[114]

Das Zunftwesen ruhte auf vormodernen, ständischen Werten und Normen. Die aufgeklärte Vorstellung von der natürlichen Gleichheit aller Menschen war ihm fremd. Zudem beschränkten Religion, Konfession und Standeszugehörigkeit zwischenmenschliche Beziehungen. Der Kreis der Unehrlichen, deren Abkömmlinge ausgesperrt blieben, wurde immer weiter gezogen, und ins Absurde steigerte sich die Vielzahl der Handlungen, die unehrlich machten. Das Zechen mit dem Henker oder die Berührung eines toten Hundes, dessen Beseitigung in den Arbeitsbereich des Schinders gehörte, mußten mit hohen Zunftstrafen abgegolten werden, wenn sie nicht vom Handwerk ausschlossen.

Das Wesen dieser Ausgrenzung entzieht sich unserem Verständnis, wie es großenteils schon den Zeitgenossen am Ausgang jener Epoche unbegreiflich geworden war. Töten und Blutvergießen bewirkten offenkundig in der Regel eine Ächtung. Henker versuchten, sich davon rein zu halten, indem sie sich direkt unter den Schutz des Gotteslammes stellten; es ist in ihren Siegeln häufig belegt. Das Vagantentum der Kesselflicker und Kupferschmiede und die ursprüngliche Leibeigenschaft dörflicher Gewerbetreibender wirkte ebenso informierend. Der Grund dafür könnte in unehrlichem Geschäftsgebaren – etwa der Veruntreuung des von den Kunden gelieferten Materials – gelegen haben. Müllern oder Webern sagte man nach, daß sie Getreide oder Gespinst auf die Seite brächten. Dennoch wäre der ausschließliche Rekurs auf die unlauteren Geschäftsmethoden wohl eine zu moderne Erklärung für die frühneuzeitliche Unehrlichkeit. Unehrliche Berufe wie die Leineweber, die Müller und die Bader bildeten seit dem 16. Jahrhundert zwar zunehmend Zünfte, sie konnten damit jedoch nicht alle Diskriminierung abstreifen: In Brandenburg mußten die Leineweber noch ausgangs des 17. Jahrhunderts die Leiter zum Galgen tragen, eine Tätigkeit, die Unehrlichkeit immerfort bekräftigte. Die aufgeklärten Kritiker hatten nicht unrecht, wenn sie behaupteten, daß Männer, die zu den höchsten Staatsämtern zugelassen würden, nicht das Meisterrecht in der nächsten Provinzstadt bekommen könnten.

Die Juden blieben im ganzen christlichen Europa vom zünftigen Handwerk ausgeschlossen. Damit war eine weitere große Zahl möglicher Konkurrenten beiseite geschoben. Jüdische Händler und Trödler gehörten dessen ungeachtet zu den allgegenwärtigen Feindbildern der Bekleidungshandwerke. In den polnischen Städten wuchs während des 17. Jahrhunderts die Feindschaft der Zünfte gegen die Juden, weil eine wachsende Zahl jüdischer Händler westliche Manufakturwaren ins Land brachte. Vor allem die Schlosser und Uhrmacher klagten wegen der jüdischen Konkurrenz auf den Lubliner Messen. Den Schuhmachern und Gerbern war der jüdische Vorkauf von Fellen und Häuten ein ständiges Ärgernis, das heißt deren Praxis, die Rohmaterialien nicht erst auf dem Markt, sondern schon vor den Toren der Stadt bei den Bauern zu günstigeren Bedingungen zu kaufen.[115]

Eine der spektakulärsten Aktionen des zünftigen Antisemitismus war ein Aufstand in der Reichsstadt Frankfurt am Main. Die Zünfte waren die treibende Kraft in jenem Bürgeraufstand gegen die Herrschaft der Patrizier, der anläßlich der Kaiserkrönung des Habsburgers Matthias im Jahre 1612 losbrach. Gefordert wurde neben einer Beteiligung am Stadtregiment die Verminderung der jüdischen Einwohnerschaft, der man die Schuld an Geldverknappung und Teuerung gab. Ansiedlung und Besteuerung der Juden waren ein kaiserliches Regal, der Zusammenhang mit der Kaiserwahl insofern gegeben. Eine kaiserliche Kommission konnte im folgenden Jahr zwar einen Kompromiß in Gestalt eines neuen Bürgervertrages aushandeln, der soziale Sprengstoff war jedoch im Zunftbürgertum nicht entschärft. Am 22. September 1614 entlud sich der Zorn in einem schrecklichen Pogrom. Etwa 3000 Handwerker und Tagelöhner plünderten die Judengasse und trieben die Bewohner aus der Stadt. Das kaiserliche Strafgericht stellte die Ordnung wieder her, indem es die Anführer – den Kuchenbäcker Vinzenz Fettmilch, unter dessen Namen das Geschehen in die Geschichte einging, den Schreiner Konrad Gerngroß und den Schneider Konrad Schopp – enthauptete, den Zünften die Privilegien nahm und den beteiligten Bürgern hohe Geldstrafen auferlegte. Am Tage der Hinrichtung wurden die Juden mit kaiserlichem Geleit in die Stadt zurückgeführt.[116]

Der wirtschaftliche Hintergrund ist in diesem Falle deutlich, er war mit der allgemeinen Geldverknappung und Teuerung und mit der Tätigkeit der Juden im Geldverleih gegeben. Die Juden waren von fast allen Gewerbezweigen, vom Grundbesitz und von den angesehenen Zweigen des Handels im christlichen Europa ausgeschlossen, und so blieben ihnen nur Trödel und Geldverleih. Es ist aber auch bezeichnend, daß sich vergleichbare Greueltaten nicht gegen andere Gegner richteten – das könnte hier die Patriziergesellschaft Alten-Limpurg gewesen sein –, sondern daß die Juden als Sündenbock herhalten mußten.

Die Ausschließung der Juden vom zünftigen Handwerk hatte wohl weniger wirtschaftliche als religiöse Gründe. Die Zünfte waren ihrem Wesen nach intolerant. Der Antisemitismus des zünftigen Handwerks war tief verwurzelt, durch Kirchen und Obrigkeiten bestätigt und in der religiösen Funktion der Zünfte begründet. Sie besaßen im katholischen Raum eigene Altäre, sie nahmen auch im protestantischen Europa den gemeinsamen Kirchgang in ihre Statuten auf und sicherten einander das christliche Begräbnis. Religiöse Intoleranz traf auch Konkurrenten anderer christlicher Konfessionen. In der brandenburgisch-preußischen Hauptstadt durfte noch im ersten Drittel des 18. Jahrhunderts kein Katholik Bürger und Meister werden. Zur gleichen Zeit erlaubte Maria Theresia als Königin von Ungarn zwar die Ansiedlung protestantischer Meister in dem entvölkerten Land, verpflichtete diese aber zur Teilnahme an den katholischen Messen und Prozessionen.[117] Selbst wenn die religiösen Funktionen der Zünfte im protestantischen Raum deutlich schwanden, so gehörte das Zunfthandwerk doch auch hier zu den orthodoxen, intoleranten Teilen der Gesellschaft. Es bildete auch im Religiösen die beharrende stabile Mitte in einer sich verändernden Welt.

Als eine Gegenwelt der Toleranz erscheint das osmanische Europa. Dort gab es keinen religiös begründeten Antisemitismus, und den Handwerkergilden war keinerlei religiöse Weihe beigegeben. Hier vereinten die Gilden gleichermaßen Christen, Juden und Moslems.[118] Doch diese Toleranz war möglich, weil die Gilden im öffentlichen Leben bedeutungslos waren.

Konservativ mutet uns die Abwehr von Frauenarbeit durch die

5 *Frauenarbeit im Textilgewerbe: Klöpplerin, Strickerin und Spulerin*

Zünfte an. Auch hier ging es um Konkurrenz, um die Sicherung der Arbeitsplätze für Gesellen und Meister in den Textilgewerben, in der Schneiderei und in der Lederverarbeitung. In den Zentren der Textilherstellung – besonders im romanischen Europa – hatte es immer schon Frauenarbeit und vereinzelt sogar Zünfte von Näherinnen oder Weberinnen gegeben. In Frankreich war die Einbeziehung weiblicher Hilfskräfte weiter verbreitet und deren Status unterschied sich weniger stark von dem der Gesellen. Im 18. Jahrhundert entstanden in Frankreich – namentlich im Modezentrum Paris – Frauenzünfte in der Damenschneiderei. Aus Frankreich ist auch eine aus dem 17. Jahrhundert stammende Zunft der Weißnäherinnen bekannt. Dieselben Frauenzünfte finden wir zur gleichen Zeit im niederrheinischen Köln, das vom romanischen Zunftwesen beeinflußt war.[119]

Im Reich breitete sich weibliche Erwerbstätigkeit vor allem in der Protoindustrie und vereinzelt im ländlichen Handwerk aus. Die Bandweberei in der Lausitz und die Spitzenklöppelei im Erzgebirge waren solche weiblichen Gewerbe. Daniel Chodowiecki zeichnete ein fast idyllisches Bild junger Textilarbeiterinnen in ländlicher Umgebung ohne alle Attribute des zünftigen Patriarchats. Generell ließen die Zünfte Frauen nur als Hilfskräfte außerhalb der Zunftorganisation zu – etwa in der Spinnerei. Nur Meisterwitwen hatten überall das Recht, den Betrieb für eine begrenzte Zeit mit Hilfe eines Gesellen weiterzuführen; sie wurden aber zu baldiger Wiederheirat gedrängt, und eine volle Mitgliedschaft erwuchs aus solchen Sozialklauseln nicht. Das entsprach der Rolle der Frauen in einer Gesellschaft, die auf dem patriarchalischen Prinzip des Ganzen Hauses ruhte.[120] In den Zünften blieb die Abwehr von weiblicher Konkurrenz mit dem Aspekt der Ehre verknüpft, um das hohe Prestige männlicher Arbeitsbereiche zu erhalten. Tätliche Angriffe auf Manufakturen, die Frauen beschäftigten, waren nicht selten, und Gesellen, die neben Frauen in einer Werkstatt arbeiteten, hatten einen schweren Stand.

Fragen wir nach den Ursachen der unübersehbaren Verkrustung des Zunftwesens während der Frühen Neuzeit, so bieten sich zwei mögliche Erklärungen an. Zum einen war die Vervollkommnung und Verdichtung des Regelwerks das unausweichliche

Ergebnis einer Jahrhunderte dauernden Selbstorganisation, in deren Verlauf die Zunftstatuten ausgetauscht und immer die jeweils strengeren und perfekteren übernommen wurden. Zum anderen mag ein wachsender Konkurrenzdruck spürbar geworden sein, besonders in den Zeiten des raschen Bevölkerungswachstums in der zweiten Hälfte des 16. und im 18. Jahrhundert. Angesichts der geringen Betriebsgrößen war es nicht die Masse von Gesellen, die ihr Leben lang ohne Aufstiegschance blieb und solchen Druck hätte ausüben können. Das Problem des Handwerks war die Vielzahl armer Meister. Die »Überfüllung« des Handwerks mit diesen Einmannbetrieben konnten die Zünfte nicht verhindern.

Welche Ursachen und Wirkungen die Abschließung der Zünfte auch gehabt haben mag, alle damit verbundenen Regeln dienten dem Ziel, die Genossen gegen Konkurrenz von außen zu schützen, das kollektive Monopol aufrechtzuerhalten. Die strengen Ehrbegriffe, die in der Lebenspraxis durchaus relevant waren, bildeten ein unverzichtbares symbolisches Kapital für das alte Handwerk. Erst dieser Ehrenkodex und die eigene Gerichtsbarkeit, die ihn aufrechterhielt, unterschied noch den ärmsten Schneidermeister oder Zimmergesellen von allen anderen Handarbeitern. Diese Zunftehre hob das Handwerk in der Gesellschaft als einen besonderen Stand hervor und legitimierte seine Rolle im religiösen und politischen Leben der Städte. Der Regelkanon entsprang also dem Wesen der Zunft und nicht ihrer Entartung. Die gelehrten Beamten des Absolutismus fanden dafür Kampfbegriffe wie »Mißbrauch« oder »Zunftgrille«. Wer sie ausrotten wollte, legte die Axt an die Wurzel des Zunftwesens.

Zünfte und politische Gewalten

Tatsächlich haben die absolutistischen Staaten seit dem letzten Drittel des 17. Jahrhunderts immer wieder versucht, die Macht der Zünfte zu brechen und sie in Ordnungsinstanzen des bürokratischen Staates zu verwandeln. Die Zünfte standen seit jeher überall unter der Aufsicht der städtischen Räte und Magistrate. Von ihnen erhielten sie ihre Statuten, ihnen hatten sie Abgaben zu zahlen, die Räte kontrollierten bei den wichtigen Versorgungshandwerken der Bäcker und Schlachter die Einhaltung von Qualität und Preisen, und die Stadtgerichte entschieden in Konflikten zwischen den Zünften. Die Zünfte verstanden sich nicht nur als Gilden und Genossenschaften, sondern auch als Sachwalter des Gemeinwohls, die ihr Amt von der gottgewollten Obrigkeit erhalten hatten. Ämter nannten sie sich daher im ganzen niederdeutschen Raum von Holland bis Pommern. Daraus ergaben sich eigene Gerichtsbarkeit und Polizeigewalt im Rahmen der Zunftstatuten. Deren Gipfel waren wohl jene brutalen »Bönhasenjagden«, in deren Verlauf die Meister mit Knüppeln bewaffnet in die Werkstätten unzünftiger Konkurrenten eindrangen, das Werkzeug zerschlugen und Werkstücke und Rohmaterial fortnahmen. Solche Praxis war mit dem absoluten Herrschaftsanspruch und dem neuen Gewaltmonopol der Staaten nicht vereinbar. Ebensowenig zu dulden war der Einfluß, den das zünftige Meisterrecht auf Ansiedlung und Gewerbegründung übte.

Die Zünfte verloren ihre Selbstverwaltung und Gerichtsbarkeit zugleich mit den übrigen ständischen Gewalten, mit den autonomen Städten und den Adelsherrschaften. Besonders rigoros und systematisch setzte Brandenburg-Preußen das neue bürokratische Zunftrecht in Statuten durch, die zwischen 1734 und 1736 für das gesamte Territorium einheitlich und fast gleichlautend für alle Handwerke erlassen wurden.[121] Die Zünfte durften nun keine Strafen mehr verhängen, keine Ausgaben mehr ohne Erlaubnis der Beamten tätigen, keine Briefe mehr absenden und ungeöffnet empfangen. Sie behielten ihre Organisationen nur zur besseren Ordnung und Kontrolle der Gewerbe und zur Beaufsichtigung der Gesellen. Die brandenburg-preußische Zunftordnung berief sich auf ein Reichsgesetz gegen die Handwerksmißbräuche, das 1731 als Antwort auf schwere Gesellenaufstände im polnischen Lissa und in Augsburg nach einem halben Jahrhundert Zögern und Beraten zustande gekommen war. Außerhalb Preußens blieb jedoch vorerst fast alles beim alten.

In Frankreich, dem Musterstaat des frühneuzeitlichen europäischen Absolutismus, ging man weiter. Nachdem ein Jahrhundert zuvor unter dem Sonnenkönig Ludwig XIV. und seinem Reformminister Jean Baptiste Colbert schon eine gewisse Vereinheitlichung und staatliche Reglementierung des Zunftwesens erreicht worden war, kam mit dem physiokratisch gebildeten Anne Robert Turgot ein Anhänger der Wirtschaftsfreiheit an die Macht, der im Jahre 1776 die Zünfte schlichtweg aufhob. Gegner fanden sich nicht nur unter den Zünften. Der Ruin der Gewerbe und der Untergang der staatlichen Ordnung wurden beschworen, eben die Gespenster also, die Turgot durch das Zunftwesen heraufkommen sah. Turgot stürzte, und die Zünfte standen wieder auf. Die Franzosen beseitigten wenig später in ihrer großen Revolution mit allen anderen Privilegien auch die Zünfte.

Es ist durchaus folgerichtig, daß dieser Schritt innerhalb der alten Ordnung nicht gelang. Selbst in England existierten die Zunftbriefe des Elisabethanischen Zeitalters noch bis 1814, zu fest war diese Institution in Wirtschaft und Gesellschaft verankert. Und es ist umgekehrt gewiß mehr als eine Kuriosität, daß die Zarin Katharina noch im Jahre 1764 Zünfte nach westeuropäischem Muster einführen wollte, um das Handwerk der russischen Städte zu heben. Die Reform scheiterte, da in einer Gesellschaft großenteils leibeigener Handwerker kein Boden für diese Einrichtung vorhanden war. Die Proteste des Adels, der um sein Leibeigenenhandwerk fürchtete, hätten allein schon die Reform zum Scheitern gebracht. Hinzu kam die Gegenwehr der Stadtbewohner, die zu der fremden zünftigen Kultur keine Beziehung hatten und sich in allen wichtigen Fragen weiterhin nach den *stati* genannten Steuerschichten zusammenfanden.[122]

Mit der Autonomie der Zünfte tasteten die absolutistischen Staaten einen Kern jener alteuropäischen Wirtschaftsordnung an, die das Wunder Europa ermöglichte. Denn die Wahrnehmung öffentlicher Gewalt unterschied das europäische Zunftwesen etwa von den Handwerkergilden des Osmanischen Reiches und begründete einen Teil der europäischen städtebürgerlichen Freiheit, die dem Absolutismus zum Opfer fiel. Solange die Zünfte ein obrigkeitlich und religiös sanktioniertes »Amt« innehatten, kam ihnen neben der wirtschaftlichen auch eine politische Rolle zu. Sie unterschied sich nach der Bedeutung des Handwerks innerhalb der Stadtwirtschaft und nach dem Einfluß der Stadt im Verhältnis zu Adel und Fürsten. So errangen die Zünfte in den oberdeutschen Reichsstädten schon im Mittelalter Sitze im Rat und Beteiligung am Stadtregiment, die spätere Historiker als Zunftherrschaft bezeichneten. Tatsächlich handelte es sich hier aber nicht um gewöhnliche Handwerkerzünfte, sondern um politische Zusammenschlüsse, von denen die einflußreichsten den Kaufleuten vorbehalten waren. Im hansischen Raum hatten hingegen die Kaufleute die Ratsherrschaft fest im Griff. In den Städten lübischen Rechts – also vor allem im Ostseeraum – waren Handwerker sogar mittels einer vorgeblich von Heinrich dem Löwen stammenden Ordnung grundsätzlich vom Rat ausgeschlossen.

Während der Frühen Neuzeit dauerte die Opposition der Zünfte gegen die Alleinherrschaft der patrizischen Geschlechter und gegen die Übermacht der Kaufleute an. Überall trugen die Zünfte die Reformationsbewegung in den Städten – zur Strafe beseitigte Kaiser Karl V. die Zunftverfassung vieler oberdeutscher und aller österreichischen Städte. Die Zünfte gewannen dessenungeachtet weiteres Terrain. Im ganzen hansischen Raum und in vielen anderen Städten errichteten die Handwerker Bürgerausschüsse, um die Politik des Rates zu kontrollieren. Noch bis zum Ende des Alten Reiches und in das Jahrzehnt der Französischen Revolution hinein setzten sich diese Kämpfe fort. Sie hatten nun die zeitgemäßere Gestalt von Bürgerprozessen.[123] Das stadtbürgerliche Rechts- und Politikverständnis, das für die Ausbildung der parlamentarischen Demokratie europäischen Typs wichtig war, hat sich gerade in diesen Zunft- und Bürgerkämpfen um das Stadtregiment über Jahrhunderte erhalten und gefestigt. Dort aber, wo Stadtpolitik nicht mehr möglich war, weil die Städte ganz unter Herrschaft und Verwaltung landesherrlicher Beamter gekommen waren, hatte auch die Politik der Zünfte ihr Ende gefunden.

Seit der Mitte des 18. Jahrhunderts trat eine Wende in der Zunftpolitik der Staaten ein. Sie strebten nun nicht mehr eine flächendeckende kontrollierte Ausweitung des Zunftwesens an, sondern begünstigten außerzünftigen Gewerbebetrieb auch in den kleinen handwerklichen Produktionsformen. Neue physiokratische Ideen über den Nutzen ungehemmter Produktionstätigkeit mögen mit der aufklärerischen Zunftkritik und dem Aufblühen neuer Gewerbezweige zusammengewirkt haben. Nun wurden neue Gewerbe wie die Baumwollverarbeitung nicht mehr zünftig. Das traditionelle Gnadeninstitut der Freimeister, immer nur sparsam angewandt, wurde von massenhaft vergebenen Konzessionen zum unzünftigen Gewerbebetrieb abgelöst. In der preußischen Hauptstadt Berlin arbeiteten um 1800 mehr Handwerker außerhalb der Zunft als in dieser. In den österreichischen Ländern galt in diesem Sinne seit 1754 eine Einteilung in Polizeigewerbe einerseits, die für den lokalen Markt arbeiteten und strenge Zunftvorschriften zu beachten hatten, und Kommerzialgewerbe andererseits, die für den Export arbeiteten und keine neuen Zünfte mehr erhielten. Zu diesen zählten die meisten Textil- und Metallgewerbe.[124] In der Pariser Vorstadt St. Antoine hatte schon Ludwig XIV. eine marktwirtschaftliche Insel in unmittelbarer Nachbarschaft der hauptstädtischen Zünfte geschaffen, wo neben unzähligen anderen Gewerben auch die Kunsttischlerei deutscher Zuwanderer blühte.[125] Mit dem Wachstum des außerzünftigen Sektors schrumpfte unwiederbringlich der politische Einfluß und die öffentliche Akzeptanz der Zünfte. Wo sie mächtig blieben, wandelten sie sich durch die Aufnahme von neuen Unternehmern. Die Londoner »Great Livery Companies« wurden auf diese Weise zu Interessenvertretungen der Unternehmer und zu Prestige verleihenden Institutionen, »die milde Stiftungen verwalteten, den inneren Kreis der City bildeten und mit Prunk und einem ausgefeilten Zeremonienwesen Geselligkeit pflegten«.[126] Aber dies sind Entwicklungen der letzten Jahrzehnte vor dem Hereinbrechen der industriellen Revolution und der Auflösung aller ständischen Bindungen. Vor der Mitte des 18. Jahrhunderts war die Herrschaft des Zunftsystems im weitaus größten Teil Europas ungebrochen.

Großgewerbe und Kapitalismus

Gewerbelandschaften

Ein unscheinbares, aber durch neuere Forschungen besonders eingehend betrachtetes Phänomen der frühneuzeitlichen Wirtschaft sind die Gewerbelandschaften, in denen ein sehr dichtes ländliches und städtisches Gewerbe für den Export produzierte. Diese Marktproduktion erscheint als Protoindustrie, also als Vorläufer des modernen Fabrikkapitalismus.[127] Nicht mehr eine dramatische ursprüngliche Akkumulation des Kapitals durch Sklavenhandel, Bauernlegen und räuberische Kriege bildet den archimedischen Punkt, aus dem die Verwandlung der Welt erklärt wird, nicht mehr die technologisch führenden Manufakturen stehen im Mittelpunkt der Suche nach den Ursprüngen der modernen europäischen Wirtschaftsordnung, sondern die ärmlichen Weberhütten am Rande der Dörfer, die winterliche Spinnerei der Frauen und Dienstmägde und die Waldschmieden der Kleinbauern beanspruchen das Interesse der Historiker.

Waren diese Exportgewerberegionen aber eine spezielle Erscheinung der Frühen Neuzeit? Gehörte nicht die Einheit von agrarischer und gewerblicher Tätigkeit seit jeher zum Wesen der agrarischen Gesellschaften, und war dieses Zusammenspiel nicht allezeit variabel gewesen und für regionale Spezialisierungen offen? Die schwäbischen Dorfweber produzierten schon im späten Mittelalter große Mengen von dem Baumwollmischgewebe Barchent, das dann in aller Herren Länder exportiert wurde, so daß mit Recht von einer Industrie gesprochen worden ist.[128] Und hat dieses Phänomen nicht als Hausindustrie die industrielle Revolution überlebt, sei es in der Spielzeugherstellung oder in der Schmuck- und Bekleidungsindustrie? Die klassischen Nationalökonomen haben an der Schwelle unseres Jahrhunderts viel über sie nachgedacht. Sie sahen allerdings in der Hausindustrie die kümmerliche Schwester der Fabrikindustrie und vermuteten nicht, daß es sich um deren Mutter handeln könnte.[129]

Unübersehbar schossen gerade während jener drei Jahrhunderte zwischen Mittelalter und industrieller Revolution die Gewerbelandschaften wie Pilze aus dem Boden, und dies mit zunehmender Geschwindigkeit. Man findet das ländliche Exportgewerbe überall: im freien Flandern natürlich, aber auch im Rußland der Leibeigenschaft, im reichen England wie im armen Kastilien, um die alten lombardischen Stadtrepubliken so gut wie in den menschenarmen schwedischen Wäldern. Allerdings scheinen die an Holz und Wasserkraft reichen Mittelgebirge, in denen der Ackerbau kaum möglich oder lohnend war, ein besonders günstiger Nährboden für diesen Erwerb gewesen zu sein. Von den Karpaten bis in die bergigen Regionen Englands zog sich deshalb ein Gürtel besonders lebhafter Protoindustrie. Sie breitete sich vor allem auch dort aus, wo aufgrund des Erbrechts eine Zersplitterung der Bauerngüter eintrat oder ungünstige Bodenverhältnisse und eine verhältnismäßig dichte Bevölkerung zu Nebeneinkommen drängten. Nebenerwerb, Saisonarbeit und Zuverdienst durch Frauen, Kinder und abhängige Angehörige des Hauses waren geradezu ein Merkmal der Protoindustrie.

Das ländliche Exportgewerbe erscheint so zunächst als Ausweg aus der Armut einer wachsenden Bevölkerung, die in der Landwirtschaft allein nicht mehr ihr Brot fand. Angesichts weithin steigender Agrarerträge könnte man darin auch die Chance eines wachsenden Bevölkerungsteiles sehen, der aus der Landwirtschaft freigesetzt wurde, zweifellos oft nicht aus freien Stücken und allzuoft ins Elend. Das Aufblühen der Protoindustrien hatte offenbar zunächst dieselben Gründe wie die allgemeine Ausbreitung des Gewerbes auf das flache Land, die im Zusammenhang mit dem Landhandwerk betrachtet und als Territorialisierung des Gewerbes beschrieben wurde.

Doch das Exportgewerbe benötigte nicht nur Arbeitskräfte, es brauchte zunächst Märkte. Schon die süddeutsche Barchentweberei des Mittelalters lebte von der Nähe zum internationalen Handelszentrum Venedig, von wo die Ulmer und Augsburger Kaufleute die Baumwolle holten und wohin sie den Großteil der Stoffe ausführten. Also war der Kaufmann die zentrale Figur für die Protoindustrie und die neue Dimension des Fernhandels in der Frühen Neuzeit die entscheidende Ursache.[130] In diesem Verhältnis trat der Kaufmann in seiner klassischen protoindustriellen Rolle als Verleger auf, das heißt er lieferte den Rohstoff, den der Weber auf seinem eigenen Webstuhl in eigener Werkstatt oder Stube verarbeitete und dann dem Kaufmann wieder verkaufte. Formal handelte es sich also um Kaufakte, nicht um ein Lohnarbeitsverhältnis, wenn auch die Abhängigkeit nicht weniger drückend war.

Nicht alle Arten ländlichen Gewerbes konnten dem Export nutzbar gemacht werden. Besonders geeignet waren die Spinnerei und Weberei, denn Stoffe waren nicht verderblich und zerbrechlich, sie waren stapelbar und von leichtem Gewicht im Verhältnis zum Wert; also waren sie für den Fernhandel besonders geeignet. An zweiter Stelle stand das Schmieden von Kleineisenwaren, für die es ebenfalls einen wachsenden Massenbedarf und ein weites Handelsnetz gab. Beide Protoindustrien knüpften an traditionelle ländliche Handwerke an und verarbeiteten bei Eisen, Leinen und Wolle einheimische Rohstoffe. Deshalb kam es häufig auch nicht zu jenem klassischen Verlagsverhältnis, in dem der Kaufmann nicht nur den Absatz der Produkte, sondern auch die Rohstoffe besorgte. Der Zugang zum heimischen Rohstoff konnte dem Arbeiter die Freiheit geben, beim Verkauf zwischen konkurrierenden Händlern zu wählen.

Die Seidenspinnerei in der Poebene zeigt, daß diese Freiheit kaum existierte, wenn sich die Grundherren als dritte Seite einschalteten. Seit dem Beginn des 17. Jahrhunderts breiteten sich hier die Maulbeerplantagen und die Seidenraupenzucht aus. In demselben Maße, wie die italienischen Seidenzentren Venedig, Bologna und Piemont ihr Monopol auf diesem Feld verloren, wuchs mit den nördlichen Seidenzentren im französischen Lyon, im deutschen Krefeld, im englischen Darby, in Holland und in der Schweiz ein neuer Markt für italienische Rohseide. Venedig, Piemont und Bologna erließen zwar scharfe Ausfuhrverbote, doch angesichts der staatlichen Zersplitterung des Landes blieb in der Poebene ein Freiraum für den Export von Rohseide und Seidengarn. Bald spulten die Frauen und Mädchen in den Dörfern in jeder freien Minute emsig die Seide aus den Kokons, und die Männer arbeiteten in der landwirtschaftlich ruhigen Zeit in den zahlreichen Seidenmühlen, die daraus das Garn spannen.

Die Grundherren arbeiteten Hand in Hand mit den Seidenhändlern der lombardischen Städte. Sie nutzten die traditionellen Teilpachtverhältnisse, um einen großen Teil der von den Pächtern gewonnenen Rohseide in eigenen Seidenmühlen zu verspinnen und am Handel zu verdienen. Die Grundherren teilten die Bauernstellen, sie setzten immer mehr Pächterfamilien ein. Diese waren auf den Zwergwirtschaften nicht imstande, die Seidenraupen im benötigten Umfang zu füttern, und mußten daher billige Lohnarbeit in Spulerei und Spinnerei leisten.[131] Hier begegnen wir der charakteristischen Situation eines ländlichen Nebengewerbes, das unter dem Einfluß des Kaufmannskapitals expandiert. Alle Verhältnisse ändern sich unter dem Einfluß des Marktes. Der Landbau spielt bald nur noch für die Vorstufen der Gewerbetätigkeit – die Maulbeerplantagen und die Seidenraupenzucht – eine Rolle, und schließlich werden aus den bäuerlichen Pächtern Seidenarbeiter und aus den Grundherren Seidenunternehmer.

Ähnlich engagiert waren die Grundherren im böhmischen Leinengewerbe zwischen Liberec (Reichenberg), Broumov (Braunau) und Litomyšl (Leitomischl). Diese Region gehörte zum lausitzisch-schlesisch-böhmischen Textilgürtel, der eine der größten, bedeutendsten und stabilsten Exportgewerberegionen des frühneuzeitlichen Europa war. Die Leinwand aus dem lausitzisch-schlesisch-böhmischen Revier war schon im späten Mittelalter neben der westfälischen und schwäbischen auf dem ganzen Kontinent begehrt. Damals handelte es sich um Ware von feiner Qualität, hergestellt von städtischen Zünften. Die gröbere ländliche Produktion der späteren Jahrhunderte führten Holländer und Engländer in großen Mengen in die amerikanischen Kolonien aus, wo solche kühlende Bekleidung unentbehrlich war. Die Abhängigkeit vom Weltmarkt ist sehr stark gewesen. Der Siegeszug der Baumwollstoffe aus den englischen Fabriken stürzte die Region wie andere Protoindustrien in eine tiefe Krise.

Die Leinenweberei entfaltete sich hier inmitten der Leibeigenschaft der Dorfbewohner und lange Zeit in Anpassung an diese härteste Form der Abhängigkeit. Die Grundherren vergaben das Monopol des Leinwandkaufs im Gutsbezirk gegen Gebühr an die Faktoren der großen Nürnberger, holländischen und sächsischen Handelshäuser – das waren in der Regel die Kaufleute der böhmischen Städte in der Region. Einen weiteren Anteil am Weberlohn sicherte den Grundherren der besondere Zins, den die leibeigenen Weber entrichten mußten. Schließlich ging ein größerer Teil des böhmischen Adels zu eigenen Unternehmungen in dieser Branche über. Er ließ die Leinwand der Untertanen von eigenen Bediensteten zu festgesetzten Niedrigpreisen aufkaufen, appretierte sie in eigenen Betrieben, bleichte sie auf eigenen Bleichen und verkaufte sie auf eigene Rechnung an ausländische Handelshäuser unter Umgehung der Kaufleute in den nahen Städten. Böhmische Adelige haben ein Zehntel bis ein Sechstel der gesamten Einkünfte ihrer Herrschaft aus der Leinenweberei ihrer Untertanen bezogen.[132]

Ähnlich wie bei den bäuerlichen Seidenspinnern der Poebene ist aus dem Nebenerwerb in schwachen Zeiten der Landarbeit nach und nach eine überwiegend gewerbliche, professionelle Arbeit geworden. Im selben Maße, in dem die Hofstellen der Weber schrumpften, gerieten sie in zunehmende Abhängigkeit von Grundherren und Verlegern. Die Leinenweberei entwickelte sich aufgrund der enormen Nachfrage zum Ende des 18. Jahrhunderts so stark, daß das Garn knapp wurde. Das Gespinst stieg doppelt so hoch im Preis wie das Gewebe. Dieses technologische Problem entstand im gesamten europäischen Textilgewerbe. Es führte in England zur Erfindung der Spinnmaschine und in der Folge zum Zusammenbruch der ostmitteleuropäischen Leinenlandschaften.

Die ländliche Eisenproduktion in Schweden trat spät auf den Plan, als die alten europäischen Textillandschaften ihren Weg schon fast zu Ende gegangen waren. In der nordwestlich von Stockholm gelegenen Grafschaft Dalarna um den Siljansee herum gab es Eisenerze, Holz für die Verhüttung und wenig ertragreiche Böden, gute Voraussetzungen für die bedeutendste protoindustrielle Eisenproduktion Schwedens.[133] Hier konnten die Bauern ebensogut schmieden wie pflügen. So hatten die Bauern schon immer nebenher als Bergmannsbauern Eisen gefördert und verkauft, bis die neuen königlichen Eisenwerke in der zweiten Hälfte des 18. Jahrhunderts diesen Markt verstopften. Weithin berühmt wurden die Uhrmacher von Mora. Um die Mitte des 18. Jahrhunderts trugen Arbeiter aus den Eisenwerken von Stjärnsund, die der Ingenieur Christopher Polhem begründet hatte, die Kunst der Uhrmacherei in das Dorf Östnor. Von dort verbreitete sie sich schnell in den umliegenden Dörfern des Kirchspiels Mora. Ein Menschenalter später hatte sich ganz Mora in eine große Uhrmacherwerkstatt verwandelt, wie fremde Besucher staunend berichteten. Aus den Bergmannsbauern und Bauernschmieden waren gewerbliche Produzenten geworden, die Landwirtschaft allenfalls im Nebenerwerb betrieben. In ähnlicher Weise spezialisierten sich andere Kirchspiele. Im südlichen Dalarna stellten die Bauernschmiede von Hedemora Sensen und Pflüge, Nägel und Hufeisen her.

In der ländlichen schwedischen Eisenindustrie entstanden keine Verlagsverhältnisse, allenfalls etablierte sich ein System, in dem die Kaufleute der benachbarten Städte die Waren aufkauften und damit handelten. Zu einem beträchtlichen Teil betrieben die Dörfler selbst einen Hausierhandel mit ihren Erzeugnissen. Die Uhren von Mora wurden so vor allem in Schweden und in den benachbarten skandinavischen Ländern abgesetzt. Die Sensenschmiede von Hedemora zogen mit ihrer Ware aber auch ins nördliche Deutschland und bis nach St. Petersburg. Hier gab es keine Grundherren, die imstande gewesen wären, die Gewerbeproduktion ihrer Untertanen für sich zu nutzen und den Handel zu monopolisieren.

Begreift man die exportorientierten Gewerbelandschaften als Protoindustrie, muß man die Frage nach dem weiteren Schicksal dieser Regionen stellen, und die jüngeren Forschungen haben dies mit großer Sorgfalt getan. Eine direkte Kontinuität zwischen Protoindustrie und Fabrikindustrie hat es kaum irgendwo gegeben. Die alten ländlichen Gewerbe brachen fast überall vor dem Ansturm der Fabrikproduktion zusammen. Deindustrialisierung und Reagrarisierung hatten Arbeitslosigkeit, Verarmung und Auswanderung der Bewohner zur Folge. Neben den agrarischen Notstandsgebieten wie Irland und Mecklenburg waren es vor allem die ehemals blühenden Landschaften der Protoindustrie, die im 19. Jahrhundert das Hauptkontingent der Auswanderer in die

Neue Welt stellten. Man könnte meinen, daß die Territorialisierung des Gewerbes in allen Formen eigentlich keine Protoindustrie war, sondern ein anderer, alternativer Weg von der agrarischen zu einer gewerblichen Gesellschaft, den die industrielle Revolution mit ungeheuren Kosten abgebrochen und versperrt hat.

Dennoch waren die Kosten nicht vergebens. Nachdem ein tiefes Tal durchschritten war, zahlte sich das hochentwickelte Arbeitsvermögen der Bewohner und die Kompetenz der Kaufleute und Unternehmer ebenso aus wie das angesammelte Kapital. In zahlreichen alten Gewerbelandschaften entstanden neue Industrien, so daß man die gewerblichen Verdichtungsräume des frühneuzeitlichen Europa bis heute an der Karte der industriellen Zentren ablesen kann. In diesem weiteren Sinne ist es berechtigt, von einer Protoindustrie zu sprechen, und in diesem Zusammenhang gewinnt auch der marxistische Terminus von der »ursprünglichen Akkumulation des Kapitals« neuen Sinn. In den Nischen der alteuropäischen ständischen Gesellschaft hatten sich neue Formen des Arbeitens und Wirtschaftens entwickelt, die ihre Schranke nicht mehr in der Sicherung der Nahrung und in den Bedürfnissen des lokalen Marktes fanden. Kaufleute und Handelskompanien hatten Massenproduktionen großen Stils für den Export organisiert. Dieser Handelskapitalismus unterwarf ganze Regionen dem Diktat des Marktes, verlangte nach immer größeren Gewinnen, die er zu wachsenden Kapitalien häufte, und er vermehrte die Zahl der gewerblichen Arbeiter. Dieser Handelskapitalismus bereitete dem modernen industriellen Kapitalismus den Weg.

Manufakturen

Die Manufakturen galten lange Zeit als die Krönung der frühneuzeitlichen Wirtschaftsgeschichte, und sie waren es auch im Bewußtsein der Zeitgenossen. Die Manufakturen waren Großbetriebe im Eigentum eines Unternehmers, in denen verschiedene Stufen der Fertigung unter einem Dach erfolgten, arbeitsteilig koordiniert durch Aufseher und Vorarbeiter. Von der Fabrik des Industriezeitalters trennte solche Betriebe nur die handwerkliche Technik, das Fehlen von Maschinen. Adam Smith hatte nach dem Besuch einer Nähnadelmanufaktur enthusiastisch die Vorteile der Arbeitsteilung innerhalb der Werkstatt beschrieben. Er vermittelte damit seinen unzähligen Lesern und Schülern die Überzeugung, daß unter den Voraussetzungen bloß handwerklicher Technik ein Höchstmaß an Geschicklichkeit und Schnelligkeit des einzelnen Arbeiters und die größte Effizienz des Betriebes zu erreichen sei. Karl Marx hatte in Übereinstimmung damit und mit der Fortschrittsgewißheit seiner Zeit eine Stufenfolge der Wirtschaftsentwicklung entworfen, in der eine eigene Manufakturperiode dem Fabrikzeitalter vorausging, beide aber schon als Stadien der kapitalistischen Ordnung begriffen wurden. Bereits Werner Sombart nannte diese Stufenfolge angesichts der damaligen Untersuchungen zu Verlag und Hausindustrie einen schweren Irrtum. Die neueren Forschungen zur Protoindustrie und die moderne Handwerksforschung machen es nun gänzlich unmöglich, die frühneuzeitliche Gewerbegeschichte als Manufakturperiode zu beschreiben.

Die Zahl der Manufakturen, die jenem Idealtyp der Fabrik ohne Maschinen entsprach, war sehr gering. Die von Adam Smith bewunderte Nadelproduktion erfolgte in aller Regel nicht in solchen zentralisierten Werkstätten, sondern – wie in der Grafschaft Mark um Altena – im protoindustriellen Heimgewerbe. Auch die von Karl Marx thematisierte Kutschenproduktion war kaum jemals ein Manufakturgewerbe, sondern beruhte auf der Kooperation verschiedener Zünfte und Gewerbe, also auf traditioneller Arbeitsteilung. Die Manufakturen waren wohl nicht die höchste Entwicklungsstufe der vorindustriellen Produktion, die zur Fabrikindustrie geführt hätte. Aber man darf sie als die kunstvolle Krönung des ganzen Gebäudes bezeichnen – eine recht kostspielige allerdings. Nicht zufällig waren es die Luxusgewerbe, in denen die Manufakturen blühten. Im Luxus sah die merkantilistische Theorie jenes Loch im Boden der Staatswirtschaft, aus dem am meisten Edelmetall ins Ausland floß. Hier war das Interesse des Monarchen groß genug, um die Risiken und Kosten der Produktion aufzufangen, und in diesen Branchen wurde mit so kostbaren Materialien gearbeitet, daß eine genaue Überwachung der Arbeiter sinnvoll war. Bei anderen Zweigen, wie der Porzellanmanufaktur oder der Spiegelherstellung, schien die Wahrung des Produktionsgeheimnisses in einer zentralisierten Werkstätte innerhalb eines abgegrenzten Manufakturbezirks am besten gewährleistet. Den größten Teil der Manufakturen stellten aber am Ende jene zeitgenössisch »Fabriquen« genannten Hütten und Hämmer, deren Zentrum das Schmiedefeuer und der Schmelzofen waren.[134] Diese Bergfabriken waren die erfolgreichsten Manufakturen. Jedenfalls war dies der Zweig der Manufakturproduktion, in dem der zentralisierte Fertigungsprozeß die Rentabilität der Produktion nicht beeinträchtigte, weil er technologisch begründet war.

Im Gegensatz zu der Annahme von Politökonomen war die Produktivität in diesen neuen Betrieben keineswegs höher als in Handwerk und Verlagsgewerbe; die Kosten aber waren ungleich größer. Im Verlagsgewerbe machte der Kaufmann Profite, weil er kaum Kapital in die Produktion investieren mußte und die Risiken des Marktes problemlos auf die Produzenten abwälzen konnte. War der Absatz durch Kriege oder andere Krisen unterbrochen, erteilte der Verleger einfach keine Aufträge mehr. Der Manufakturunternehmer mußte hingegen teure Gebäude errichten und alle Einrichtungen und Werkzeuge beschaffen. Er mußte die Arbeiter überwachen lassen, damit sie nicht Material stahlen oder faulenzten, während die Heimarbeiter zur Selbstausbeutung gezwungen waren. Und bei stockender Nachfrage liefen alle Kosten weiter, einschließlich der Löhne des Personals, dessen qualifizierter Kern zumindest nicht einfach entlassen werden konnte.

Angesichts der hohen Kosten des Manufakturbetriebs ist es nicht erstaunlich, daß die durchschnittliche Lebensdauer kurz und Konkurse häufig waren. Um dies abzuwenden, erhielten die Unternehmer erhebliche staatliche Subventionen in Gestalt von Gebäuden, freien Holzlieferungen, Zollfreiheit und Geldzuschüssen. Solche Anreize waren besonders wichtig, um ausländische Fachkräfte zu bekommen. Unter Colbert wurden Spiegelmacher und Spitzenklöppler aus Italien sowie Bergleute und Metallarbeiter aus Schweden und Deutschland in großer Zahl angeworben. Der

Holländer van Robais aus Middelburg erhielt 100 000 Livres teils als Darlehen, teils geschenkt, um in Abbeville eine große Manufaktur für englische Tuche zu errichten. Ebenso ging die berühmte königliche Gobelinmanufaktur von Paris auf flämische Teppichwirker zurück. Die 1686 mit hugenottischen Flüchtlingen betriebene Berliner Gobelinmanufaktur konnte sich dann auf Arbeiter aus der mittelfranzösischen Manufaktur in Abusson stützen.[135] Die Manufakturen, die ein Lieblingsinstrument staatlicher Autarkiepolitik waren, zeigen zugleich die europäische Vernetzung der Wirtschaftsentwicklung.

Die Manufakturen waren keineswegs das Reich der Freiheit im Gegensatz zur reglementierten Welt der Zünfte. Die österreichischen Fabrikprivilegien belegen dies beispielhaft. Die Herrscher erteilten den Manufakturunternehmern Privilegien, die ein Monopol für die Produktion in einem bestimmten Bezirk oder sogar im ganzen Staat enthielten und häufig mit Einfuhrverboten entsprechender ausländischer Produkte gekoppelt waren. Oft durfte der Unternehmer die Einhaltung des Privilegs sogar mit eigenem Personal überwachen und sich dazu der staatlichen Polizei- und Zollbehörden bedienen. Die Ortsobrigkeiten waren angewiesen, den Unternehmern jede Hilfe zur Durchsetzung ihres Privilegs angedeihen zu lassen, »eine Blankovollmacht über hoheitliche Gewalt gegenüber jedermann und nahezu schrankenlos!«.[136] Selbstverständlich stand auch die Verfolgung und Bestrafung der Beschäftigten bei Diebstahl, Ungehorsam und Flucht dem Unternehmer zu.

Die Unfreiheit des Arbeiters war in einem Teil der europäischen Manufakturen geradezu Bedingung, denn die Zucht-, Werk- und Waisenhäuser erschienen den Zeitgenossen aus pädagogischen und ökonomischen Gründen als der ideale Ort manufakturmäßiger Produktion.[137] Aus Tagedieben sollten nützliche Arbeiter werden, und die unbezahlte Arbeit der Insassen sollte das Kostendilemma mildern. In der Praxis wurde weder das eine noch das andere erreicht. Die unglücklichen Waisen und Siechen ruinierten bei übermäßiger Arbeit und schlechtem Licht ihre Gesundheit, und die Erzeugnisse waren von zu geringer Qualität, um Gewinn abzuwerfen. Vor dem Hintergrund der gesamten Gewerbeproduktion waren diese Zwangsmanufakturen eine Randerscheinung. Unter den eigentlichen zentralisierten Manufakturbetrieben stellten sie aber keine geringe Zahl.

Die Manufakturarbeiter waren erheblich weniger leidensbereit als die verstreuten ländlichen Weber und Schmiede. Oft waren sie nach dem Muster der Zunftgesellen in Gesellschaften organisiert, die sich nicht auf die Krankenfürsorge beschränkten, eigene Regeln machten und Versammlungen abhielten. Die Geschichte der Manufakturen ist auch eine Geschichte der Arbeiterunruhen und Streiks, insofern ist sie eine Vorgeschichte des Fabrikzeitalters. Wenige Beispiele nur seien genannt: Im Jahre 1716 traten die Arbeiter der Tuchfabrik in Abbeville zum wiederholten Male in einen stürmischen Streik, weil die Manufaktur in einer Krisensituation wieder Arbeiter entlassen und nur das Vorzugspersonal behalten wollte. Militär rückte gegen die Arbeiter an und schlug die Empörung nieder.[138] In der Regel nahmen die Aufstände einen weniger blutigen Verlauf, sie endeten häufiger vor Gericht und im Gefängnis als am Galgen, wie die Unruhen der Berliner und der Baseler Kattundrucker am Ausgang des 18. Jahrhunderts exemplarisch zeigen. Institutionen der Konfliktregelung entstanden in staatlichen Fabrikengerichten.[139] Der Widerstand in den Bergwerken und Eisenwerken des Ural gipfelte hingegen immer wieder in Erhebungen, die vom Militär blutig erstickt wurden. In den Jahren 1752 bis 1762 brachen zum Beispiel in einem einzigen Werk drei bewaffnete Aufstände aus, in deren Verlauf das Werk einmal sogar unter Arbeiteraufsicht gestellt wurde. Während des Aufstandes von Emeljan Pugačev 1773 bis 1775 stellten sich die Uralarbeiter auf die Seite der Aufständischen. Für gewöhnlich wehrten sich die leibeigenen Arbeiter durch widerwillige und nachlässige Arbeit oder Flucht. Sie sprachen das Wort »Fabrik« mit dem gleichen Abscheu aus wie das Wort »Pest«.[140]

Die meisten Manufakturen der Zeit entsprachen nicht dem Idealbild der zentralisierten arbeitsteiligen Fertigung, sondern waren ausgedehnte Verlagsunternehmen unter einem mehr oder weniger kleinen, zentralisierten Dach, das meistens die Endstufen der Produktion umfaßte, in den Textilgewerben z. B. Färberei und Appretur. Die Protoindustrie war also nicht auf das platte Land beschränkt, und der kleine, dezentralisierte Betrieb erwies sich selbst hier als das Prinzip vorindustrieller Produktion.

So war es in der Seidenproduktion, einem ausgesprochen städtischen Gewerbe. Die Hauptorte der Seidenproduktion, Lyon und Bologna, waren nicht zufällig jenseits der Haupt- und Residenzstädte die beiden größten europäischen Städte. Die Seidengewerbe nahmen unter den städtischen Gewerben während der Blüte der höfischen Mode von Barock und Rokoko eine erste Stelle ein. Da seidene Röcke und Westen, Kniehosen, Strümpfe und Bänder schließlich auch von Schreibern und Handlungsdienern, Bürgerfrauen und Kammerzofen getragen wurden, weitete sich der Markt enorm aus, bis er in der Französischen Revolution nahezu über Nacht zusammenbrach.

Wie in Berlin und Wien[141] waren Weberei und Wirkerei auch in Lyon und Bologna im Verlag organisiert. Bologna war eine protoindustrielle Stadt. Im Unterschied zu den mitteleuropäischen Seidenzentren wurde in Bologna auch gespult und gesponnen, denn die Stadt hatte in ihrem Umland – im Unterschied zu den entfernteren, ihrem Einflußbereich entzogenen Regionen der Poebene – diese Gewerbe untersagt. Alle Kokons mußten auf den städtischen Markt gebracht werden, kein Quentchen Rohseide durfte die Stadt verlassen. Diese strengen Bestimmungen sollten das Monopol schützen. Erst als die Engländer um die Mitte des 18. Jahrhunderts die Rohseide in der ganzen Lombardei aufkauften und viel weniger Kokons nach Bologna gebracht wurden, bemerkten die Bologneser Kaufherren und Patrizier, wie folgenschwer die Spionage des John Lombe gewesen war. Am Beginn des 18. Jahrhunderts drehten in Bologna 346 Wasserräder – mehr als in jeder anderen europäischen Stadt – 113 Seidenmühlen, in denen jeweils zwischen einem Dutzend und hundert Spinnern arbeiteten. In der Mehrzahl waren es Frauen und Kinder. Die Löhne waren so kümmerlich, daß eine fünfköpfige Familie, in der drei Mitglieder spannen, noch auf Bettel angewiesen war. Alle weiteren Arbeitsgänge einschließlich der Weberei erfolgten jedoch dezentralisiert in Tausenden einzelner Haushalte unter Mithilfe aller Familienangehörigen. Die Entgelte waren offenbar höher, so daß Fälle wie jener der bettelnden Spinnerfamilie nicht überliefert sind. Die Lohnarbeit in der Manufaktur hatte das Ganze Haus zerstört, nur im Verlag blieb offenbar noch ein Rest davon erhalten, der vor Verelendung bewahren konnte.[142]

Massenproduktion und Krieg

Ein mächtiger Motor der Gewerbe war das Kriegswesen. Schon die Entwicklung der Artillerie für Belagerungen und Seeschlachten brachte wichtige Anstöße für Erzbergbau und Hüttenwesen, Pulverfabriken, Schiffs- und Befestigungsbau. Gegen Ende des 17. Jahrhunderts wuchsen die Bedürfnisse des Militärs mit dem Übergang zu den stehenden Heeren erneut gewaltig. Diese stehenden Heere waren im wesentlichen eine Einrichtung der Flächenstaaten, die zum Absolutismus strebten, voran Frankreich, Brandenburg-Preußen, Österreich und Rußland. Da gerade diese Staaten eine merkantilistische Manufakturförderung betrieben, wurde der Heeresbedarf neben dem Luxuskonsum zum wichtigsten Feld der Manufakturproduktion.

Die neue Infanterie brauchte große Mengen leichter Feuerwaffen. Überall entstanden Gewehrmanufakturen. Büchsenmachermeister aus den traditionellen Zentren der Waffenproduktion, aus dem belgischen Lüttich, dem bergischen Solingen und dem thüringischen Suhl waren Geburtshelfer. Der Kaiser rief schon im Jahre 1656 Meister aus Lüttich, das ja zu den österreichischen Niederlanden gehörte, in die Wiener Neustadt, um dort in einer neuen Manufaktur seine Heere für die Türkenkriege auszurüsten. Als der preußische König Friedrich Wilhelm I. eine Gewehrmanufaktur in Spandau bei Berlin anlegen ließ, mußte er ebenfalls auf Lütticher Meister zurückgreifen. Der strenge Pietist, der alles papistische Wesen verabscheute, versprach den katholischen Büchsenschmieden sogar eine eigene Kirche. Doch die Lütticher ergriffen großenteils wieder die Flucht, einige gleich in den schweren Anfangsjahren, andere, als sie während der Schlesischen Kriege auf die Schlachtfelder beordert wurden, um die Gewehre vor Ort zu reparieren.[143]

Die Lieferung von dringend benötigten Infanteriegewehren stand auch am Beginn der lebenslangen Freundschaft zwischen Nikita Demidov, der zum bedeutendsten russischen Unternehmer des 18. Jahrhunderts werden sollte, und Zar Peter I. Der Sage nach reiste der Zar zu seinen Truppen nach Woronesh und machte in Tula Station, dem alten Zentrum der russischen Schmiedekunst. Nikita Demidov erschien als Sprecher der Tulaer Schmiede vor dem Herrscher, der beeindruckt von dessen Kraft und Körpergröße ausrief: »Wie wunderbar eignet er sich als Grenadier für das Preobrashenskij Regiment!« Auf das kniefällige Bitten des Schmiedes verschonte ihn der Zar unter der Bedingung, daß er 300 Gewehrschlösser nach dem ausländischen Muster anfertigte, das Peter in der Tasche trug. Demidov fertigte die Schlösser schneller als versprochen und vollkommener als das ausländische Vorbild. Er wurde der erste Waffenlieferant des Zaren und der eigentliche Begründer und Erbauer der Rüstungsindustrie des Ural.[144]

Die zahlreichen Erbfolgekriege des 18. Jahrhunderts brauchten kaum weniger Waffen als die Religionskriege des 17. Jahrhunderts, und die Gewehrmanufakturen konnten den Rüstungsbedarf nicht stillen. Auch die russische Eigenproduktion reichte nicht aus, so daß die Spandauer Manufaktur in großen Stückzahlen auch nach Rußland Gewehre exportierte. Das geschah natürlich nur in Friedenszeiten. Sobald man sich im Kriegszustand befand, reichte die heimische Produktion nicht einmal für den Eigenbedarf, und der Preußenkönig kaufte während des Siebenjährigen Krieges noch 20 000 Schußwaffen aus Suhl hinzu. Die Suhler waren sächsische Untertanen und lieferten somit ins feindliche Lager. Vielleicht beruhigte es das Gewissen der Büchsenschmiede, daß sie gleichzeitig auch der verbündeten Österreicherin Maria Theresia Gewehre lieferten.[145]

Die Heere benötigten nicht nur Waffen, sondern auch Bekleidung. Mit der bunten, phantasievollen Tracht der Söldnerheere war es vorbei, als die stehenden Heere aufkamen. Die Fürsten steckten ihre Soldaten in Uniformen, gleich den Dienern in Livree, damit im Gedränge der offenen Feldschlacht die eigenen von den feindlichen Soldaten unterschieden werden konnten. Hier eröffnete sich ein unerschöpflicher, vielfältiger Markt, und im Unterschied zu den Waffen profitierten nicht nur Manufakturunternehmer. Ganze Zünfte lebten von den Regimentern, deren Kommandeure sie praktisch verlegten. Tuchmacher und Zeugweber, Schneider und Schuhmacher, Hutmacher und Posamentierer, Handschuhmacher und Knopfmacher kamen in den Genuß solcher Staatsaufträge. Man wird wohl sagen können, daß diese Art Massenproduktion der Konfektionsindustrie des 19. Jahrhunderts den Weg gebahnt hat.

Natürlich entstanden auch spezielle Manufakturen. In Berlin entwickelte sich mit dem Königlichen Lagerhaus eine Mischung beider Betriebsformen. Die teuren Offizierstuche aus kostbarer importierter spanischer Merinowolle wurden unter strenger Aufsicht im Haus gewebt, die schlichten Mannschaftstuche und Futterstoffe hingegen bei den Webern in der ganzen Kurmark in Auftrag gegeben. Da die Färber der Provinzstädte am besten und billigsten blau einfärben konnten, präsentierte sich die Armee überwiegend in tiefem Blau. Das teure Rot blieb den Offiziersröcken aus dem Lagerhaus vorbehalten. Blau war bald auch die Farbe der kleinen Leute in Stadt und Land, denen die Soldaten ihre abgelegten Uniformen verkaufen durften, und so zeigte sich das ganze Staatswesen dann dem Fremden preußischblau. Schon wenige Jahre nach der Gründung im Jahre 1713 war das Berliner Lagerhaus imstande, die ganze brandenburgisch-preußische Armee mit Uniformen zu versorgen.

Unternehmer und Staat

Nachdem die Kriegführung nicht mehr auf der Gefolgschaft von Vasallen mit eigenen Rössern und Rüstungen ruhte, sondern auf gedungenen Söldnern und stehenden Heeren, verlor sie ihren rein militärischen Charakter und wurde zur geschäftlichen Unternehmung. Die Kaufleute, die es im Auftrag und auf Kredit des Monarchen unternahmen, die Heere auszurüsten und zu versorgen, waren im ursprünglichen Sinne die Unternehmer oder Entrepreneurs.[146] Der Begriff bürgerte sich zunächst im absolutistischen Frankreich Richelieus und Ludwigs XIV. ein und breitete sich in der französischen Variante im mitteleuropäischen Raum aus. In England haftete den *undertakers* lange der Beigeschmack des Unsoliden an, was ebenso die Rolle von allerhand Projektemachern, Alchimisten und Spekulanten wie auch das sehr hohe Risiko in dieser Branche zutreffend beschrieb. Mit den Erfolgen der britischen Unternehmer und dem Aufstieg Englands wandelte sich das Klima; Bild und Begriff des »ehrenwerten Unternehmers« kristallisierten sich heraus und betonten Leistung und Wagemut. In eben diesem Sinne beschwor in den frühen Krisenjahren unseres Jahrhunderts der österreichische Nationalökonom Joseph Schumpeter das Leitbild des Unternehmers als des wagemutigen Pioniers und Neuerers. Er entwarf so ein positives Gegenbild zum ausbeuterischen Kapitalisten der marxistischen Literatur.

Beide Bilder lassen sich schon für die Frühe Neuzeit zusammenfügen, wenn man den expansiven Geist des Kapitalismus jener dünnen, im Staatsinteresse agierenden und von Staatsaufträgen profitierenden Schicht der Entrepreneurs zuweist. Ihr Tätigkeitsfeld umschloß nicht nur das Kriegswesen im weitesten Sinne, sondern Hoflieferungen aller Art, das staatlich subventionierte Manufakturwesen, die Eintreibung von Steuern und Kontributionen und schließlich die Erschließung immer neuer Geldquellen. Diese neuen Unternehmer unterschieden sich sowohl von den wagenden Kaufleuten des Mittelalters als auch von den Fabrikgründern des industriellen Zeitalters durch ihre enge Bindung an den Staat. Ihr Schicksal führte sie in die Nähe des Monarchen, es konnte sie aus der Bedeutungslosigkeit an die Spitze der Macht und zu ungeahntem Reichtum gelangen lassen, es hielt aber auch jähe Abstürze bereit.

Ein frühes, eindrucksvolles Beispiel solchen Unternehmertums sind die Fugger.[147] Im Zeitalter der Fugger standen noch nicht Rüstungen und Kriegskredite im Vordergrund der Unternehmertätigkeit, sondern eher die Kreditierung von Länderschacher und Machtpolitik. Die Augsburger Weberfamilie war erfolgreich im Barchentverlag, als sich die Gelegenheit für eine Geschäftsverbindung mit dem römisch-deutschen Kaiserhaus der Habsburger ergab. Wie die Familiensaga berichtet, beauftragte Friedrich III. während einer Rast in Augsburg im Jahre 1473 die Fugger, sein ganzes Gefolge prunkvoll einzukleiden. Der eigentliche Aufstieg zu den Gipfeln der Macht erfolgte wenig später nicht über den Textilhandel, sondern über den Bergbau, denn kein Geschäft war seinerzeit so profitabel wie das mit den knappen Münzmetallen. Die Fugger gaben den Habsburgern Kredite und erhielten dafür die Ausbeutung der Tiroler Silbergruben verpfändet. Seit 1496 stiegen sie in den oberungarischen Kupferbergbau der Thurzó ein. Die Fugger nahmen mit diesen Bergrechten ein landesherrliches Privileg wahr, ein sogenanntes Regal. Ihr Unternehmertum ruhte also auf feudalen Fundamenten, auf denen sie dann ihr kapitalistisches Haus bauten. Bald waren Barchentverlag und Warenhandel von den Geschäften mit den Regalien und Staatskrediten an den Rand gedrängt. Jakob Fugger, seit 1502 Oberhaupt der Firma mit Niederlassungen in Italien, Spanien, Frankreich, den Niederlanden und Portugal, wurde zu Recht »der Reiche« genannt. Bei seinem Tode im Jahre 1525 hinterließ er seinem Sohn Anton ein geschätztes Vermögen von zweieinhalb Millionen Talern.

In Gelddingen ließ sich Kaiser Maximilian nur noch von Jakob Fugger beraten, und nach dessen Tod ermöglichte der Fugger die Zustimmung der Kurfürsten zur Wahl seines Enkels Karl V. mit der ungeheuren Summe von 850000 Dukaten. Der Kaufmann wurde in den Reichsadel und in den Reichsgrafenstand erhoben und zu einem der politisch einflußreichsten Männer Europas. Der Kaiser schützte ihn vor Anklagen wegen seiner Monopole, die auf Reichstagen gegen ihn erhoben wurden, und er schaltete sich ein, als der Papst im Ablaßhandel erworbenes Vermögen konfiszieren wollte. Dafür finanzierte der Kaufmann die Truppen des Schwäbischen Bundes, die den Bauernkrieg in Deutschland niederschlugen. Auch bei den Fuggern bewährte sich jener Zusammenhang von Staatsgeschäften und Rüstungsfinanzierung, der für das frühneuzeitliche Unternehmertum so grundlegend wurde. Solange die Sonne im Reich der Habsburger nicht unterging, wuchsen Reichtum und Einfluß der Fugger unaufhaltsam. Sie waren Kaiser ohne Krone in einem Handelsimperium, dessen Hauptstadt Antwerpen war, der wichtigste Finanzplatz und der Umschlagplatz des Handels zwischen Alter und Neuer Welt. Der spanische Staatsbankrott vom Jahre 1577 riß die Kreditoren in den Abgrund. Das Zeitalter der Fugger war zu Ende.

Einige Grundzüge dieser Geschichte findet man auch im Aufstieg der Demidovs wieder, der von dem Aufschwung Rußlands unter Peter I. nicht zu trennen ist.[148] Am Beginn stand auch hier das zufällige Zusammentreffen bei der Durchreise des Zaren durch Tula im Jahre 1696 und die Erfüllung eines überraschenden Auftrags durch den Schmied. Die Gründungslegende weiß darüber hinaus von der Beachtung zu erzählen, die der Zar der Gattin seines Gastgebers schenkte, und rückt so die Dynastie in ein erlauchtes Zwielicht.

Das Bündnis zwischen dem Herrscher und dem Unternehmer trat im Frühjahr 1702 in ein neues Stadium, als Peter dem Nikita Demidov das Eisenwerk von Neviansk im Ural mit der einzigen Bedingung übergab, die russische Armee mit Waffen zu versorgen. Der Absatz war staatlich garantiert. Der Unternehmer erhielt die Rohstoffe des Ural – Holz und Eisenerz – zur Nutzung übergeben, und die Bauern der Umgegend – vorwiegend entlaufene Leibeigene aus dem Inneren des Reiches – wurden ihm als Arbeiter zugewiesen. Demidov bekam alle Rechte und Vorrechte eines Adligen einschließlich der Gerichtsbarkeit über seine Arbeiter. Trotz aller staatlicher Hilfen stand Nikitas Sohn Akinfii großen Schwierigkeiten gegenüber, als er im August 1702 im Ural anlangte. Nicht genug, daß der große Wasserdamm brach, vernichtete noch ein Feuer das kaum vollendete Werk. Wiederaufbau und notwendige Erweiterungen zehrten die Kapitalreserven auf. Das Bündnis zwischen Unternehmer und Krone war sehr persönlicher Art und daher gefährdet durch Thronwechsel und Intrigen am Hofe. So kam der jüngere Demidov nach der Thronbesteigung Annas nur knapp mit Untersuchung und Hausarrest davon, als Konkurrenten und Widersacher ihn der verbotenen Waffenlieferungen an die Rebellen im Ural beschuldigten. Da half nur ein Bündnis mit dem Favoriten der Zarin.

Doch nach Überwindung des schwierigen Beginns war das Arrangement zwischen Staat und Unternehmer äußerst erfolgreich.

Die Demidovs machten jährliche Gewinne von rund 60 %. Zwischen 1716 und 1744 gründeten sie weitere 24 Eisen- und Kupferwerke im Ural und in der fernen Altairegion. Ein regelrechtes Imperium war entstanden, das mehr als die Hälfte der russischen Eisenproduktion und einen ähnlich großen Teil der Kupferproduktion lieferte. Die Zarin verlieh Akinfii Demidov den Rang eines Wirklichen Staatsrates, ernannte ihn zum Generalmajor und stellte ihn und seine Familie unter die alleinige Aufsicht des Herrschers. Die Demidovs waren die freiesten Männer in ganz Rußland und die reichsten dazu. Beim Tod von Akinfii im Jahre 1745 wurde das Vermögen auf fast drei Millionen Rubel geschätzt. Dieser beispiellose Aufstieg war möglich, weil das Bündnis mit der Staatsmacht durch die besonderen Profitchancen einer neuen Industrie ergänzt wurde. Alles hing schließlich ab von der außergewöhnlichen Energie, von den Kenntnissen und Fähigkeiten und von dem Pioniergeist der beiden Gründer Nikita und Akinfii Demidov.

Weit weniger glücklich war das Schicksal des Johann Ernst Gotzkowsky, der das Vertrauen und die Unterstützung des preußischen Königs Friedrich II. gewann.[149] Seit dessen Thronbesteigung beriet er den König in Wirtschaftsangelegenheiten und auch beim Kauf von Kunstwerken. Mit königlicher Unterstützung stieg er zum größten Seidenunternehmer des Staates auf. Neben den üblichen Privilegien und Monopolen erhielt er vom König 70 000 Taler und drei Fabrikationsgebäude – teils geschenkt, teils auf Kredit. Seine große Stunde kam mit dem Siebenjährigen Krieg. Den Preußen war im eroberten Sachsen ja auch die berühmte Meißener Manufaktur samt Produktionsunterlagen, Einrichtungen und Arbeitern in die Hände gefallen, und Gotzkowsky begründete mit Fachleuten, Arbeitern und Künstlern von dort im Jahre 1760 eine Porzellanmanufaktur in Berlin. Der Unternehmer durfte auch die Kriegskontributionen der Messestadt Leipzig und des verbündeten Mecklenburg gegen einen entsprechenden Vorschuß auf eigene Rechnung eintreiben. Den Ruf eines »patriotischen Kaufmanns« erwarb er sich während der russischen Besetzung Berlins, als er die russische Kontribution vorschoß und die Stadt vor der Plünderung bewahrte. Er leistete die Zahlungen teilweise mit königlichen Gemälden, die einen Grundstock der St. Petersburger Eremitage bilden sollten. – Als der Krieg vorüber war, wurde auch Gotzkowsky in den Strudel der Bankrotte hineingerissen, und der König konnte oder wollte ihn nicht herausziehen. Gotzkowsky starb im Jahre 1775 in Armut, gerettet wurde einzig und allein die Porzellanmanufaktur, die noch heute als die berühmte Königliche Porzellan Manufaktur (KPM) arbeitet.

Die hier vorgestellten Unternehmer waren zu Beginn ihrer Karriere Kaufleute oder Handwerker. Die Kaufleute dominierten besonders bei den ausgedehnten und erfolgreichen Unternehmungen, denn sie hatten das notwendige Kapital und die Marktverbindungen. Angesichts der Verquickung von Staat und Unternehmertum ist es nicht verwunderlich, daß daneben Beamte, Adlige und Offiziere aktiv wurden. Die Kammerdiener nutzten ihr Vertrauensverhältnis zum Herrscher offensichtlich besonders erfolgreich für eine Tätigkeit als Unternehmer in Hof- und Heereslieferungen. Die österreichischen Fabrikprivilegien weisen Kaufleute, Handwerker und diese letztgenannten, dem Hof nahestehenden Gruppen etwa gleich oft nach.[150]

Es war sicherlich kein Zeichen der Schwäche, wenn sich die Unternehmer im Großgewerbe mit den absolutistischen Staatsgewalten verbanden. Die staatlichen Privilegien waren selbstverständlich in einer Wirtschaftsordnung, in der die »unsichtbare Hand« des Adam Smith, das freie Spiel der Kräfte auf dem Markt, noch keinen Raum hatte. Die Monopole und Subventionen waren unentbehrlich angesichts der Kostennachteile der Manufakturproduktion. Und das Bündnis zwischen Unternehmern und Staat war schließlich die natürliche Folge des wirtschaftlichen Zusammenhangs von Massenproduktion und Krieg. So ist es nicht verwunderlich, daß diese Unternehmer keineswegs so bürgerlich waren, wie es dem modernen Verständnis des Begriffes entspricht. Der moderne Bourgeois wurde erst in der industriellen Revolution geboren.

Handelskapital und Merkantilismus

Überseehandel und Kapitalakkumulation

Der Welthandel, der sich im Gefolge der europäischen Expansion entwickelte, galt Zeitgenossen und Historikern als eine Quelle unermeßlichen Reichtums. Der Strom des amerikanischen Silbers, der über das spanische Sevilla in die Adern der europäischen Wirtschaft floß, schien ebenso unbezweifelbar eine neue kapitalistische Wirtschaftsweise zum Leben zu erwecken wie die sagenumwobenen Profite, die Holländer und Engländer im Handel mit den Kostbarkeiten Indiens und Ostasiens erzielten. Die wirtschaftliche Ausbeutung der neuen Seewege und Kontinente bildete einen Eckstein in Karl Marx' Theorie von der »ursprünglichen Akkumulation des Kapitals«.

> »Die Entdeckung der Gold- und Silberländer in Amerika, die Ausrottung, Versklavung und Vergrabung der eingeborenen Bevölkerung in die Bergwerke, die beginnende Eroberung und Ausplünderung von Ostindien, die Verwandlung von Afrika in ein Geheg zur Handelsjagd auf Schwarzhäute, bezeichnen die Morgenröte der kapitalistischen Produktionsära. Diese idyllischen Prozesse sind Hauptmomente der ursprünglichen Akkumulation.« [151]

Die Europäer konnten in der Tat die entferntesten Weltgegenden so rasch und erfolgreich ihren Handelsinteressen unterwerfen, weil die Kaufleute den Eroberern und den Missionaren folgten. Dies ist eine Antwort auf die Frage, warum nicht eine der asiatischen Hochkulturen, die den Handel im Indischen Ozean und an den Küsten des Pazifik beherrschten, jene globale wirtschaftliche Expansion vollbrachte. Die Suche nach den Schätzen des Orients und die Gier nach Gold verbanden sich mit der militärischen Macht der Staaten und mit dem Segen der Kirche. Der militante Geist, dem das christliche Europa von den Kreuzzügen über die spanische Rekonquista bis zu den Türkenkriegen gefolgt war, blieb lebendig.[152]

Die Wege der europäischen Expansion paßten sich den vorgefundenen Strukturen in den verschiedenen Weltteilen an, nur für die beiden Amerika – die »Neue Welt« – kann man schon für die Frühe Neuzeit von einem europäischen Kolonialismus sprechen. In Asien gelangten die Europäer nur im Arrangement mit den bestehenden Machtstrukturen zum wirtschaftlichen Erfolg. Brutal und erfolgreich waren hingegen Mission und Eroberung in Amerika, wo die Konquistadoren auf eine fast wehrlose, leicht beherrschbare und ebenso leicht zu missionierende Bevölkerung trafen. Unterschiedlich waren die Wege der Expansion auch in Abhängigkeit von dem sozialen Charakter der europäischen Staaten. Während für die feudalen Königreiche der Spanier und Portugiesen nur die Bildung von Unterkönigreichen, Tributherrschaft, feudale Latifundien und Ausplünderung denkbar waren, errichteten die Holländer Handelstützpunkte, bauten Handelsimperien und knüpften Netze wirtschaftlicher Abhängigkeit. Die Engländer schließlich legten das Schwergewicht auf die Besiedlung und profitable Nutzung von fruchtbarem Boden und Rohstoffen nach den Maßstäben und den modernen kapitalistischen Methoden der heimatlichen Insel. Doch überall war die wirtschaftliche Nutzung mit militärischer Gewalt verbunden. Soweit hatte Karl Marx recht, die europäische Expansion ist weder ein Stoff für Idyllen noch für Heldenepen.

Anders steht es mit der Bedeutung des frühneuzeitlichen Welthandels für die Herausbildung des modernen europäischen Kapitalismus. Die Höhe der Gewinne ist nach neueren Forschungen bescheidener gewesen als bisher angenommen und war nicht geeignet, eine »ursprüngliche Akkumulation des Kapitals« in Gang zu setzen. Dies gilt nicht nur für Spanien, das die Silberströme nicht festzuhalten und in Wohlstand und Entwicklung umzuleiten vermochte, sondern selbst für England, das aus seinem blühenden Überseehandel nur einen geringen Bruchteil seiner Gesamteinkünfte zog. Wenn die großen Überseekompanien Gewinne machten, dann nur deshalb, weil sie die hohen Kosten der Expeditionen und Eroberungen, der politischen Herrschaft, der militärischen Aktionen in den Handelskriegen und des militärischen Schutzes auf die Staaten abwälzten.

Die wirtschaftliche Ausbeutung des spanischen und portugiesischen Amerika stockte wenige Jahrzehnte nach der Eroberung durch das Massensterben der indianischen Bevölkerung.[153] Zwischen 1500 und 1750 fiel die Gesamtbevölkerung beider Amerika nach neueren Schätzungen von 41 auf 13 Millionen, mit einem Tiefpunkt um 1630. In der Karibik, in Mexiko und in den südamerikanischen Küstenländern waren die ursprünglichen Bewohner nahezu ausgerottet. Dies war nicht das Ergebnis der mörderischen Eroberungen und der gewaltsamen Niederschlagung indianischer Aufstände. So groß deren Opfer auch gewesen sind, sie hätten angesichts der begrenzten Vernichtungskraft damaliger Waffentechnik ausgeglichen werden können. Das demographische Desaster war auch nicht vordergründig auf Unterernährung und die ungewohnte Arbeit in den Silberminen zurückzuführen, so sehr dies die Widerstandskraft der Unglücklichen geschwächt hat. Die Katastrophe kam mit den europäischen Seuchen Masern, Pocken, Influenza und Ruhr sowie mit Malaria und Gelbfieber aus Westafrika. Der Doppelkontinent war total abgeschirmt gewesen von dem Seuchengeschehen der übrigen Welt, so daß den Einwohnern jegliche Immunität fehlte und selbst Krankheiten wie Masern, die in Europa Kinderkrankheiten mit geringerer Sterblichkeit waren, dort alt und jung dahinrafften. Die Seuchen breiteten sich mit solcher Geschwindigkeit aus, daß die Bevölkerungen im Inneren Nord- und Südamerikas weithin noch vor der Ankunft der Eroberer dezimiert waren.

Ohne Menschen waren die gewonnenen Länder wertlos. Zwei Auswege wurden ergriffen: der erste war die europäische Auswanderung und Ansiedlung, der zweite der Import von Arbeitssklaven. Die Bevölkerung Schwarzafrikas bot das Menschenreservoir der europäischen Kolonisatoren, da sie infolge der Verknüpfung mit dem eurasischen Seuchengeschehen relativ resistent war und seit langem Sklaven für die islamische Welt geliefert hatte. Seit dem

Beginn des 17. Jahrhunderts überschritt die Einfuhr afrikanischer Sklaven nach Spanisch Amerika mit durchschnittlich 15 000 pro Jahr die Zahl der spanischen Auswanderer mit durchschnittlich 4000 jährlich um ein Mehrfaches.

Es bildete sich das sogenannte Atlantische Dreieck im Handel zwischen der Alten und der Neuen Welt heraus. Die Schiffe starteten von den westeuropäischen Häfen in Richtung auf die afrikanische Westküste und tauschten dort gegen allerlei metallene Gerätschaften, Gewebe und Tand bei den Herrschern der schwachen Küstenstaaten die Sklaven ein. Als Holländer und Engländer die Portugiesen aus diesem Handel drängten, fielen alle religiösen Skrupel, die bisher noch dem Tausch von Alkohol und Waffen gegen Menschen entgegengestanden hatten. Die Sklaven wurden aus dem Inneren Afrikas herbeigeschleppt. Die Reiche im Inneren des Kontinents hatten die Belieferung der Sklavenmärkte in der Levante seit undenklichen Zeiten als lukrativen Weg zu den Luxusgütern des Nordens beschritten. Mit der emporschnellenden europäisch-amerikanischen Nachfrage entwickelte sich daraus ein Haupterwerbszweig, der über Herrscher und Aristokratie hinaus weit in die afrikanischen Gesellschaften eingriff und sie demoralisierte. Schwarzafrika, obwohl in der Frühen Neuzeit noch nicht unterworfen und kolonisiert, wurde so in das europäische Weltsystem eingebunden. Der englische Aufklärer Daniel Defoe beschrieb diesen Zusammenhang:

> »So wie die Sklaven eine Hervorbringung des britischen Handels in seinen Afrikanischen Faktoreien sind, müssen sie als Zweig des britischen Exports gelten, gerade als wenn sie zuerst nach England gebracht, hier ausgeladen und dann wieder ins Ausland geschickt würden.«[154]

Während der Überfahrt nach Amerika – im schmutzigen Zwischendeck der überfüllten Sklavenschiffe bei Trockennahrung und Wassermangel – war die Sterblichkeit außerordentlich hoch. Man rechnet heute, daß bis zum Jahre 1800 insgesamt etwa 8,3 Millionen afrikanische Sklaven nach Amerika gebracht wurden, daß dies aber nur 40 % der in ihrer Heimat gefangenen Menschen waren.[155]

Von den amerikanischen Bestimmungshäfen brachten die Schiffe dann Münzmetalle, Zucker und Farbhölzer, zunehmend auch Kaffee, Tabak und Baumwolle nach Europa. Mit Ausnahme des Tabaks waren alle Nutzpflanzen erst von den Europäern auf den neuen Kontinent gebracht worden, und sie erschienen der indianischen Bevölkerung ebenso fremd und überflüssig wie die Pferde, Rinder und Schafe der Kolonisatoren. Keine andere Pflanze war mit dem System der Sklaverei so eng verbunden wie das Zuckerrohr, das Hauptausfuhrgut Amerikas im 17. Jahrhundert.

Die Erträge dieses Dreieckshandels waren in der Anfangsphase beachtlich, gerieten jedoch bald unter den Druck der enormen Konkurrenz der europäischen Staaten und Kompanien, und sie litten erheblich durch die Piraterie, mit der die Handelskriege geführt wurden. Die Sklavenpreise an der afrikanischen Westküste stiegen mit der Nachfrage, und die Preise für Zucker auf dem europäischen Markt sanken mit der Ausweitung der Plantagenwirtschaft. Die westeuropäischen Handelskompanien versuchten diesen Preisverfall zu kompensieren, indem sie Kosten nach Möglichkeit auf die Zuckerpflanzer abwälzten. Im nördlichen Brasilien, wo die Holländer die Portugiesen ebenfalls verdrängt hatten, mußten die Pflanzer den Agenten der Westindischen Kompanie ihre Ernte oft schon auf dem Halm verkaufen, und sie waren durchweg verschuldet. Dies war ein Grund für den Aufstand des Jahres 1645, der die holländische Herrschaft in Brasilien hinwegfegte. Ein weiterer Grund lag in der erbitterten religiösen Feindschaft der katholischen portugiesischen Pflanzer gegen die calvinistischen Holländer, mehr aber noch gegen die Amsterdamer Juden portugiesischer Herkunft, in deren Händen das große brasilianische Zuckergeschäft lag. Die Gewinne des holländischen Amerikahandels haben im langjährigen Durchschnitt nur zwischen 3 und 5 % betragen. Die Aktien der holländischen Westindischen Kompanie, die namhafte Gewinne nur nach der Kaperung zweier spanischer Silberschiffe auszahlen konnte, wurden in mehr als der Hälfte aller Jahre ihres Bestehens unter dem Nennwert gehandelt.[156]

Entschieden glücklicher waren in Westindien die Engländer, die sich in Nordamerika auf eigene Kolonien mit religiös und ethnisch verwandter Bevölkerung stützen konnten. Von dieser Basis aus verwiesen sie schließlich die Holländer auch im karibischen Zucker- und Sklavengeschäft auf den zweiten Rang.

Im Asienhandel fanden die Europäer gänzlich andere Bedingungen vor als in der Neuen Welt, da sie hier in alte Handelsimperien einbrachen. Als Vasco da Gama die Route ums Kap der Guten Hoffnung entdeckt hatte und an Keralas Küste seine Schiffe mit indischem Pfeffer belud, war dies zunächst keineswegs ein Wendepunkt in der Geschichte des Welthandels. Der Handel im Indischen Ozean und im Südchinesischen Meer befand sich seit dem Beginn des 15. Jahrhunderts in stetigem Aufschwung. Seine Hauptlinien verbanden die großen asiatischen Reiche, in denen sich die Weltbevölkerung konzentrierte: das chinesische Ming-Reich, das Indien der Mogulherrscher und das Osmanische Reich.[157] Der chinesische Pfeffermarkt war während dieser Zeit geradezu explodiert. Die Portugiesen vermochten lediglich, den Handel mit der Levante zu unterbrechen und so den Jahrhundertaufschwung des asiatischen Handels kurzzeitig zu stören.

Erst als die Holländer im Verlaufe ihres achtzigjährigen Befreiungskampfes gegen die spanische Herrschaft auch zum Sturm auf die portugiesischen Bastionen im Asienhandel ansetzten, gewannen die Europäer Einfluß in diesem Teil der Welt. So erfolglos, wie die Holländer letztlich in der Neuen Welt geblieben waren, so erfolgreich waren sie in Asien. Die Kaufleute der Städte in den niederländischen Provinzen schlossen im Jahre 1602 ihre Kräfte in der »Verenigde Oost-Indische Compagnie« (VOC) zusammen, und die Republik der Vereinigten Niederlande unterstützte sie durch eine militärische Offensive mit Dutzenden von Kriegsschiffen und vielen hundert Bewaffneten. Drei Jahre später waren fast alle Stützpunkte der Portugiesen an der westindischen Küste und auf den legendären Gewürzinseln in holländischer Hand, und neue befestigte, mit Garnisonen bewehrte Stützpunkte entstanden an der Südküste Indiens, auf Ceylon und in Indonesien. Schon im Jahre 1623 hatten die Holländer 90 Schiffe und rund 2000 Soldaten in ihren 20 asiatischen Forts stationiert, von denen aus sie die Südsee beherrschten.[158] Auf Grund dieser massiven militärischen Unterstützung und politischen Rückendeckung konnte die neugegründete VOC außerordentliche Gewinne einfahren und über ein Jahrhundert Dividenden von 20 % und mehr auszahlen. Die Aktien der Gesellschaft stiegen seit dem siegreichen Abschluß des Krieges mit den Spaniern auf mehr als das Vierfache ihres Nennwertes.[159]

Keinem anderen europäischen Staatswesen der Zeit konnte damals solch ein Durchbruch gelingen, denn in keinem anderen war die föderale Struktur einer Kaufmannsrepublik so unmittelbar mit der militärischen Macht des Staates, mit dessen Politik und Diplomatie verbunden. Die Engländer mußten sich in den südlichen Meeren mit den Holländern arrangieren und in deren Forts gewissermaßen zur Miete sitzen, wenn sie im Asienhandel etwas bestellen wollten. Keine andere Macht verfügte über eine so schlagkräftige, für Krieg und Handel gleichermaßen gerüstete Flotte. Schon in der ersten Hälfte des 17. Jahrhunderts sandten die Holländer jährlich im Durchschnitt sechs Schiffe zur Reise um das Kap der Guten Hoffnung; das war ein reger Verkehr verglichen mit den ein bis zwei Schiffen der anderen europäischen Staaten! Sie errangen eine Monopolstellung im europäischen Gewürzhandel. Als um 1640 die Pfefferlieferungen die Nachfrage bei weitem zu übertreffen begannen und der Pfefferpreis verfiel, traten Nelken, Zimt und Muskatnüsse an dessen Stelle. Am Ende des 17. Jahrhunderts übertrafen die niederländischen Einfuhren aus Asien die britischen noch immer fast um das Doppelte, wobei inzwischen indische Baumwolle und chinesische Seide wertmäßig an der Spitze der Importe rangierten.[160]

Der asiatische Handel hatte für die Europäer eine extrem passive Bilanz, da sie in die alten Zivilisationen dieser Weltgegenden kaum eigene Produkte zu liefern hatten. Sie brauchten also ständig große Mengen Silber, um die Schätze Asiens nach Europa zu bringen. Die Engländer lösten das Problem in erster Linie mit Hilfe der aktiven Handelsbilanz, die sie im Handel mit ihren nordamerikanischen Kolonien erzielten. Hinzu traten die wachsenden Exporte aus der aufblühenden Wirtschaft des Mutterlandes. Holländer und Engländer lenkten außerdem die spanischen Silberströme aus der Neuen Welt in ihre Kassen, indem sie die asiatischen Importe in den innereuropäischen Handel warfen, also als Zwischenhändler (Entrepôt) tätig wurden. Wie umfangreich dieser Entrepôt selbst in England mit seinem expandierenden Binnenmarkt war, zeigt eine Handelsbilanz vom Ende des 17. Jahrhunderts. Mehr als ein Drittel der gesamten Einfuhren von 4,6 Millionen Pfund wurden exportiert. Den größten Anteil hatten Baumwollstoffe aus Indien, die nach Frankreich, Deutschland, auf die iberische Halbinsel und nach Amerika weiterverkauft wurden. In umgekehrter Richtung leiteten die Briten ihre amerikanischen Zuckerimporte und die Einfuhren von Indigo aus Amerika großenteils auf den europäischen Kontinent weiter.[161]

Die Holländer erschlossen sich darüber hinaus Finanzquellen im innerasiatischen Handel. Die befestigten Stützpunkte bildeten ideale Warenumschlagplätze, und die geschickte Politik und Diplomatie der Republik gab kräftigen Rückhalt. So erlangten die Holländer schließlich als einzige europäische Nation Zugang zum streng abgeschlossenen Kaiserreich Japan. Spanier und Portugiesen waren dort vor allem wegen ihrer aufdringlichen Missionstätigkeit hinausgeworfen worden, und die Engländer gaben 1623 auf. Die Holländer jedoch nahmen alle Demütigungen hin, um an das japanische Silber zu gelangen. Die kleine holländische Kolonie wurde auf einer einsamen Insel nahe Nagasaki abgeschottet von der Außenwelt gehalten. Die Japaner lieferten ihnen Lebensmittel und Prostituierte, verboten aber ansonsten jeden Kontakt mit der Bevölkerung und hinderten die Gäste sogar am Erlernen der Sprache. Japanische Schreiber lernten Holländisch, damit der gesamte Handelsverkehr nur über sie abgewickelt würde und den Japanern jederzeit offenlag.[162] Als es den Holländern gelang, den Seidenhandel zwischen China und Japan in ihre Hand zu bekommen, waren sie am Ziel. Dutzende holländische Silberschiffe verließen nun im Austausch gegen die chinesische Seide das Inselreich.

Im innerasiatischen Handel suchten die Holländer ohne Barzahlungen auszukommen. In Indien wurde mit chinesischer Seide und Porzellan, mit japanischem Kupfer und mit den Gewürzen Indonesiens bezahlt, diese wiederum kaufte man mit den Baumwollstoffen Indiens, während Pfeffer und Gewürze von den Inseln als Zahlungsmittel im Chinahandel in den Kreislauf eingingen. Ein anderes Handelsdreieck zogen die Holländer zwischen dem indischen Surat, dem persischen Hormuz und dem arabischen Mokka, wo Kaffee, persische Rohseide, chinesischer Zucker und indisches Indigo in Konkurrenz zu den Einfuhren aus der Neuen Welt eine Hauptrolle spielten. Dessenungeachtet betrug das Passivsaldo im holländischen Ostindienhandel im letzten Jahrzehnt des 17. Jahrhunderts fast 30 Millionen Gulden, die von den Silberschiffen der VOC nach Asien geführt wurden. Das war ein Fünftel des Gesamtwerts der gleichzeitigen holländischen Einfuhren aus dieser Weltregion. Vier Fünftel wurden also im wesentlichen durch den innerasiatischen Handel gedeckt.[163]

Unzweifelhaft hat dieser europäische Silberstrom Warenwirtschaft und Geldverkehr in den asiatischen Reichen angeregt und ausgeweitet. Sicherlich hat die europäische Nachfrage auch die Marktproduktion etwa von Baumwollwaren und Tee in Indien oder von Gewürzen in Indonesien stimuliert und regionale Spezialisierungen ähnlich der europäischen Protoindustrie in Gang gesetzt. Ob der Entrepôt, wie ihn die Niederländer in ein System brachten, den Handel innerhalb Asiens entwickelte, oder ob er eingewurzelte Strukturen und eigene Entwicklungen überlagerte und gar verhinderte, ist einstweilen nicht zu entscheiden.

Worin lag nun die Bedeutung des Überseehandels für Europa? Er hat zu einer Ausdehnung des Handelsvolumens beigetragen. Wenn wir die wenigen portugiesischen Gewürzschiffe vom Beginn des 16. Jahrhunderts mit dem gewaltigen britischen und niederländischen überseeischen Entrepôt des 18. Jahrhunderts vergleichen, ist dies offensichtlich. Im Überseehandel sind im Zentrum der europäischen Weltwirtschaft beträchtliche Gewinne angehäuft worden. Die Einschränkung auf das nordwestliche Zentrum des Kontinents ist dabei wichtig, denn der französische Ostasienhandel war – wie der anderer Staaten, die sich in den Überseehandel wagten – ein Verlustgeschäft. Die notwendigen Investitionen waren in diesem Geschäft offenbar so hoch, daß es nur dort Gewinn abwarf, wo schon zuvor genügend Kapital angehäuft war und wo eine expandierende Wirtschaft die hohen Risiken abfederte. Wenngleich der Überseehandel keine Quelle der »ursprünglichen Akkumulation des Kapitals« gewesen ist, bleiben doch die Wirkungen auf Kultur und Alltag der Europäer. Kaffee und Tee bildeten den Rahmen neuer Geselligkeit in Kaffeehäusern und Salons. Wenn dort die Damen den mit karibischem Zucker gesüßten indischen Tee aus Porzellantassen nach chinesischen Mustern schlürften, verbanden sich Orient und Okzident in einer verfeinerten, nicht mehr höfischen Bürgerkultur. Zur selben Zeit kreierte der buntbedruckte indische Kattun die Mode einer nicht mehr in ständische Kleiderordnungen gezwängten Gesellschaft. Die neuen Stoffe kleideten Herrin und Dienerin, und mit diesem Massenbedarf an Baumwollstoffen kam schließlich der Anstoß für die industrielle Revolution.

Kompanien und Börsen

Die großen Handelskompanien beherrschten den Überseehandel vom ausgehenden 16. Jahrhundert bis zum Beginn der industriellen Revolution. Die größten und mächtigsten dieser Kompanien waren die Ostindischen, da der Asienhandel die höchsten Erträge brachte und alle Kräfte auf sich zog. Unter ihnen war die im Jahre 1602 gegründete holländische »Verenigde Oost-Indische Compagnie« (VOC) nicht nur die größte und lange Zeit erfolgreichste, sondern auch das Vorbild aller anderen. Sie war die erste, die nicht mehr nach dem traditionellen Muster mittelalterlicher Handelsgesellschaften funktionierte, in denen die Gesellschafter ihr Geld für eine Reise zusammentaten und es nach Abschluß des Geschäfts wieder herausnahmen. Auf diese traditionelle Art hatten noch die Mitglieder der zwei Jahre zuvor gegründeten englischen »East India Company« die 30000 Pfund für den ersten Indiensegler zusammengebracht. Die Niederländer kamen zu einer ganz neuen Gesellschaftsform, bei der die Gelder unbegrenzt eingelegt wurden und langfristig zur Disposition standen. Die Investitionen waren in gestückelten Anteilen frei handelbar. Die VOC war deshalb keine Personengesellschaft mehr, sondern eine Kompanie von Anteilseignern. Diese neue Organisation wurde unmittelbar von der britischen Kompanie und später auch von allen neu gegründeten Überseegesellschaften übernommen.

Die Kopien glichen einander kaum. Sie spiegelten in gewisser Weise die politische und gesellschaftliche Struktur ihrer Länder wider. Die niederländischen Überseegesellschaften waren föderalistisch organisiert. Die einzelnen Provinzen hatten eigene Kammern mit eigenen Direktoren, die im Rahmen des Statuts auch selbständig agierten und miteinander vor allem durch die Wahl des gemeinsamen Direktoriums, der »Herren Siebzehn« bei der Ostindischen und der »Herren Neunzehn« bei der Westindischen Kompanie, verbunden waren. Diese Herren nahmen sogar abwechselnd in den verschiedenen Kammern ihren Sitz. Daß solch eine scheinbar lose Organisation über zwei Jahrhunderte machtvoll agieren konnte, hängt wohl mit den stabilen gemeinsamen Interessen der Kaufleute in allen Kammern zusammen. – Obwohl Colbert bei der Gründung der französischen Ostindienkompanie sogar dieses Kammernsystem kopierte, geriet seine Schöpfung doch zum genauen Gegenteil der niederländischen Kompanien. Sie stand unter der Leitung von zwölf Direktoren, die alle vom König ernannt und bezahlt wurden. Generalversammlungen der Aktionäre wurden vor allem dann einberufen, wenn ihnen höhere Einlagen abverlangt werden sollten. – Auch die britische Ostindiengesellschaft war stärker zentralisiert als die holländische, da die Direktoren große Vollmachten hatten und eine straffe Administration handhabten. Andererseits hatten im Unterschied zur VOC auch die Inhaber kleiner Anteile von nur 100 Pfund Stimmrecht in der Generalversammlung. Das mag den Einfluß der großen Kapitaleigner eher relativiert und den Spielraum der Direktoren erweitert haben.[164]

So verschieden wie die Organisation war auch das Agieren der großen Gesellschaften. Während die VOC den Handel innerhalb Asiens, den sogenannten Landhandel, zu einem Hauptzweig ihrer Tätigkeit machte und Angestellte streng bestrafte, die auf eigene Rechnung persönlichen Vorteil erwirtschafteten, gab die britische Ostindienkompanie diesen Handel für ihre Faktoren und Kapitäne frei. Wieviel Ärger und Kosten sparte es, die eigenen Leute nicht ständig überwachen zu müssen, vielleicht mehr als im aussichtslosen Wettlauf mit den Holländern auf diesem Feld zu gewinnen gewesen wäre! Es scheint überhaupt ein Erfolgsrezept der britischen Kompanie gewesen zu sein, Aufwand und Risiken zu minimieren. Während die VOC eigene Schiffswerften unterhielt, ging die englische Ostindienkompanie bald dazu über, die Indiamen genannten Dreimaster zu mieten. Der Bedarf war groß, denn immer wieder gingen Segler in den Stürmen des Ozeans und durch Piraterie verloren, und mehr als vier Reisen überstand ohnedies kein Schiff in tropischen Gewässern. Die seemännische Ordnung der britischen Kompanie war dessenungeachtet äußerst streng, und die englischen Kapitäne galten als die besten und schnellsten der Welt. Mochten sie auch die Kompanie nach Kräften betrügen, indem sie an Passagieren und Mannschaften sparten und eigenem Gewinn im indischen Küstenhandel nachjagten, nie wäre ihnen das gleiche Mißgeschick wie den Franzosen passiert, die häufig nicht rechtzeitig zu den tropischen Monsunen im Indischen Ozean eintrafen. Sie liefen kaum einmal auch nur zwei Wochen nach dem an der Börse so dringend erwarteten Termin im englischen Heimathafen ein.

Als sich die Besitzer von Anteilen nicht mehr in die Listen der Kompanien einschreiben mußten und die Anteilscheine zu echten Inhaberzertifikaten geworden waren, war die Aktie erfunden. Diese Innovationen gingen mit Neuerungen in der Infrastruktur des Handels einher. Unerläßlich war die Weiterentwicklung der Börsen, die es in den Zentren des europäischen Handels wie Venedig, Genua oder Antwerpen bereits seit dem ausgehenden Mittelalter gab. Sie waren bisher schon ein alltäglicher Treffpunkt der Kaufleute zur Abgleichung ihrer Geschäfte gewesen. Nun handelten dort professionelle Makler neben Warenladungen und Schiffsanteilen auch Aktien und Staatsanleihen. Und in den Kaffeehäusern und Schenken rund um die Börsen blühte das Geschäft der kleinen Spekulanten. Die gedruckten Kurszettel entwickelten sich zu regelrechten Börsenzeitungen, aus denen man neben Warenpreisen, Schiffsankünften und Wechselkursen bald auch die Kurse der Aktien erfahren konnte.[165] In der Amsterdamer Börse sollen um 1700 täglich 4500 Kaufleute zusammengekommen sein. Die prachtvollen Börsengebäude, die nach dem Vorbild von Antwerpen mit Galerien und riesigem Innenhof in Amsterdam und London errichtet wurden, geben einen Eindruck von der ökonomischen Macht, die sich in diesen Gravitationszentren der europäischen Weltwirtschaft zusammenballte.[166]

Mit der Ausgabe von Anteilscheinen erschlossen sich die Kompanien fast unerschöpfliche Geldquellen. Verglichen mit einer Personengesellschaft konnten Beteiligungen aus einem viel weiteren geographischen Raum und aus viel breiteren sozialen Schichten eingesammelt werden.[167] Die VOC startete mit einem Kapital von 6,4 Millionen Gulden. Die größten Einleger waren Amsterdamer Kaufleute, darunter viele Flüchtlinge aus den südlichen Niederlanden. Danach folgten die Kaufleute aus der Provinz Zeeland, wo immerhin noch 69 Teilhaber mehr als 5000 Gulden – der Wert eines großen Amsterdamer Hauses – investierten. Nach der Größe der Einlagen bemaß sich in der Folge auch der Einfluß auf die Geschäfte der Kompanie. Die englische Ostindienkompanie brachte mit 2,9 Millionen Pfund bis 1630 ein ähnlich großes Kapital zusammen. Hier waren neben Londoner Großkaufleuten auch Mitglieder des neuen Adels, der Gentry, stark vertreten – ein Element, das im bürgerlichen Holland weitgehend fehlte. In Holland warben Staat und Gründer stärker um die Stadtbürger. So setzte der Bürgermeister der streng calvinistischen Stadt Leiden bei der Gründung der Westindischen Kompanie im Rathaus ein Werbekomitee ein, das jeden Mittwoch dem Publikum erklärte, wie profitabel, patriotisch und gottgefällig es sei, die Herrschaft der katholischen Spanier und Portugiesen in Amerika zu brechen. Der Erfolg war durchschlagend, denn Leiden brachte nach Amsterdam den größten Beitrag unter allen holländischen Städten in die Kompanie ein.[168]

Ganz anders verlief hingegen das Werben des französischen Staates um Anteilseigner für die von Colbert gegründete »Compagnie de l'Orient«. Nach den Ideen des großen Merkantilisten sollte sie eine genaue Kopie der erfolgreichen niederländischen Kompanie werden. Doch tatsächlich stand die Gesellschaft viel zu sehr unter dem Diktat des Staates, spielten hohe Beamte, Militärs und Bankiers eine viel zu große Rolle. So konnte es den umworbenen Kapitalbesitzern nicht verborgen bleiben, daß ihnen kein profitables Geschäft, sondern eine Art Staatsanleihe offeriert wurde. Die Werbung wandelte sich rasch in Druck und Zwang, und Colbert erhielt anonyme Beschwerdebriefe.[169]

In dem Maße, wie der Ostindienhandel nach dem Ende der Handelskriege ein sicheres Geschäft wurde, empfahlen sich die Anteile der Kompanien als Sparstrumpf der kleinen Leute und als Sicherung von Witwen und Waisen. In immer größerer Zahl tauchten auch in England Gelehrte, Ärzte, Schullehrer, Witwen und Handwerker unter den Kleinaktionären auf. Die Kompanien haben offenbar das Bewußtsein und Verhalten der Menschen zumindest im Zentrum der europäischen Weltwirtschaft erheblich verändert. Es gehörte kapitalistischer Geist dazu, eine Zukunftssicherung durch Beteiligung an fernen Handelsgeschäften zu suchen, statt wie gewohnt eine kleine Rente aus einem Haus oder einem Grundstück zu erwerben.

Die Erträge aus den Anteilscheinen der Kompanien mögen im allgemeinen 4 bis 5 % nicht wesentlich überschritten haben. Denn wenn auch die Ostindienkompanien zeitweise Dividenden in Höhe von 20 % bis 40 % ausschütteten, so konnten doch nur die alten Aktienbesitzer davon profitieren, die ihre Anteile einst etwa zum Nennwert gekauft hatten. Da die Scheine der erfolgreichen Gesellschaften im Laufe der Zeit um ein Mehrfaches teurer an den Börsen gehandelt wurden, verringerten sich die Erträge entsprechend. Die Nachfrage nach Anteilen war groß und ständig im Wachsen. Das Angebot wurde jedoch nicht erweitert, da die Gesellschaften, um Dividenden nicht kürzen zu müssen, lieber Geld zu den üblichen Zinsen liehen als das Stammkapital zu erhöhen. Auf Grund dieser Praxis war bei ihrer Auflösung im Jahre 1799 selbst die VOC mit 134 Millionen Gulden hoch verschuldet.[170]

Offenbar gab es in den fortgeschrittenen Ländern Westeuropas ein Überangebot an Kapital im Verhältnis zu den geringen Anlagemöglichkeiten. Auch dies würde der Theorie einer ursprünglichen Kapitalakkumulation durch den Überseehandel widersprechen. In England führte dies allein zwischen 1681 und 1718 zur Gründung von 56 neuen Kompanien, deren Aktien in der Regel nach kurzer Zeit überzeichnet waren. Die zahlreichen Anleger ließen sich nicht dadurch beirren, daß etliche Angebote risikoreich

6 *South Sea Bubble – »Dies Denkmal wurde zur Erinnerung an die Zerstörung dieser Stadt durch den Südseeschwindel im Jahre 1720 errichtet.«*

THIS MONUMENT
WAS ERECTED IN
MEMORY OF THE
DESTRUCTION OF
THIS CITY BY THE
SOUTH SEA
IN
1720

und wenig verheißungsvoll waren.[171] So erlebte das 18. Jahrhundert eine fortlaufende Welle von Spekulationen und Kurszusammenbrüchen. Der wohl bekannteste ist die sogenannte Südsee-Seifenblase um die englische Südseekompanie. Innerhalb eines Jahres (1720) stiegen die Aktien dieser Kompanie an der Londoner Börse von 150 Pfund im Januar auf 1050 Pfund zur Jahresmitte, um dann bis zum Jahresende wieder auf 200 Pfund abzustürzen.[172] William Hogarth hat den Taumel einer englischen Kleinstadt im Südseefieber als Teufelsspuk und Götzendienst karikiert. Die Aktien der »African Company« und der Bank of England wurden mitgerissen. Die Aktien der französischen »Compagnie des Indes« erlitten gleichzeitig ihren Absturz aus der schwindelhaften Höhe des vierzigfachen Nennwertes.[173] Die Aktienspekulation erwies sich in diesem Jahr 1720 erstmals als ein internationales Phänomen, deren Zentrum die Amsterdamer Börse war. Die Kurszusammenbrüche pflanzten sich wellenförmig im europäischen Wirtschaftssystem fort.

Sowohl die englische als auch die niederländische Ostindienkompanie waren internationale Kapitalgesellschaften, und darin folgten ihnen später gegründete europäische Kompanien in der Regel. Holländer und Engländer waren wechselseitig an ihren Kompanien und an den übrigen Gesellschaften beteiligt. Die holländische Ostindienkompanie sammelte das deutsche Kapital in solchem Umfang ein, daß man sie hinsichtlich der Anteilseigner als eine niederländisch-deutsche Gesellschaft bezeichnen könnte. Bei der im Jahre 1616 gegründeten dänischen Ostindienkompanie waren Kapital und Schiffe zwar anfangs in dänischer Hand, doch schon die erste Reise organisierten zwei Holländer, von denen einer zuvor im Dienst der VOC gestanden hatte. Im 18. Jahrhundert spielten Ausländer und ausländisches Kapital eine immer größere Rolle in dieser Gesellschaft. Die Dänen waren erfolgreicher als die anderen kleinen Kompanien und zogen so die Investoren mehr als andere an. Ausländische Teilhaber fand auch die schwedische Ostindienkompanie in Göteborg, die 1731 gegründet worden war. Ebenso offen war »The Company of Scotland trading to Africa and the Indies« aus dem Jahre 1695, an der neben holländischen Investoren vor allem armenische Kaufleute interessiert waren.

Ganz international war die »Oostende Compagnie«, die der Kaiser im Jahre 1722 in den habsburgischen Niederlanden privilegierte. Sie vereinte die privaten Wilderer in den Gehegen des Überseehandels aus aller Herren Länder und zog daher die Feindschaft aller etablierten Gesellschaften auf sich.[174] Frankreich hingegen hatte als einziger europäischer Staat eine Ostindienkompanie fast ohne ausländisches Kapital. Das konnte kaum anders sein, wenn man die willkürlichen Eingriffe des Staates in Eigentum, Organisation und Handelspolitik der Gesellschaft bedenkt. Der Mißerfolg der französischen Kompanie schreckte überdies die ausländischen Investoren wirksam ab. Frankreich bezahlte seine Abschottung mit ständigem Kapitalmangel.

Wenn auch das Kapital der meisten europäischen Kompanien international war, so waren sie doch zugleich nationale Gebilde. Die Überseekompanien entsprangen nicht einfach der Tradition der mittelalterlichen europäischen Handelsgesellschaften, wie die Hanse eine gewesen war, sondern waren unverwechselbar Kinder des neuen Zeitalters der Territorialstaaten. Ein Merkmal charakterisiert sie alle: Sie waren für den Handel in einer bestimmten Weltgegend mit einem staatlichen Monopol ausgestattet. Der Unterschied zu den Manufakturprivilegien bestand vor allem darin, daß die Monopole für entfernte, weit außerhalb der Staatsgebiete gelegene Regionen vergeben wurden. Das konnte nicht ohne bewaffnete Gewalt, ohne Krieg und Raub geschehen. Die Kompanien handelten unter dem Schutz der Kriegsschiffe und waren oft genug mit königlichen Kaperbriefen versehen. Sie hißten die Fahne ihres Landes in den fernen Faktoreien, die militärische Stützpunkte waren. Die Garnisonen der Kolonialstädte versammelten die Desperados aus den Slums aller europäischen Großstädte, doch sie agierten im Namen von Krone und Kreuz. Militärische Drohung und Gewaltanwendung verschafften den europäischen Handelsinteressen gegenüber den asiatischen Herrschern und Mächten Nachdruck. Der Kampf um die Märkte wurde nicht mit Gütern und Preisen geführt, sondern in Gestalt von Handelskriegen, die nacheinander zwischen Holland und Portugal, zwischen England und Holland, zwischen Frankreich und Holland und zwischen England und Frankreich tobten.

Die scheinbar so modernen, kapitalistischen Handelsgesellschaften behaupteten in ihren überseeischen Herrschaftsgebieten einen durchaus vormodernen exklusiven Anspruch auf Güter und Märkte. Dieser Widerspruch war den Zeitgenossen wohl bewußt. Als Hugo Grotius im Auftrag der VOC seine Schrift über die Freiheit der Meere verfaßte, mußte er das holländische Monopol rechtfertigen. Er meinte – wenig überzeugend –, das sei der verdiente Lohn für den Schutz der beherrschten Gebiete gegen Übergriffe anderer Mächte.[175] Aus der Perspektive Asiens erschien dieser Monopolanspruch mindestens so widersinnig wie aus der Sicht des aufgeklärten Europa. Ein Herrscher aus Makassar in Indonesien hielt den Holländern entgegen:

> »Gott machte das Land und die See. Das Land teilte er unter den Völkern, aber das Meer gab er allen gemeinsam. Es ist niemals gehört worden, daß es jemandem verboten sein könnte, die See zu befahren.«[176]

Die Verbindung mit dem Staat und seiner Gewalt war ein Wesensmerkmal aller frühneuzeitlichen Handelskompanien. Besonders deutlich und für den Handel nachteilig war dies im absolutistischen Frankreich. Dort war die Gründung der Überseekompanien weniger ein Bedürfnis der Kaufleute als des Sonnenkönigs und seines Ministers Colbert. Der französische Staat nutzte seine Ostindiengesellschaft für das teure und verlustreiche Abenteuer der Eroberung und Kolonisation Madagaskars, so daß kaum ein Schiff jährlich für den Asienhandel ausgerüstet werden konnte. Als die Kompanie auf Grund dieser ruinösen Eingriffe handlungsunfähig war, befahl der König im Jahre 1719 ihre Vereinigung mit der von John Law gegründeten neuen Gesellschaft zur »Compagnie des Indes«. Das kam einer Enteignung der bisherigen Aktionäre gleich. Die französischen Kaufleute entschädigten sich im Handel mit der Levante. Der »Compagnie du Levant«, ebenfalls unter Colberts Obhut im Jahre 1670 gegründet, war es zunächst verboten, Goldmünzen dorthin auszuführen. Angesichts der chronisch passiven Handelsbilanz der Europäer mit dem Osmanischen Reich behinderte das den Handel fast so sehr wie die Piraterie der

Barbaresken im östlichen Mittelmeer. Nach dem Tod des großen Ministers öffnete sich die Levantekompanie dem Freihandel und erreichte so in dieser Region die zweite Position nach den Engländern.[177]

Doch auch die niederländischen Überseekompanien besorgten die politischen Geschäfte der Republik, bei der Einrichtung der niederländischen Herrschaft in Brasilien so gut wie in Batavia, dem Mittelpunkt des asiatischen Handelsimperiums der Generalstaaten. Der Statthalter der Vereinigten Provinzen konnte sich rühmen, daß er aus dem asiatischen Handel der Kompanie an Steuern mehr gewonnen habe als die Aktionäre an den Dividenden. Und wie alle Überseekompanien mußten auch die Holländer ihr Monopol regelmäßig aufs neue kaufen. Doch dieselbe Nähe zwischen Handelskompanie und Staat, die im absolutistischen Frankreich ruinös fürs Geschäft war, bekam den holländischen Gesellschaften glänzend, weil die Republik nach dem Motto verfuhr: »Was gut ist für die Vereinigte Ostindische Compagnie, das ist auch gut für die Vereinigten Niederlande.«

Ganz ähnlich zahlte sich die Staatsnähe für den englischen Überseehandel aus. Hier waren Hof und Regierung selbst mit namhaften Beträgen an den großen Gesellschaften beteiligt. Zur Zeit des märchenhaften Aufstiegs der Südseekompanie waren zwölf ihrer Direktoren Parlamentsabgeordnete und Inhaber von Staatsämtern. Neun Minister waren unter den größten Anteilseignern, und auch die Mätressen und Hofdamen waren engagiert. Die Gesetze, die in dieser Angelegenheit erlassen wurden, dienten daher dem Schutz der Südseekompanie und ihrer Eigner mehr als der Bekämpfung der Spekulation.[178] Die englische Ostindienkompanie wandelte sich im Verlaufe des 18. Jahrhunderts von einer Handelskompanie mehr und mehr in einen Sachwalter der britischen Interessen in Indien. Nach dem Zerfall des Mogulreiches durchdrangen die Engländer den Subkontinent militärisch. Die großen Faktoreien wurden zu Zentren der britischen Herrschaft und Verwaltung. Die Ostindische Kompanie hatte der Kolonialherrschaft in Indien ebenso den Weg bereitet wie die VOC dem niederländischen Kolonialismus in Indonesien.

Handel und Staat schlossen also in den Überseekompanien ein

Bündnis zum beiderseitigen Vorteil. In der Praxis konnte dabei der Staat den Interessen des Handels dienstbar sein, wie in Holland, oder das Handelsinteresse vom Staat ausgebeutet werden, wie in Frankreich. Das staatliche Monopol weist die Kompanien als Glieder einer vormodernen Wirtschaftsordnung aus, in der die Marktanteile den Berechtigten zugemessen waren und Herrschaftstitel auch Rechte über das Eigentum der Untertanen verliehen. Darum starben die Kompanien mit dem Ancien régime am Ende des 18. Jahrhunderts ebenso plötzlich, wie sie mit dem Kapitalbedarf der europäischen Expansion um die Wende des 16. Jahrhundert entstanden waren.

Messen und Märkte

Der Überseehandel war wohl die Krönung des europäischen Handels in der Frühen Neuzeit. Der Löwenanteil lief aber nach wie vor über Land ab, ja er bewegte sich in den geringen Distanzen zwischen den Städten und ihrem bäuerlichen Umland. Der Alltag dieses Nahmarktverkehrs waren die Wochenmärkte der Städte, seine Feiertage, die zu hohen kirchlichen Festen bewilligten Jahrmärkte. Dann durften auch Fremde miteinander handeln, und Kaufleute von weither brachten selten gesehene Dinge in die Stadt. Es gab zu sehen und zu staunen, so daß die Bürger ihr Vergnügen und Gaukler, Quacksalber und Bettler ihr Einkommen hatten. Dieser Handel an der Basis des Wirtschaftslebens hat sich mit der wachsenden Gewerbetätigkeit und der zunehmenden Geldwirtschaft in der Frühen Neuzeit kaum verändert, aber enorm ausgeweitet. Im 18. Jahrhundert hatten schließlich selbst Kleinstädte und Flecken ihren Jahrmarkt.

Ein mächtiger Impuls für die Ausweitung des regionalen Handelsverkehrs ging von der Spezialisierung einzelner Regionen aus. Landschaften, in denen die dörfliche Bevölkerung großenteils von Gewerbearbeit lebte, wie das überall in den Gebieten der Protoindustrie der Fall war, mußten Getreide und Fleisch aus benachbarten Agrarregionen kaufen. Auf eben diese Weise bildete sich der Getreidemarkt im Bodenseegebiet. Nach dem Dreißigjährigen Krieg wuchs in der Stadt Überlingen ein zentraler Markt, auf dem Getreide aus dem ganzen schwäbischen Reichskreis südlich der Donau zusammenkam. Von Überlingen aus wurde die Brotfrucht zu den regionalen Märkten auf der schweizerischen Seite des Bodensees verschifft. Im Zürcher Oberland, im Kanton Glarus und im Toggenburg, hatte sich nämlich ein vielfältiges protoindustrielles Gewerbe entwickelt, das eine mächtige Nachfrage entfaltete. Die Überlinger Kornausfuhr wuchs im Gleichklang mit der Verdichtung des ländlichen Gewerbes während des ganzen 18. Jahrhunderts. Ohne diesen großräumigen Fruchtmarkt wären die Heimarbeiter nicht nur bei der schweren Hungersnot des Jahres 1771 in bitteres Elend gefallen, sondern auch bei jeder leichten Ernteschwankung. Der Garnhändler Ulrich Bräker, der »Arme Mann im Toggenburg«, hat uns in seiner Autobiographie eindringliche Bilder des kargen Lebens in dieser Gegend hinterlassen.[179] Die Schweizer Protoindustrie verarbeitete viel schwäbisches Garn und belieferte die Schwaben im Gegenzug mit Gewerbeprodukten, so daß man von einer schweizerisch-schwäbischen Wirtschaftsregion sprechen kann. Alle Versuche der schwäbischen Fürsten und Herren, den Getreideexport aus ihren Territorien zu regeln und zu unterbinden, mußten vor dieser elementaren wirtschaftlichen Raumbildung kapitulieren.[180] Nicht nationale Märkte bildeten sich in der Frühen Neuzeit, sondern Märkte, die solche europäischen Regionen über Herrschaftsgrenzen hinweg zusammenschlossen.

Das Bindeglied zwischen solchen Wirtschaftsregionen und dem europäischen Fernhandel bildeten die Messen. Den Anfang hatten im Mittelalter die berühmten Messen der Städte in der französischen Champagne gemacht, denen bald eine Vielzahl anderer Messen folgte.[181] Ein Katalog von 1585 führt bereits 171 der wichtigsten Messeorte in Deutschland, Böhmen, Österreich und der Schweiz, in den Niederlanden, Spanien, Italien, England und Frankreich, in Polen-Litauen und dem Baltikum auf. Der Holzschnitt des Jost Ammann gruppierte die Wappen um das Bild der Börse von Antwerpen, also um das Zentrum des sich bildenden europäischen Weltsystems, dessen ganzen Raum das Messenetz umspannte. Die Termine waren so gelegt, daß der Kaufmann nacheinander eine Mehrzahl der wichtigsten Meßorte besuchen konnte. Für die Messen galten auf der Ebene des internationalen Handels alle Vorteile der Jahrmärkte. Sie ermöglichten den Handel Fremder miteinander unter dem Schutz des jeweiligen Fürsten und befreit von üblichen Abgaben und Zöllen. Binnen kurzer Zeit konnten eine Vielzahl von internationalen Handels- und Geldgeschäften getätigt werden, wobei während der ersten Meßwoche die Geschäfte abgeschlossen und in der zweiten Woche gemeinschaftlich alle Lieferungen und Zahlungen gegeneinander ausgeglichen wurden, so daß ein Minimum an Bargeld nötig war. Ähnliches leisteten die Börsen an den Knotenpunkten des internationalen Warenverkehrs in Genua, Antwerpen oder bald darauf Amsterdam. Sie waren zunächst nichts anderes als permanente Messen.[182]

Den östlichsten Knotenpunkt eines Handelsnetzes, das sich von den Atlantikküsten bis zum westlichen Mittelmeer spannte, bildete Frankfurt am Main. Frankfurt hatte schon im Jahre 1240 von dem Stauferkaiser Friedrich II. sein erstes Meßprivileg erhalten, und seit dem Niedergang der Messen der Champagne an der Wende vom 13. zum 14. Jahrhundert wurde es zum ersten Platz nördlich der Alpen. Zu den beiden Meßterminen in der Fastenzeit und im Herbst verdoppelte sich die Einwohnerzahl der Stadt regelmäßig. In langen Geleitzügen unter dem Schutz von bewaffneten städtischen Reitern bewegten sich die Wagenkolonnen auf Frankfurt zu, denn der Schutz der Kaufleute vor Straßenräubern war Bestandteil des garantierten Meßfriedens. Erst als der Dreißigjährige Krieg den Verkehr über die Alpenstraßen für lange Zeit verunsicherte und unterbrach und Venedigs Stern sank, verblaßte auch der Glanz der reichsstädtischen Messen.

In demselben Maße wie Frankfurt Anziehungskraft verlor, stieg Leipzig nach dem großen Krieg zum Messezentrum erster Größe auf. Die Leipziger Oster- und Michaelismessen, die schon ausgangs des 15. Jahrhunderts als Reichsmessen privilegiert waren, entwickelten sich nicht nur zum Zentrum des deutschen Buchhandels, sondern zum wichtigsten Umschlagplatz zwischen dem östlichen und dem westlichen Europa. Ein zeitgenössischer Ökonom schilderte die Leipziger Messen als Quell der Luxusgüter für ganz Osteuropa:

> »[...] dannenhero man Siebenbürger, Österreicher, Mährer, Ungarn und Polen zu solcher Zeit in Leipzig häufig findet, welche feine Tücher, Zeuge, allerhand Seiden- und Kramwaren, teils gegen Bargeld und meist gute Dukaten, teils gegen ihre Landeswaren abholen, wie man denn viel polnisch Leder, Wachs, Lamm, Wolle, Juchten, etwas von levantinischen, türkischen und ukrainischen Waren, welche sonderlich die polnischen Juden mitbringen, in Leipzig findet.« [183]

Das war vor allem das Ergebnis der wachsenden Rolle des osteuropäischen Wirtschaftsraumes und seiner Einbindung in das europäische Wirtschaftssystem. Leipzig war der westlichste Knoten in einem Handelsnetz, das die Messen von Lemberg/Łwów, Jarosław, Lublin und Breslau mit denen im oberungarischen Kassa (Kaschau/Košice), im siebenbürgischen Kronstadt (Brassó/Braşov) und im moldauischen Jassy verknüpfte. Die aktive Handelsbilanz, die Polen-Litauen im Getreidehandel mit Holland hatte, wurde durch den Landhandel wieder ausgeglichen, und die Leipziger Messen hatten einen beträchtlichen Anteil daran. Die östlichen Märkte standen den westeuropäischen in ihrem Leben und Treiben nicht nach. In Jarosław, wo die Messe wochenlang dauern konnte, fanden sich dem Vernehmen nach 30000 Kaufleute ein. Es war wie Lemberg unter anderem wegen seines Viehmarktes berühmt.[184] Zwei besondere Gruppen waren es, die den Handel in diesen Regionen trugen. Im osmanisch-habsburgischen Einflußgebiet waren es die Griechen, im polnisch-litauischen Commonwealth die Juden. Beide Gruppen waren eher durch religiöse als ethnische Zugehörigkeit definiert.

Als Griechen bezeichneten die Völker Ostmitteleuropas alle griechisch-orthodoxen christlichen Untertanen des Sultans, die als Kaufleute in die Nachbarländer kamen, also ebenso Bulgaren, Serben oder Albaner. Die griechischen Kaufleute rückten im Verlaufe des 17. Jahrhunderts im ostmitteleuropäischen Handel vor und traten um die Wende vom 17. zum 18. Jahrhundert sogar in größerer Zahl auf den entfernten Märkten von Poznań/Posen, Breslau und Warschau auf. Sie lieferten die Textilien und Gewürze des Orients nach Ostmitteleuropa, belieferten das schlesische Baumwollgewerbe mit Garn und Farbstoffen und kauften dafür westeuropäische Textilien, Stahlwaren und Waffen für den osmanischen Herrschaftsbereich ein. In den sächsischen Städten Siebenbürgens und in Ungarn bildeten sie sogenannte Griechische Kompanien, die von Fürsten und Kaiser privilegiert waren, und lebten in eigenen Kolonien mit Kirche, Schule und Wohlfahrtseinrichtungen. Mit der Zeit erwarben sie häufig das Bürgerrecht und gingen in der umwohnenden Bevölkerung auf.

Bemerkenswert ist die Rolle der Griechen im Weinhandel zwischen Ungarn und Polen. Balkanische Weinhändler, die in den ungarischen Städten Tokaj, Miskolc und Erlau lebten, gewannen um die Mitte des 18. Jahrhunderts beträchtliche Anteile an den Lieferungen von Tokajer nach Warschau und Poznań/Posen. Einige Mitglieder der griechischen Kolonie in Miskolc, wie die Mukolovski und Kozmicki, polonisierten ihre Namen auf Grund dieser Geschäftsverbindungen, andere erwarben in Warschau oder Poznań das Bürgerrecht und hinterließen dort Güter im Wert von bis zu 60000 Złoty.[185] Wenn der ungarische Markt in dieser Zeit voller polnischer Kupfermünzen gewesen ist, dann war das zum guten Teil ein Ergebnis des regen Handels griechischer Kaufleute.

Zu einem anderen großen Teil war der osteuropäische Handel Werk jüdischer Kaufleute.[186] Die Juden waren in Polen-Litauen seit den Zeiten Herzog Bolesławs des Frommen und seines Edikts von Kalisz aus dem Jahre 1264 ansässig, das ihnen Zuflucht vor den Verfolgungen in Deutschland bot, und sie genossen fortan den besonderen Schutz der Krone. Während des 16. und des frühen 17. Jahrhunderts erließen die polnischen Könige eine Reihe von Edikten, die jüdische Kaufleute den christlichen gleichstellten. Zusätzlich privilegierten sie zahlreiche jüdische Großkaufleute. Als königlicher Faktor oder Serwitor waren sie von allen besonderen Zahlungen befreit, die sonst etwa jüdischen Kaufleuten auf der Leipziger Messe abverlangt wurden. In der zweiten Hälfte des 18. Jahrhunderts erhielten die jüdischen Kaufleute aus Ostmitteleuropa auch von den sächsischen Behörden Kammerfreipässe zum Besuch der Messen, die sie den christlichen Kaufleuten gleichstellten. Das unterstreicht ihre zentrale Rolle im Ost-West-Handel.[187]

Die jüdischen Kaufleute stießen offensichtlich in eine Lücke vor, die sich mit dem Schwinden der armenischen, deutschen, schottischen und italienischen Kaufleute auf den polnischen Märkten aufgetan hatte. Viele dieser Kaufleute hatten sich assimiliert und mit der Polonisierung ihre Handelsverbindungen zu den Herkunftsregionen gekappt, andere zogen sich vor den blutigen Kosakeneinfällen in der Mitte des 17. Jahrhunderts zurück. Die Greuel dieses Chmelnicki-Aufstandes trafen die Juden noch mehr als die adeligen polnischen Herren, denen sie als Verwalter und Händler dienten. Die Leiden der Juden im ukrainischen und südpolnischen Raum waren unsäglich, und doch war seit dieser Zeit ihre Rolle im polnischen Handel größer als jemals.

Das ganz große internationale Geschäft mußten sich die Juden mit Deutschen und Holländern teilen, weil ihre Kreditmöglichkeiten dafür selten reichten. Sie borgten weit häufiger, als sie Geld verliehen, und entwickelten dafür eigene Kreditinstitutionen. Auf der unteren und mittleren Ebene des Handels waren sie hingegen in ihrem Element. Sie beherrschten den Handel auf dem platten Lande, den städtischen Kleinhandel und den Handel zwischen den ostmitteleuropäischen Regionen. Wie sehr unterschied sich die jüdische Welt Ostmitteleuropas von der mondänen, großbürgerlichen Lebensweise der sephardischen Juden in Amsterdam oder Hamburg, die in prächtigen Stadtvillen lebten, sechsspännig ausfuhren, Bälle gaben und auf jede Weise ihren Reichtum zur Schau stellten. Ebenso fern war die orientalische Welt der Sephardim im Osmanischen Reich, unter denen im 16. Jahrhundert Don Joseph Nasi herausragte. Er wurde der Herzog von Naxos genannt, verschmähte aber nicht Geschäfte auf der Lemberger Messe. Die Ashkenazim, wie die ostmitteleuropäischen Juden wegen ihrer Herkunft aus Deutschland hießen, bewahrten in ihren Schtetl eine traditionelle, den religiösen Regeln verpflichtete und jedem Luxus abholde Lebensart. Schwarze Kaftane, hohe Pelzhüte, Haar- und Barttracht hoben sie aus ihrer Umgebung heraus und verbanden sie einander, wenn sie sich auf den entferntesten Märkten begeg-

Żid przedaiący towary po ulicy.

MARCHAND JUIF AMBULANT.

7 *Der jüdische Straßenhändler*

neten. Die jiddische Sprache – dem Mittelhochdeutschen noch immer nahe – wurde zur Handelssprache Ostmitteleuropas.

Die Denkschrift des polnischen Kaufmanns Sebastian Miczynski aus der ersten Hälfte des 17. Jahrhunderts zeichnet jedoch ein weit glänzenderes Bild dieser schlichten Welt:

> »In Łwów, Lublin, Poznań und besonders Kraków (nicht zu reden von Wilno, Mohilew, Sluck, Brześć Litewski und Luck) haben sie [die Juden] fünf, zehn, fünfzehn, sechzehn Läden in buchstäblich jedem Steinhaus, und die Läden sind gefüllt mit Gütern und Waren, Gold, Silber, Perlen, Diamanten und anderen Edelsteinen, Goldketten und Armbändern, prachtvollen Kleidern, Ringen, Zobeln, Säbeln mit kostbaren Juwelen verziert [...] Pfeffer, Safran, Zucker [...] und verschiedenen Gewürzen.
>
> Es ist nicht genug, daß sie in Gdańsk Häute, Talg und Leder, Wolle, Stahl, Blei und Salpeter ausführen, [...] Pottasche und Korn auf Schleppkähne laden oder mit Ochsen und Pferden aus dem Königreich bringen, [...] wenn irgendwelche Güter in Polen ankommen, kaufen die Juden sofort alles auf.« [188]

Dies ist nur ein winziger Ausschnitt der erbitterten Anklageschrift. Der Neid der einheimischen Konkurrenten verfolgte die jüdischen Kaufleute ebenso wie der religiöse Fanatismus ihrer katholischen Umgebung. Er schürte die Angriffe und Pogrome, denen die jüdischen Gemeinden gerade während dieser Blütezeit ihrer Handelstätigkeit ausgeliefert waren.[189] Seit dem Beginn des 19. Jahrhunderts schwand die Rolle der jüdischen Kaufleute langsam, da sich eine nichtjüdische polnische Bourgeoisie zu entwickeln begann.

Merkantilismus

Als Merkantilismus gilt im Rückblick die Wirtschaftsauffassung und vorherrschende Wirtschaftspolitik der Frühen Neuzeit.[190] Der Begriff ist von den Überwindern dieser Epoche geprägt worden, am nachhaltigsten von Adam Smith, dem Begründer der modernen Politischen Ökonomie, und er soll darauf hinweisen, daß die Gedanken der Merkantilisten um den Handel kreisten und die Produktion vernachlässigten. Angesichts der zentralen Rolle des Fernhandels und der großen Handelskompanien für die Verflechtung der europäischen Weltwirtschaft ist diese Umschreibung durchaus zutreffend. Auch Karl Marx, Werner Sombart und die meisten späteren Wirtschaftshistoriker haben jene Jahrhunderte immer wieder als die Epoche des Handelskapitalismus charakterisiert. Der Merkantilismus entstand am Beginn der Neuzeit mit den Flächenstaaten, die für Verwaltung und Kriegführung einen unstillbaren Finanzbedarf hatten und diesen zunehmend aus der Besteuerung von Wirtschaftstätigkeit und Vermögen ihrer Untertanen deckten. Den Monarchen war somit ein elementares Interesse am Wirtschaftsleben geradezu aufgenötigt. Absolutistische Herrscher schoben die Ständeversammlungen beiseite, die bisher nach alten Rechten jede Steuer bewilligt hatten, und verschafften sich unabhängige Einkünfte. Verbrauchssteuern, Zölle und Monopole bildeten nun die Hauptquellen der Staatseinnahmen. Die Akzisen genannten Verbrauchssteuern auf Salz, Kaffee und Tabak waren besonders beliebt bei den Herrschern und verhaßt bei den Untertanen. So steigerte sich das Murren über die immense Salzsteuer, die Gabelle, in Frankreich zu einem der stärksten Klagepunkte vor der Revolution; und die Kaffeeschnüffler, die in Berlin das heimliche Rösten geschmuggelter Kaffeebohnen aufspürten, waren Ziel der Satire und des Volkszorns.

Der Merkantilismus war kein System. Ausgehend von der Handelsbilanz, die sie zu aktivieren trachtete, ergriff die merkantilistische Theorie und Praxis aber immer weitere Bereiche der Wirtschafts- und der Sozialpolitik, so daß man den Merkantilismus wohl als eine erste Volkswirtschaftslehre ansehen kann. Er stand hoch über dem mittelalterlichen Monetarismus, da er nicht mehr in der Geldmenge und Schatzbildung den Reichtum des Landes sah, sondern Wirtschaftsprozesse betrachtete. Der gerade entdeckte Blutkreislauf war eine beliebte Metapher für die Rolle des Geldes, das belebend und ernährend durch den Wirtschaftskörper kreiste und dessen Abfluß man um jeden Preis verhindern müsse.

Die ökonomischen Wissenschaften gewannen im Zeitalter des Merkantilismus hohes Ansehen, ihre Gegenstände wanderten aus der Hausväterliteratur an die Universitäten, und ihre Vertreter rückten in höchste Staatsämter auf.

Der größte unter allen war Jean Baptiste Colbert (1619–1683), der Minister des Sonnenkönigs. Er war ein Kaufmannssohn aus Reims, erzogen im Jesuitenkolleg der Stadt. Im Dienste des Kardinals Mazarin konnte er sich früh auszeichnen und stieg unaufhaltsam innerhalb der königlichen Finanzverwaltung auf, bis er im Jahre 1665 die Ämter des Generalkontrolleurs der Finanzen, des Staatssekretärs der Marine und des Oberintendanten der Bergwerke in der Hand hielt und damit die gesamte innere Politik Frankreichs kontrollierte. Auch als Ludwig XIV. ihn zum Marquis de Seignelay machte, blieb er als Bürgerlicher ein Außenseiter am Hof, dem König nur um so treuer ergeben und alle Kräfte in den Dienst des Staates stellend. Er erreichte die Stärkung der französischen Wirtschaft gegenüber den Nachbarn, die Zentralisation und Vereinheitlichung des Landes durch Verwaltung, Straßen- und Kanalbau und eine Verdoppelung der Staatseinkünfte, die aber durch Kriege und Repräsentation wieder aufgefressen wurden.[191]

Unter den ganz anderen Verhältnissen des Reiches lebte zur gleichen Zeit Johann Joachim Becher (1635–1682). Nach einem Medizinstudium wirkte er unter anderem an den Höfen in Mainz, München und Wien, seine Dienste oft vergeblich den verschiedenen deutschen Fürsten anbietend, wie es das Schicksal vieler deutscher Kameralisten sein sollte. Kameralisten nannten sich die deutschen Staatswissenschaftler der merkantilistischen Periode, da ihr Gegenstand die landesherrlichen Staatseinkünfte, also die fürstliche Camera war. Ebenso wie Colbert in Frankreich begründete Becher am Kaiserhof in Wien ein Kommerzkollegium für die österreichischen Länder und rief Handelskompanien und Manufakturen ins Leben. Im Handelskrieg mit Frankreich empfahl er den deutschen Territorien, alle Einfuhrverbote und Zölle untereinander abzubauen und als wirtschaftliche Einheit gegen den westlichen Nachbarn aufzutreten. Der Wanderer zwischen den Höfen wünschte sich offenbar ein starkes Deutschland unter dem Kaiser, wie Colbert für ein zentralisiertes, absolutistisches Frankreich wirkte. Das Streben des Ökonomen Becher richtete sich auf den Wohlstand des Landes, während dies den Monarchen doch nur Mittel zum Zweck vermehrter Staatseinnahmen war. Und da hatte eben jeder der vielen deutschen Fürsten die eigenen Einkünfte im Auge.

Die merkantilistische Theorie erforderte ein einheitliches Wirtschaftsgebiet, das durch Zollschranken an seinen Grenzen gegen die Nachbarn abgeschlossen war. Das war eine ganz neue Vorstellung, die in den vielen deutschen Zwergstaaten mit ihren Enklaven und Exklaven nicht verwirklicht werden konnte. Herrschaftsgrenzen im alten Europa waren keine wirtschaftlichen Grenzen gewesen, und sie wechselten mit Erbfällen und dynastischen Teilungen. Im Innern waren die Länder jedoch mit einer Unzahl von Brücken-, Tor- und Wegezöllen durchsetzt, die den Handel erschwerten. Dutzende von Elbzöllen verteuerten die schlesische oder böhmische Leinwand auf ihrem Weg nach Hamburg! Selbst dem großen Colbert gelang es nicht, Frankreich zu einem einheitlichen Zollraum zu formen. Nur die nördlichen und inneren Provinzen um Paris konnte er zu einem Zollgebiet zusammenfügen, wobei er allerdings den größten Teil des französischen Handels erfaßte.

Da die Verlegung der Zölle an die Außengrenzen der Staaten nicht die Erleichterung des Handels, sondern nur die Behinderung der Einfuhr bezweckte, brachte die Vereinheitlichung wenig Vorteile. Sie mündete in extremen Protektionismus und in eine massive staatliche Regulierung des Wirtschaftslebens. Die englische Navigationsakte von 1651, die holländische Einfuhren verhindern sollte, gehörte ebenso zu einer solchen Politik wie die Verdreifachung der französischen Importzölle im Jahre 1667, mit denen Colbert unter anderem die Leidener Tuchgewerbe von ihrem wichtigsten Markt abschnitt und schließlich in einen Krieg mit den Niederlanden steuerte. Das war um so widersinniger, als die nördlichen Niederlande umgekehrt der wichtigste Absatzmarkt für französische Erzeugnisse waren. Es gelang Frankreich als dem bevölkerungsreichsten Staat des Kontinents trotz dieser aggressiven Handelspolitik nicht, seinen Platz im europäischen Handel hinter Holland und England zu verbessern.[192]

Der Schmuggel nahm unter den Bedingungen des Protektionismus nie zuvor gekannte Ausmaße an. Die Kosten zur Durchsetzung dieser Wirtschaftspolitik waren also hoch und standen in keinem Verhältnis zu dem erzielten Aufschwung des jeweiligen Handelsvolumens. Dabei war es offensichtlich, daß der Merkantilismus nicht so sehr dem Schutz der einheimischen Kaufleute und Gewerbetreibenden diente, sondern den Staatseinnahmen, und daß er in einem überkommenen Monopoldenken wurzelte. Die Königsberger Kaufleute baten nach dem Siebenjährigen Krieg die königlichen Behörden dringend um Handelserleichterungen mit Polen, da die schlesischen und polnischen Kaufleute sich schon nach Riga wenden würden, um die hohen preußischen Zölle zu umgehen. Sie waren wie alle ihre Standesgenossen im Staat des großen Preußenkönigs engagierte Freihändler:

> »Durch den Weg der Monopolia und Verbote werden die hiesigen Fabrikanten und Manufakturisten nie einen Vorzug im Absatz ihrer Waren an die Fremden erhalten, allein eine eifrige und unablässige Bemühung, ihre Fabrikate den ausländischen in der Qualität gleich zu machen und, wo nicht in wohlfeilerem, so doch in gleichem Preise mit den Fremden zu liefern, ist das sicherste und alleinige Mittel, den Debit zu befördern.« [193]

Im Streben nach einer aktiven Handelsbilanz ging der Merkantilismus davon aus, daß der eigene Vorteil nur auf Kosten der anderen zu erreichen wäre. Das war ein Irrtum, dem auch Nationalökonomen neuerer Zeiten immer wieder erliegen. Diese Vorstellung berücksichtigte die wirtschaftlichen Wachstumsprozesse und die Entwicklungsschübe nicht, die gerade aus der wachsenden Verflechtung des europäischen Wirtschaftssystems zu gewinnen waren. Diese Politik hätte außer endlosen Handelskriegen kein Ergebnis gebracht, wenn nicht auch der Ersatz von Importen durch Eigenproduktion ins Auge gefaßt worden wäre. Die gezielte Investitionstätigkeit des Staates beförderte wenigstens örtlich und zeitweise die Wirtschaftsentwicklung und schuf Arbeitsplätze.

Auch hierin gab die Manufakturpolitik des absolutistischen Frankreich unter seinem Minister Colbert das Beispiel, das überall in Europa Schule machte. Staatlich geförderte Unternehmen waren vor allem im Bergbau, in der Rüstungsproduktion und in den Luxusgewerben erfolgreich. Colberts Spiegel-, Seiden- und Gobelinmanufakturen begegneten einer beträchtlichen Nachfrage des Hofes und der Aristokratie und mögen so dazu beigetragen haben, daß Sprache, Kultur, Architektur und Moden aus Frankreich in ganz Europa den Ton angaben. Andererseits vermochte eine merkantilistische Manufakturförderung kaum über die staatliche Nachfrage nach Luxuswaren und Rüstungsgütern hinaus, eine gewerbliche Massenproduktion in Gang zu setzen. Das blieb den vielfältigen Formen des protoindustriellen Verlagssystems vorbehalten. Der Merkantilismus konnte nicht das Instrument sein, mit dem die Transformation eines Landes aus der agrarischen Gesellschaft in die Moderne zu bewerkstelligen war. In allen absolutistischen Staaten des alten Europa – in Brandenburg-Preußen, Österreich, Rußland und sogar in Frankreich – ist deshalb kein organischer Übergang von der Manufakturförderung des Ancien régime zur Industrialisierung zu beobachten.

Auf eine überraschende Weise erwies sich hingegen das eher wirtschaftsliberale England als Musterschüler merkantilistischer Lehre. Auf der Insel hatten sich viele Kritiker zu Wort gemeldet, denen der Asienhandel ein Dorn im Auge war, denn mit seiner stark negativen Bilanz widersprach dieser Handel elementar den ökonomischen Maximen der Zeit. Die Kritiker prophezeiten den Untergang der traditionellen englischen Tuchproduktion durch die billigen indischen Kattunimporte. Dies geschah nun keinesfalls. Den englischen Textilproduzenten gelang es durch eine Reihe von Innovationen, der Konkurrenz nicht nur standzuhalten, sondern sich an die Spitze der europäischen Baumwollproduktion zu setzen. Zunächst wurden Maschinen und Verfahren zum Druck von ungefärbter indischer Baumwolle entwickelt. Dann lernten die englischen Weber die Verarbeitung der importierten Baumwollgarne, und schließlich setzte auf diesem Feld mit der Spinning Jenny und dem mechanischen Webstuhl die industrielle Revolution ein, so daß England nur noch Rohbaumwolle und Farbstoffe einführte und sogar bedruckte Baumwollstoffe nach Indien exportierte – sehr zum Schaden der indischen Wirtschaftsentwicklung.[194]

Die wichtigste Wirkung merkantilistischer Politik lag wahrscheinlich nicht in der eigentlichen Wirtschaftspolitik, sondern in den flankierenden Bereichen der Sozialpolitik. Auch hier gingen die Anstöße von den fiskalischen Interessen aus, von dem Gewicht, das vor allem die indirekten Steuern hatten. Damit diese Einnahmen flossen, konnte immerhin kein vernünftiger Merkantilist die Bevölkerung auszupressen suchen, sondern die Wirtschaftspolitik mußte Einkommen und Konsum der Untertanen nach Möglichkeit vermehren. Daher verschwanden die Kleiderordnungen und die Verordnungen gegen Üppigkeit und Verschwendung gegen Ende des 17. Jahrhunderts überall. Eine ganz weltliche Wertschätzung des Luxus verbreitete sich und wirkte zweifellos belebend auf das Erwerbsstreben zurück. Man kann nicht zu Unrecht darin ein Einfallstor für den neuen Geist des Kapitalismus sehen.

Der Monarch benötigte den Untertanen jedoch nicht nur als Konsumenten und Steuerzahler, sondern auch als Arbeiter. Das Almosen wird aus einem gottgefälligen Werk zum Sabotageakt an der Erziehung der Bettler zu nützlichen Untertanen. Betteln und Almosengeben werden verboten und Zucht- und Werkhäuser für alle die eingerichtet, die sich diesem Zwang zur Nützlichkeit entziehen wollen. Wurde mit der Ächtung des Müßiggangs und mit dem Arbeitszwang etwas von der Moral des bürgerlichen Zeitalters in die Untertanen hineingeprügelt?

Korrespondierend zur Wertschätzung von Steuerzahlern, Arbeitern und Soldaten ergab sich die Einsicht, daß der Reichtum eines Landes sich nach seinem Reichtum an Menschen bemißt. Also mußte merkantilistische Politik für die Mehrung und Erhaltung der Untertanen sorgen. Die Staaten schufen Armenpflege und Fürsorgeeinrichtungen, die solidarische Leistungen von Familien und Gemeinden ersetzten. Immer mehr Menschen lebten ja außerhalb der Versorgungsgemeinschaft des Hauses und jenseits der Sicherheit von Zünften und Gemeinden. Außerhalb Frankreichs, das nach den erfolgreichen Kriegen Ludwigs XIV. nicht nur als das größte, sondern auch als das mächtigste Land Europas galt, fanden die Monarchen die Zahl der Untertanen unzureichend. Fürsten und Staatsdiener sorgten sich darum, ihre Länder zu peuplieren, also im Wortsinn zu bevölkern. Deshalb zeigten sie Toleranz und nahmen Religionsflüchtlinge wie die Hugenotten auf, die Frankreich ganz gegen den Geist des Merkantilismus vertrieben hatte. Deshalb gaben die Staaten die Verfolgung der unehelich Schwangeren auf und beugten dem Kindesmord mit Entbindungsanstalten, Waisen- und Findelhäusern vor. Deshalb verbesserten sie die öffentliche Gesundheitspflege und richteten Krankenhäuser für die ärmeren Bevölkerungsschichten ein. Und diesem Zweck diente letztlich auch die Entwicklung des öffentlichen Schulwesens, das im protestantischen Europa im Zeichen der Aufklärung aus den Händen der Kirche in die Aufsicht des Staates überging.

Der Merkantilismus trug also zu jener Aufwertung des Menschen bei, die mit dem steigenden Wert seiner Arbeitskraft einherging. Darin lag die kulturelle Bedeutung dieser Wirtschaftsauffassung. Die merkantilistische Politik hat Einrichtungen geschaffen, ohne die das europäische Wunder nicht denkbar gewesen wäre. Und sie hat die Kosten des Faktors Arbeit für die Unternehmer deutlich gesenkt.

Geld und Kredit

Silberströme und knappes Geld

Die Finanzgeschichte der Frühen Neuzeit kennt ein Paradoxon. Unablässig strömte das Münzmetall aus den Minen der Neuen Welt in die Adern des europäischen Wirtschaftssystems, doch die Klagen über die Knappheit des guten Geldes rissen nicht ab. Sollte es sich um eine der häufigen Sinnestäuschungen handeln, denen die Alltagserfahrung erliegt? Oder war gar ein Überfluß an Silber und Gold Ursache von inflationärer Teuerung und nachfolgender Münzknappheit?

Die Seefahrer und Konquistadoren, die den Seeweg nach Indien oder die Nordpassage nach China suchten, waren nicht zuletzt von der Aussicht auf Gold und Silber gelockt. Den Azteken wurden ihre goldenen Schmuckstücke und Kultgegenstände zum Verhängnis, denn deren Glanz weckte die Gier des Spaniers Cortés und seiner Mannschaft. Aber das Gold der amerikanischen Hochkulturen war so schnell geraubt und nach Spanien gesandt, daß das europäische Münzsystem davon zunächst noch kaum beeinflußt wurde. Das meiste Gold brachten zu jener Zeit die Portugiesen von der westafrikanischen Goldküste nach Europa, auch hier wurden sie im 17. Jahrhundert von den Holländern abgelöst.[195] Der entscheidende überseeische Einbruch in den europäischen Geldmarkt erfolgte um die Mitte des 16. Jahrhunderts mit der Entdeckung der reichen Silbergruben in Peru.

Silber wurde nun für zwei Jahrhunderte das herrschende Münzmetall der europäischen Weltwirtschaft, während im spätmittelalterlichen Europa dreierlei Münzmetalle unterschiedlichen Zwecken gedient hatten. Gulden aus Florenz und Dukaten oder Zechinen aus Venedig dienten als schwere Goldmünzen im Fernhandel, zur Schatzbildung, als repräsentatives Geschenk im Verkehr der Großen und bei Ämterkauf und Königswahlen. Die leichteren Silbermünzen waren die Groschenwährung für Handel und Gewerbe, während die Scheidemünzen des Alltags aus Kupfer geprägt wurden. Schon die Silbervorkommen im sächsisch-böhmischen Erzgebirge, die seit dem letzten Drittel des 15. Jahrhunderts zu einem »Berggeschrei« gleich dem kalifornischen Goldfieber des 19. Jahrhunderts geführt hatten, brachten dieses Gefüge durcheinander.[196] Hier prägte man nun den Joachimsthaler, eine schwere Silbermünze, die im Fernhandel das Gold an den Rand drängte. Er war das Urbild aller Taler.

In der zweiten Hälfte des 16. Jahrhunderts kam der erzgebirgische Silberbergbau zum Erliegen, weniger weil die Lagerstätten zur Neige gingen, als weil die peruanischen Minen mit dem neuartigen Amalgamverfahren viel billiger produzierten. Auf dem Höhepunkt des Silberexports aus Spanisch Amerika im letzten Jahrzehnt des 16. Jahrhunderts kamen allein auf diesem Wege 2700 Tonnen Silber nach Sevilla, 270 Tonnen durchschnittlich pro Jahr, während die Ausbeute des mitteleuropäischen Silberbergbaus im besten, ersten Jahrzehnt des Jahrhunderts nur etwa 800 Tonnen erreichte, also um 80 Tonnen jährlich. Die Konkurrenz war übermächtig, und ihr Einfluß auf die europäische Geldmenge war es auch.

Der Wert des Silbers im Verhältnis zum Gold sank von 10,5:1 in der ersten Hälfte des 16. Jahrhunderts auf 15:1 am Beginn des 18. Jahrhunderts. Daran änderte sich nur wenig, als mit den brasilianischen Goldimporten im 18. Jahrhundert der alte Dualismus von Gold und Silber zurückkehrte.[197] Wirkliche Einbußen erlitt das Kupfergeld. Hatte die Reichsmünzordnung im Jahre 1566 noch 68 kupferne Kreuzer als Gegenwert für einen silbernen Reichstaler bestimmt, so stieg dieser Kurs in den ersten Jahren des Dreißigjährigen Krieges ins Unermeßliche auf mehr als 1000 Kreuzer für einen Taler. Die Preissteigerungen für alltägliche Produkte fielen entsprechend aus.[198] Diese Jahre nannte man im Reich die Zeit der Kipper und Wipper, in der das gute Geld durch Beschneiden (Kippen) und Aussortieren (Wippen) verschwand. Wer noch vollwertige Silbertaler hatte, brachte sie möglichst nicht in den Verkehr. Diese Verdrängung des guten Geldes durch das minderwertige erfolgte allenthalben und unausweichlich, wie der Finanzberater der englischen Königin Elisabeth I., Sir Thomas Gresham, es zuerst beschrieb. Seitdem sprechen die Ökonomen von Greshams Gesetz.

Es ist außerordentlich schwer, die Menge des überseeischen Münzmetalls zu schätzen, die in den europäischen Handel gelangte, denn heimliche Förderung und Schmuggel verschleierten das Ausmaß ebenso wie die direkte Ausfuhr zu ostasiatischen Handelspartnern. Neue Schätzungen gehen von einem Import im Wert von 340 Tonnen Silber jährlich am Ende des 16. Jahrhunderts aus, der infolge der brasilianischen Goldförderung um die Mitte des 18. Jahrhunderts auf rund 550 Tonnen gestiegen war. Diese Menge wuchs zur Zeit der napoleonischen Kriege noch einmal auf jährlich 913 Tonnen Silber. Diese ungeheuren Mengen, die noch durch eine europäische Eigenförderung von bis zu 6 Tonnen Silber jährlich ergänzt wurde, fügte dem europäischen Gold- und Silberstock doch nur 0,3 % jährlich hinzu. War dies genug, um Inflationen auszulösen?

Die Preisrevolution der zweiten Hälfte des 16. Jahrhunderts wird vielfach als Beleg für einen solchen Zusammenhang angesehen. Das entsprechende Muster läßt sich jedoch nur für die iberische Halbinsel nachweisen, wo das amerikanische Silber auf eine nicht entwickelte Marktwirtschaft traf. Die gleichzeitige Teuerung des Getreides in den westeuropäischen Städten Toulouse, Paris, Brügge und Köln um weniger als 3 % jährlich läßt sich vollständig durch das gleichzeitige Bevölkerungswachstum erklären und wurde durch die baltischen Importe aufgefangen. Im Durchschnitt der ganzen Frühen Neuzeit stiegen die Weizenpreise in Westeuropa nur um 1,1 % jährlich. Das war eine außerordentlich moderate Größe, die der geringen Dynamik einer noch immer agrarischen Gesellschaft entsprach, ebenso wie die extremen Ernteschwankungen und die saisonalen Teuerungen, die von dieser langen Linie verdeckt werden.[199] Eine inflationäre Wirkung des überseeischen Münzmetalls auf den europäischen Markt können wir deshalb im großen und ganzen ausschließen. Man wird im Gegenteil einen stabilisierenden Einfluß auf die europäischen Wirtschaften annehmen dürfen.

Die Preisrevolutionen und Währungsturbulenzen des 16. und 17. Jahrhunderts entsprangen hingegen einem permanenten und akuten Mangel an gutem Geld. Drei große Finanzlöcher sollte das amerikanische Silber stopfen. Das erste entstand durch die Zunahme von Bevölkerung, Gewerbe und Warenverkehr in Europa. Der Geldverkehr wuchs dadurch stärker als die Geldmenge. Das zweite Problem war der expandierende Passivhandel in der Levante und in Ostasien. Der Wert der europäischen Edelmetallausfuhren in die asiatischen Regionen stieg vom späten 16. Jahrhundert bis zum ausgehenden 18. Jahrhundert von rund 100 Tonnen Silber auf etwa 440 Tonnen jährlich an. Mehr als ein Drittel des europäischen Imports und der eigenen Förderung von Edelmetallen ging so während der ganzen drei Jahrhunderte in den Passivhandel. Diese Quote war jedoch zeitweise sehr viel höher und erreichte während des 17. Jahrhunderts offenbar den gesamten europäischen Gewinn an Münzmetall.[200] Die wachstumshemmende Krise des 17. Jahrhunderts war nicht zuletzt eine Finanzkrise. Natürlich wurzelte auch die merkantilistische Wirtschaftslehre mit ihrer Faszination für die Handelsbilanz in dieser Misere. Zur selben Zeit warfen die Europäer drittens besonders große Geldmengen in ein wirklich bodenloses Faß, das der Finanzbedarf der neuen Flächenstaaten darstellte. Dieses krisenhafte, dunkle, infolge der Klimaeinbrüche mit allen biblischen Plagen geschlagene Jahrhundert wurde auch noch von besonders langen, teuren Kriegen erfüllt, in denen sich die zum Absolutismus drängenden Staaten konsolidierten.

Da überrascht es nicht, daß auch europäische Silbervorkommen intensiver ausgebeutet wurden. Die mitteleuropäischen Erzlager im Harz oder in Tirol spielten dabei eine viel geringere Rolle als die russischen Silberfunde im Ural, die im 18. Jahrhundert einen spürbaren Zuwachs für den europäischen Silberstock und einen wachsenden Überschuß für die Handelsbilanz des Zarenreiches brachten.[201] Weniger eindrucksvoll waren die schwedischen Versuche, die »Großmachtszeit« mit Hilfe des inländischen Kupfers zu finanzieren. König Gustav II. Adolf, der als »Löwe aus Mitternacht« in den Dreißigjährigen Krieg massiv eingriff, führte im Jahre 1625 einen Bimetallismus von Silber- und Kupfermünzen ein. Da das Kupfer gegenüber dem Silber ständig an Wert verlor, mußten die Kupfermünzen immer schwerer werden, um den Metallwert des Silbers zu erreichen. Die Silbertaler verschwanden entsprechend Greshams Gesetz aus dem Umlauf. Um 1644 wurden 10-Taler-Stücke von 17,7 kg geprägt; als diese Münze bald darauf 19,7 kg wog, war das Experiment zu Ende.[202] Wie hätte Hans im Glück bei dieser Währung seinen Lohn forttragen sollen!

Europa war seinem mittelalterlichen Währungssystem entwachsen. Die Edelmetalle konnten ihre Aufgabe als allgemeines Äquivalent aller Waren und universelles Zahlungsmittel nicht mehr erfüllen. Die weltumspannende Handelstätigkeit und das Eindringen des Marktes in alle Sphären forderten neue, weniger umständliche und weniger gegenständliche Instrumente des Zahlungsverkehrs.

Bankwesen

Der Ausweg aus Münzverschlechterungen und Geldverknappung war die Vervollkommnung und Erweiterung des bargeldlosen Zahlungsverkehrs. Elemente bargeldloser Zahlung hatten sich schon im mittelalterlichen Europa entwickelt. Im hansischen Raum hatten Schuldscheine Zahlungsaufschub bewirkt. Im italienischen Raum hatte sich der Wechsel als Zahlungsmittel bewährt, der in der Regel auf den nächsten Termin einer der großen Messen ausgestellt wurde. Dort wechselte ihn ein beeideter Bankier aus dem Guthaben des ausstellenden Kaufmanns in der geforderten Währung ein. Im 16. Jahrhundert entwickelten sich sowohl Schuldscheine als auch Wechsel mittels der Inhaberklausel zu einem sehr viel breiter nutzbaren Zahlungsmittel. Sie konnten nun nicht mehr nur vom eigentlichen Gläubiger, sondern von jedem Inhaber eingelöst werden, gingen also oft durch viele Hände und leisteten Zahlung für viele Geschäfte, bevor sie zum Termin zur Einlösung präsentiert wurden. Dazu mußte die Rechtsprechung so geändert werden, daß nicht mehr nur der erste Schuldner für die

Zahlung haftete, sondern jeder, der den Wechsel weiterhin in Zahlung gab, gegenüber seinem jeweiligen Schuldner haftbar blieb. Die Wechsel dienten als bargeldloses Zahlungsmittel und vermehrten die Geldmenge.

Eine weitere Vereinfachung war erreicht, als die Wechsel nicht mehr zu bestimmten Meßterminen eingelöst werden mußten, sondern auf große internationale Bankhäuser jederzeit angewiesen werden konnten. Dieses Bankennetz entstand als Antwort auf die monetäre Verunsicherung seit den 60er Jahren des 16. Jahrhunderts. Die Republik Venedig tat einen entscheidenden Schritt im Jahre 1587, als sie am alten Handelsplatz an der Rialtobrücke eine städtische Bank privilegierte, bei der alle Zahlungen über 100 Gulden getätigt werden mußten. Diese venezianische Bank war das direkte Vorbild für Amsterdam, das im Jahre 1609 seine Wechselbank gründete. Um das Währungschaos zu verringern, sollten alle Münzen unter Aufsicht städtischer Ratsherren nach festem Kurs eingewechselt werden. Das System übernahm Hamburg 10 Jahre später inmitten der Kipper- und Wipperunruhen mit einer eigenen Bankgründung. Die Amsterdamer und die Hamburger Bank blieben während des 17. Jahrhunderts – bis zur Gründung der Bank of London – die bedeutendsten Geldinstitute nördlich der Alpen.

Der institutionelle Fortschritt war bedeutend, aber er lag auch hier eher in der Zusammenfassung und neuartigen Kombination von Instrumenten, die schon während der Renaissance entstanden waren. Seit eh und je hatten sich z. B. an der Rialtobrücke – an diesem zentralen Ort einer europäischen Weltwirtschaft – die Kaufleute alltäglich zusammengefunden, um den Zahlungsausgleich aller Geschäfte vorzunehmen. Auf diesem Platz gab es schon im späten Mittelalter so etwas wie eine ständige Messe. Der Meßhandel hatte also sichtlich Pate gestanden: So wie die Börsen aus dem internationalen Warenhandel herausgewachsen waren, entstanden auch die Banken. Die Amsterdamer Wechselbank von 1609 etwa ergänzte die gleichzeitig errichtete Börse.

Die Amsterdamer Wechselbank schuf ein in ganz Europa respektiertes Bankgeld, nämlich einen Banktaler als Rechnungseinheit mit festem Silbergehalt. Auf diesen Taler Banco, dem wenig später die Hamburger Mark Banco folgte, wurden Einzahlungen jeglicher Währung umgerechnet, gleich ob sie mit vollwertiger oder schlechter Münze getätigt wurden. Alle Konten wurden in diesem Bankgeld geführt, und die Bank leistete alle Zahlungen mit entsprechendem Silbergehalt in guter Münze. Das wirkte enorm stabilisierend auf den Geldwert und vertrauensbildend für den internationalen Handel und Zahlungsverkehr. Amsterdam wurde so zum internationalen Finanzzentrum.[203]

Überraschend schlicht blieb das Bankwesen noch während des 17. Jahrhunderts in England. Während die Innovationen des italienischen Bankwesens sich über die oberdeutschen Städte, über Antwerpen und Amsterdam auf dem Kontinent verbreitet hatten, blieb in England noch lange der einfachere Schuldschein des nordeuropäischen Handelswesens üblich. Das Bewerten und Einwechseln von Münzen übernahmen hier die Goldschmiede als Fachleute für Edelmetalle. Da sie feste Truhen und Kästen besaßen, übergab man ihnen auch Gelder zur Aufbewahrung, auf die sie Zahlungsanweisungen entgegennahmen. Bald erfüllten die englischen Goldschmiede alle Aufgaben der kontinentalen Banken, und sie gingen über deren Tätigkeit hinaus, indem sie Kredite gegen Zinsen gaben.[204]

Die Kreditvergabe an Privatleute blieb während der Frühen Neuzeit eine Angelegenheit privater Geldverleiher und Bankiers. Wie alle obrigkeitlich privilegierten Depositen- und Wechselbanken der Zeit durfte auch die Amsterdamer Wechselbank ihren Einlegern keinen Dispositionskredit gewähren und keine Kredite an Privatpersonen geben. Das hätte nach allgemeiner Auffassung die Sicherheit der Einlagen und die Stabilität der Bank gefährdet. Kredite konnte der private Geschäftsmann nur bei den ebenfalls privilegierten und kontrollierten Leihbanken erhalten. Auch diese Institutionen waren zunächst im Mittelmeerraum im 15. Jahrhundert entstanden. Die Initiative ging von dem Bettelorden der Franziskaner aus, der sogenannte Montes pietatis – »Berge der Barmherzigkeit« – gründete, weil er meinte, die Seelen der Armen den jüdischen Geldverleihern entreißen zu müssen. Ursprünglich erhielten nur wirklich Bedürftige gegen Pfänder äußerst begrenzte Darlehen. Als das 5. Lateranische Konzil das kirchliche Wucherverbot aufhob und Zinsen bis zur Grenze von 6 % gestattete, konnten die Montes in die Gewinnzone kommen. Da gleichzeitig der Bedarf an Krediten stieg, entstanden mehr und mehr Pfandhäuser und Leihbanken in städtischer oder königlicher Regie. Außerhalb des Mittelmeerraums war die 1584 gegründete Pfandleihanstalt in Kraków eine der ersten, und im deutschen Reich ging Augsburg 1590 voran. Die Amsterdamer Wechselbank wurde im Jahre 1614 durch eine Leihbank ergänzt.[205] Unkonventionell und modern gestaltete sich das Verhältnis beider Geldinstitute dann in Schweden. Hier hatte im Jahre 1656 ein Holländer mit einem königlichen Privileg sowohl eine Wechselbank als auch eine Leihbank nach dem Muster seines Heimatlandes gegründet, die jedoch nur auf dem Papier getrennt waren. Die Wechselbank lieh einen Teil ihrer Einlagen der Leihbank, die diese dann gegen Pfänder ausgab.[206] Auch die Kreditvergabe streckte die Geldmenge und trug so zur Erleichterung des frühneuzeitlichen Zahlungsverkehrs bei.

Die Erfindung des Papiergelds

Eine grundsätzliche Lösung des Geldproblems bot das Papiergeld. Alle Versuche auf diesem Felde fielen aber offensichtlich so katastrophal aus, daß noch Goethe in seinem Faust dies eine recht teuflische Idee sein ließ. Sein Mephisto, der das Reich des Kaisers auf diesem Wege zu sanieren verspricht, preist doch nur die Käuflichkeit der Welt:

> »Man wird sich nicht mit Börs' und Beutel plagen,
> Ein Blättchen ist im Busen leicht zu tragen,
> Mit Liebesbrieflein paart's bequem sich hier.
> Der Priester trägt's andächtig im Brevier,
> Und der Soldat, um rascher sich zu wenden,
> Erleichtert schnell den Gürtel seiner Lenden.« [207]

Tatsächlich war wohl das Gewicht der Münzen Anlaß des ersten Versuches, denn er fand nicht in Holland oder England, sondern in Schweden mit seinem Kupferstandard statt. Jene Bank von Stockholm, die Wechselbank und Leihbank inzwischen auch formal vereinigte, erhielt im Jahre 1661 ein auf 30 Jahre befristetes königliches Emissionsrecht. Die Banknoten lauteten auf runde Kupfertaler und verdrängten das schwere Münzgeld mehr und mehr. Schon nach zwei Jahren konnte die Bank massenhafte, panikartige Einlösungen nicht befriedigen – ob auf Grund zu hoher Ausgabe von Krediten oder übermäßigen Drucks von Banknoten, sei dahingestellt. Im Jahre 1664 brach das System zusammen, und die Bank wurde geschlossen. Das Parlament gründete eine neue Wechsel- und Leihbank, ließ aber fortan die Hände von neuen Emissionen.[208]

Das berühmteste Desaster ist mit John Law (1671–1729) verbunden. Der Schotte war Sohn eines Bankiers in Edinburgh und hatte seine Ausbildung in London erhalten. Nach ausgedehnten Reisen versuchte er vergeblich, das heimatliche schottische Parlament und den Herzog von Savoyen von seinem Plan für ein neuartiges Finanzsystem zu überzeugen. In Frankreich hatte er Erfolg. Sein Versuch zur Rettung der französischen Staatsfinanzen gipfelte ebenso wie das Unterfangen des Mephisto in der Emission von Papiergeld. Law ließ als Direktor der Banque Royale Noten drucken – *écus de banque* –, die durch die Unterschrift des Regenten verbürgt waren und bevorzugt zur Steuerzahlung entgegengenommen wurden. Zusätzlich wertete Law das Metallgeld gegenüber den Banknoten ab und beschleunigte so die Verdrängung der Münzen durch das Papiergeld. Nur ein geringer Teil des Wertes der Banknoten war durch die Edelmetallvorräte der Banque Royale gedeckt. Um ein ähnliches Desaster wie bei der Stockholmer Bank zu vermeiden, ließ Law die Menge von Edelmetall, die ein Bürger besitzen durfte, durch Gesetz auf 500 Livres begrenzen. Also konnte auch niemand eine größere Summe gegen Banknoten bei der Königlichen Bank einfordern.

Laws System war nahezu perfekt. Es wurde indessen durch die riesige Menge der Banknoten gefährdet, die zu inflationären Entwicklungen führen mußte. Mehr jedoch gefährdeten es die mächtigen Gegner, die der Schotte sich in der Pariser Finanzwelt gemacht hatte. Sie schürten Mißtrauen und bewegten die Öffentlichkeit zum Verkauf von Aktien und Banknoten. Law ließ durch die Bank große Mengen Kompanieaktien aufkaufen und verdoppelte damit noch einmal die Anzahl der umlaufenden Banknoten. Im Mai 1720 existierte Papiergeld im Wert von 2,8 Milliarden Livres gegenüber einem Edelmetallvorrat der Banque Royal von nur 49 Millionen Livres. Als sich der Schotte zur Abwertung von Aktien und Banknoten gezwungen sah, brach die allgemeine Panik aus, und das System kollabierte. John Law floh im Dezember des Jahres 1720 mit einem Paß des Regenten und 5 Millionen Livres wertloser Banknoten. Er starb in Venedig.[209]

Laws Papiergeld war zweifellos mehr als der geniale Coup eines letztlich glücklosen Abenteurers. Nach den Annahmen der merkantilistischen Theorie mußte ein Zuwachs der Geldmenge den Kredit vermehren, die Zinsen senken und die Wirtschaft beleben. Das war in Frankreich in Schiffbau und Schiffahrt, in Handel und Manufakturwesen, in Handwerk und Verbrauch allerorten zu spüren. Wachsende Beschäftigung und steigende Löhne verbesserten auch das Leben der kleinen Leute. Die merkantilistische Geldtheorie ist nicht ohne Grund in unserem Jahrhundert unter anderem durch den großen britischen Ökonomen John Maynard Keynes teilweise rehabilitiert worden. Das Urteil über John Law und sein System fällt daher abwägend aus:

> »Die Tätigkeit Laws hat in gewisser Beziehung wohltätig wirken und der Handelsbewegung einen aufmunternden Peitschenhieb versetzen können; sicher ist jedoch, daß das völlige Scheitern des Systems eine Verzögerung der Entwicklung des Kreditwesens in Frankreich zur Folge hatte; noch lange Zeit sollte Mißtrauen gegen Papiergeld, Banknoten und den Gedanken einer Staatsbank herrschen.«[210]

Die schlimme Erfahrung der Franzosen mit Laws System wiederholte sich mit den Assignaten der Revolutionszeit. Noch zum Ende des Jahres 1789 waren diese als Schuldanweisungen auf die Staatskasse ausgegeben worden. Die soeben verstaatlichten Kirchengüter boten entsprechende Sicherheiten. Die Bindung des Geldwertes an den Boden war physiokratisches Gedankengut, denn diese Nachfolger der Merkantilisten sahen im Boden die eigentliche Quelle des Reichtums. Finanzminister Necker hatte dem revolutionären Verfahren zugestimmt, da die Assignaten nur in Stücken von 10 000 Livres bis zur Gesamtmenge von 400 Millionen Livres ausgegeben und mit 5 % verzinst werden sollten. Sie wären also kein Papiergeld gewesen, sondern ordentliche, verzinsliche Staatsobligationen. Die Not trieb die Revolutionsregierung auf einen anderen Weg, und der Finanzminister nahm seinen Hut. Die Verzinsung wurde aufgehoben, die Assignaten wurden in kleinen Einheiten bis zu 20 Sous gedruckt und überfluteten den Markt bis zum Zusammenbruch im Jahre 1796 in einer Gesamthöhe von 45 Milliarden Livres. Die Assignaten wurden als Papiergeld zum gesetzlichen Zahlungsmittel, dessen Deckung mit dem Verkauf der Nationalgüter zugleich fortwährend sank. Fälschungen und die internationale Spekulation gegen die Assignaten der Revolutionsregierung taten ein übriges. Ihr Wert fiel bis zum Februar 1796 auf 0,36 % ihres Nennwertes, und die Inflation zog das Elend des Volkes unausweichlich mit sich. Eroberungskriege und neues Papiergeld wiesen Auswege.[211]

Wie moderat waren dagegen die englischen Wege. Sollten die Londoner Goldschmiede die ersten Bankiers gewesen sein, die erfolgreich Banknoten ausgaben? Ihre Noten enthielten eine Inhaberklausel, waren also übertragbar und durch jedermann einlösbar. Sie waren im allgemeinen nicht verzinslich und glichen auch darin echten Banknoten mehr als anderen Handelspapieren. Solche Goldschmiednoten kursierten im späten 17. Jahrhundert zunehmend, von keiner staatlichen Autorität garantiert, allein durch die mehr oder weniger große Solidität der Angehörigen dieser merkwürdigen Spezies von Bankiers gedeckt. Seit ihrer Gründung im Jahre 1694 gab die Bank of England verschiedene Noten heraus, die jene der Goldschmiede verdrängten. Vor allem nach dem großen Spekulationsfieber von 1720 zahlte es sich aus, daß die Bank of England praktisch eine Nationalbank war, die durch das Parlament getragen wurde. Das Vertrauen war angesichts der wachsenden englischen Wirtschaft sehr groß. Es wurde auch dadurch gestärkt, daß die Banknoten nur in relativ geringer Menge kursierten und – obwohl auf einem staatlichen Monopol beruhend – keine gesetzlichen Zahlungsmittel waren. Sie wurden also den Bürgern nicht aufgezwungen, wie es in Schweden und Frankreich geschehen war. Sie verdrängten das Metallgeld nie, sondern spielten allenfalls eine ergänzende Rolle bei größeren Handelsoperationen und im geschäftlichen Zahlungsverkehr.[212]

Geld und Gold – oder eben Silber – waren noch so sehr eins im Bewußtsein der Menschen, daß an dieser mentalen Barriere notwendige Neuerungen scheitern mußten. Sie scheiterten, sobald sie über den engeren Kreis kaufmännischen Handelns in die Alltagswelt vordrangen. Wie sollte auch ein Geldschein, der keinen materiellen Wert hatte, sondern bestenfalls einen Wert repräsentierte, Sicherheit in einer so unsicheren Welt geben. Und war das Papiergeld nicht immer wieder ein Mittel gewesen, den Staat auf Kosten der Untertanen zu bereichern und von seinen Schulden zu befreien?

Staatsschuld

Der drohende französische Staatsbankrott war der Ausgangspunkt für John Laws System gewesen, und die Kaiserliche Staatsschuld zauberte Mephisto im zweiten Teil des »Faust« mit seinem Papiergeld fort. Die Staatsschuld war seit den spanischen Bankrotten im 16. Jahrhundert das Damoklesschwert, das über den Reichen der Könige und der Kaufleute schwebte. Es vernichtete die letzteren, wenn sie wie die großen Augsburger und Genueser Handelshäuser die Gläubiger der Könige gewesen waren. Die Gründung von Staatsbanken eröffnete einen Ausweg. Denn alle diese staatlichen Banken durften zwar keine Kredite an Privatleute vergeben – was sie dessenungeachtet immer wieder taten –, wurden aber kräftig für die Aufnahme von Staatskrediten genutzt. Die Monarchen und Regierungen waren also nicht mehr auf das Zusammenspiel mit einigen wenigen sehr reichen Firmen angewiesen, die mit Privilegien und Ämtern auf Kosten der Staatsgewalt zu entlohnen waren, sondern konnten problemlos auf die Einlagen einer Vielzahl an die Bank gebundener Privatpersonen zurückgreifen. Die Möglichkeiten des Staatskredits erweiterten sich so ganz beträchtlich.

Der jeweilige Staat war also zugleich Aufseher, Garant und Schuldner der Bank, eine Situation, die zu Rollenkonflikten führen mußte. Dieses Dilemma hatte schon die Zahlungsfähigkeit der Rialto-Bank beeinträchtigt und im Jahre 1619 zur Gründung einer neuen venezianischen Bank, der Banco del Giro, geführt, die speziell die Staatskredite bedienen sollte. Auch die Amsterdamer Wechselbank gab große Kredite nicht nur immer wieder an die VOC, die ja ein halbstaatliches Unternehmen war, sondern auch an die Regierung der Vereinigten Niederlande zur Führung der aufwendigen Kriege gegen die Spanier und Portugiesen. Doch hier waren die Reserven fast unerschöpflich. Die Amsterdamer Wechselbank konnte aufgrund der niederländischen Vormachtstellung im internationalen Handels- und Zahlungsverkehr alle Anforderungen der Regierung erfüllen, ohne ihre Liquidität zu gefährden – ganz im Gegensatz zur Situation der ersten Bank von Stockholm.

Da in Frankreich während der Ausbauphase des absolutistischen Staates kein leistungsfähiges Bankensystem zur Verfügung stand, hatten die Könige ihre Finanzprobleme auf andere Weise gelöst. Die regulären Steuereinnahmen wurden traditionell an den Meistbietenden verpachtet. Dazu entstand ein ausgedehntes System des Rentenverkaufs aus den Staatseinkünften und des Ämterverkaufs. Jede neue Einnahmequelle wurde sofort kapitalisiert, der Kapitalwert in Anteilen verkauft, und die Käufer erhielten dann die Renten aus den laufenden Einkünften. Ähnlich ging es mit den Ämtern, wobei neben dem realen Ertrag, den eine Zöllnerstelle oder die Position eines Bürgermeisters bot, auch das soziale Ansehen in Rechnung gestellt wurde. Dieses Verfahren brachte immer schnell namhafte Summen ein, häufte auf die Dauer aber erdrückende Belastungen auf. Am Ende waren die gesamten Staatseinkünfte verpfändet und verpachtet, und es konnte kein neues Amt mehr erfunden und kein Monopol mehr erdacht werden, das man noch hätte verkaufen können. Dieser Punkt war beim Tode Ludwigs XIV. im Jahre 1715 wohl erreicht, und John Law kam wie der Retter in der Not.

John Law wollte die Staatseinkünfte und die Handlungsfähigkeit des Staates zurückgewinnen, indem er die Rentenbesitzer nötigte, ihre Renten gegen Aktien der von ihm dirigierten Überseegesellschaften und gegen Staatspapiere der Banque Royale wieder an den Staat zu verkaufen. Die Rentner sollten zu Aktionären eines Handelsunternehmens werden und so die Belebung der französischen Wirtschaft mittragen. Seine vereinigte Überseegesellschaft, die »Compagnie des Indes«, übernahm zu diesem Zweck die gesamte Staatsschuld und erhielt dafür das staatliche Steuermonopol. Law setzte auf große Gewinne aus dem Überseehandel und auf wachsende Steuereinnahmen, so daß Kompanieaktien und Banknoten gedeckt wären.

Diese Auffassung war sehr modern, da sie sich von jeder merkantilistischen Fixierung auf aktive Handelsbilanz und Edelmetallreserven löste. Da Law weiter ging als die Physiokraten und Deckung nicht einmal mehr in königlichen Gütern, sondern in der bloßen Aussicht auf wirtschaftlichen Gewinn suchte, war sein System ins Reich der Spekulation verwiesen. Law hatte mit seinem System immerhin das volkreichste europäische Land vor dem Staatsbankrott gerettet. Die Staatsschuld war nach der Abwertung der Banknoten auf Kosten der Gläubiger um die Hälfte vermindert; man konnte zum alten System von Ämterkauf und Steuerpacht zurückkehren.[213]

Erfolgreicher war die Geschichte der englischen Staatsschuld und der Bank of England. Die Stuarts hatten kaum anders als die Bourbonen mit Staatsanleihen und dem Verkauf von Ämtern, Renten und anderen Einkünften ihren staatlichen Haushalt bestritten. Es war ein revolutionärer Akt, als das Parlament im Jahre 1662 dem König seine gesamten feudalen Rechte gegen eine erbliche Apanage von 1,2 Millionen Pfund Sterling abnahm. Von da an war die Staatsschuld eine Sache des Parlaments und mithin der englischen Nation; die Gründung einer Nationalbank folgte daraus. Die Bank of England wurde 1694 als Aktiengesellschaft gegründet, an der sich binnen 11 Tagen mehr als 1000 Londoner beteiligten. Zu den Aktionären gehörten neben Kaufleuten und dem

8 *Jan Uyttenbogaert, Steuereinnehmer der Staaten Holland, Amsterdam*

Königspaar auch Ärzte, Juristen und wohlhabende Witwen, also die ganze gute Gesellschaft, die schon als Anteilseigner der Überseekompanien in Erscheinung getreten war. Die Bank hatte auch später keine Mühe, die Staatsanleihen zu plazieren, deren Verkauf ihr Hauptgeschäft blieb.[214] Sie konnte auf eine ständig wachsende Anlagebereitschaft der Engländer bauen, die aus der prosperierenden Wirtschaft des werdenden Weltreiches erwuchs, ja sie stieß geradezu auf einen Hunger nach sicheren und profitablen Anlagemöglichkeiten.

Karl Marx hat mit Blick auf die Bank of England die Staatsschuld als einen der wirksamsten Hebel der ursprünglichen Akkumulation des Kapitals bezeichnet:

> »Wie mit dem Schlag der Wünschelrute begabt sie das unproduktive Geld mit Zeugungskraft und verwandelt es so in Kapital, ohne daß es dazu nötig hätte, sich der von industrieller und selbst wucherischer Anlage unzertrennlichen Mühewaltung und Gefahr auszusetzen.«[215]

Unzweifelhaft war die Staatsschuld als Anlagemöglichkeit angesichts des engen Kapitalmarktes in den westeuropäischen Zentren von großer Bedeutung. Allerdings war diese Anlagemöglichkeit nur unter sehr günstigen Ausnahmebedingungen, wie in Hollands Goldenem Zeitalter oder in Englands glorreichem Aufstieg, so sicher, wie die Anleger wünschten und Marx meinte. Im allgemeinen entsprach die Sicherheit etwa der von Anlagen in Überseekompanien, und die Gewinne hielten sich im selben Rahmen. Karl Marx verweist auf den außerordentlichen Zinssatz von 8 %, zu dem die Bank of England anfangs ihre Anteile ausgab. Das war allerdings ein Satz, den das englische Parlament gegen die kirchlichen Regeln und gegen das Gesetz beschlossen hatte, um das Unternehmen zu befördern. Der Zinssatz ließ sich nicht halten. Im ganzen westeuropäischen Zentrum fielen die Zinssätze, darunter auch die für Staatspapiere, kontinuierlich im 17. und 18. Jahrhundert. In Holland waren um 1700 schon kaum mehr als 3 % zu bekommen, und in England waren die Höchstsätze von 10 % vor 1624 auf 6 % im Jahre 1651 und 5 % im Jahre 1714 gesunken.[216]

Diese Entwicklung korrespondierte mit dem Überangebot an Kapital, mit der Überzeichnung von Anleihen und Gesellschaftsanteilen und mit der niedrigen Inflationsrate. Es stimmt insofern nicht, daß gerade auf diesem Felde ursprüngliche Akkumulation von Kapital stattgefunden habe. Wenn diese frühen Finanzmärkte auch nur selten lukrativ waren, so waren sie deshalb doch nicht weniger barbarisch:

> »Um dieselbe Zeit, wo man in England aufhörte, Hexen zu verbrennen, fing man dort an, Banknotenfälscher zu hängen. Welchen Effekt auf die Zeitgenossen das plötzliche Auftauchen dieser Brut von Bankokraten, Finanziers, Rentiers, Maklern, Stockjobbers und Börsenwölfen machte, beweisen die Schriften jener Zeit.«[217]

Die jüdischen Hoffaktoren

Da die verwickelte staatliche Struktur Mittel- und Osteuropas noch lange der Einrichtung von Staatsbanken im Wege stand, mußten andere Möglichkeiten zur Finanzierung der Staatsausgaben und zur Kreditierung der Staatsschuld gesucht werden. Der Königsweg wurde in den weitreichenden jüdischen Finanzverbindungen gefunden. Jüdische Hoffaktoren waren die Gläubiger und Finanzgenies an den Höfen zwischen Kopenhagen und Florenz, Heidelberg und Warschau. Im Rahmen der jeweiligen Staatsgrenzen war ihre Macht der des John Law am französischen Hof durchaus vergleichbar. Die Stärke der Hoffaktoren lag in der internationalen, verwandtschaftlichen und geschäftlichen Vernetzung, die ashkenazische Handelshäuser in Wien oder Berlin mit den großen Firmen der Sephardim in Hamburg, Amsterdam oder London verband, eine Verbindung, die an den Grenzen des Osmanischen Reiches nicht abriß. Die Finanzkraft ruhte aber auch auf den Heerscharen jüdischer Händler und Hausierer, die landauf, landab das Edelmetall zusammentrugen, das schließlich die Truhen der großen jüdischen Handelshäuser füllte.[218] So konnten auf einen Schlag – etwa im Kriegsfall oder bei fürstlichen Hochzeiten und Begräbnissen – die benötigten Gelder, Juwelen, Waffen und Weine herbeigeschafft werden.

Die große Zeit der Hoffaktoren begann nach dem Dreißigjährigen Krieg, und die ferneren kriegerischen Verwicklungen des Jahrhunderts gaben ihnen reichlich Arbeit. Alle Mitglieder der antifranzösischen Koalition von England bis zu den österreichischen Habsburgern führten mit jüdischen Geldern Krieg. Einer der größten unter diesen Finanziers war Samuel Oppenheimer. Er rüstete und versorgte die kaiserlichen Truppen in allen Kriegen zwischen 1670 und seinem Tod im Jahre 1703, so auch in den Türkenkriegen von der Belagerung Wiens bis zur Befreiung Budapests. Alle seine Verdienste und die Titel eines Oberhoffaktors und Oberkriegsfaktors bewahrten ihn nicht vor Hofintrigen, vor der Ungnade des Kaisers in den kurzen Intervallen zwischen den Kriegen, wenn er entbehrlich schien, und vor den Übergriffen einer aufgeputschten Menge, die im Jahre 1700 sein Wiener Haus plünderte und seine Papiere vernichtete.[219]

Kriegsfinanzierung blieb eines der wichtigsten Geschäfte der Hoffaktoren auch im 18. Jahrhundert. Noch im Siebenjährigen Krieg bediente sich Friedrich II. der Berliner Handelshäuser Veitel Ephraim, Daniel Itzig und Moses Isaac, die als königliche Münzjuden Einfluß, Reichtum und den Titel eines Christlichen Kaufmanns errangen. Auf der anderen Seite trafen sie Zorn und Verachtung des Volkes, das unter der Geldentwertung zu leiden hatte.[220]

Auch auf anderen Feldern der hohen Politik bewegten sich diese jüdischen Hofleute mit viel Geschick. Bei der polnischen Königswahl von 1696, die zum europäischen Mächtespiel geworden war, griffen sie aktiv ein – gegen Ludwig XIV. von Frankreich, für August den Starken von Sachsen, der auch der Favorit des Kaisers war. Der Hoffaktor Behrend Lehmann aus Halberstadt schaffte mit Hilfe seiner Verbindungen nach Hamburg, Holland und Frankfurt am Main das Geld herbei, und der Wiener Hoffaktor Samson Wertheimer reiste dann mit 300 000 Talern in bar zum polnischen Reichstag, um die profranzösische Adelsfraktion zu bestechen.

August ernannte Behrend Lehmann zum Dank später zum polnischen Residenten in Brandenburg.[221] Diese unglaublich reichen Männer, die an den Höfen zu Hause waren, blieben doch Tradition und Glauben treu. Konversionen und Nobilitierungen sind im allgemeinen erst eine Erscheinung des späten 18. Jahrhunderts. Vergebens versuchte August der Starke, Behrend Lehmann unter großen Versprechungen dazu zu bewegen, seinen Bart abzurasieren. Und Samson Wertheimer, der Judenkaiser genannt wurde, kleidete sich schlicht und traditionell »wie ein Pole«. Sie waren oft zugleich die Beschützer und Vorsteher ihrer Gemeinden, wie die Wiener Hoffaktoren Oppenheimer und Wertheimer in der schweren Zeit nach 1670, als fast alle Juden aus der Stadt vertrieben waren.[222]

Keiner unter ihnen ist so bekannt geworden wie Joseph Süß Oppenheimer, der Finanzberater Herzog Carl Alexanders von Württemberg. Nach der schimpflichen Hinrichtung von »Jud Süß« am 4. Februar 1738 entstand eine wahre Flut von Traktaten und Pamphleten; in unserem Jahrhundert war er Titelheld eines großen Romans von Lion Feuchtwanger und die Hauptfigur eines antisemitischen Films der Nationalsozialisten. Warum entzündete sich gerade an diesem Mitglied der weitverzweigten Familie Oppenheimer so viel Widerspruch und Haß?

Joseph Süß war in der Heidelberger Judengasse aufgewachsen, der auch die Wiener Hoffaktoren einst entstammten. Als Sohn eines wohlhabenden Kaufmanns absolvierte er seine Lehrzeit bei den großen jüdischen Handelshäusern in Amsterdam, Wien und Prag. Im Jahre 1717 begann er seine erfolgreiche Geschäftstätigkeit in Frankfurt am Main und Mannheim. Carl Alexander, dem späteren Herzog von Württemberg, half er schon als Kronprinz aus Geldverlegenheiten; so war es nicht ungewöhnlich, daß er nach dessen Thronbesteigung Hoffaktor wurde. Weit über das gewöhnliche Maß hinaus ging es, als der Jude förmlich zum Finanzminister des Herzogtums ernannt wurde und den Titel eines Residenten erhielt, der ihn hoffähig machte. Unerträglich war es den protestantischen Ständen, daß Oppenheimer zum ersten Berater des katholischen Herzogs avancierte und ihm gegen die Landstände zu einer absolutistischen Politik riet. Der Tod des Herzogs zog den Sturz des Vertrauten nach sich.

In dem allgemeinen Beifall, den Oppenheimers Sturz fand, entlud sich mehr als der gewöhnliche christliche Antisemitismus. Es war der Kampf der Stände gegen den Absolutismus um die verbrieften Rechte, es war der Haß der Leute in Stadt und Land gegen die Verschwendung des Hofes und gegen den Steuerdruck, es war der Zorn der frommen württembergischen Pietisten gegen den Katholizismus am Hof. Alle diese Feindbilder verbanden sich mit dem Juden. Selbst die eigenen Glaubensgenossen sahen in dem grauenhaften Ende des libertinistischen Welt- und Lebemannes die Bestätigung des alten Wortes »Hochmut kommt vor dem Fall«.[223] Wochenlang hing der Käfig mit dem angeketteten Leichnam des Gehenkten am Galgen vor der schönen Residenzstadt Stuttgart und bezeugte, welch ein barbarisches Wesen sich hinter der höfischen Fassade des alten Europa noch immer verbarg.

Bilanz

In den drei Jahrhunderten nach dem Ende des Mittelalters hatten die Europäer die Welt beträchtlich verändert. Ein syrischer Kaufmann etwa, der vom Ende des 15. in die Mitte des 18. Jahrhunderts versetzt worden wäre, hätte sich wohl darüber gewundert, daß die Türken tatsächlich ein Imperium in der arabischen und griechischen Welt errichtet hatten und noch immer behaupteten. Weit unbegreiflicher wäre es ihm aber, daß ausgerechnet die wenig kultivierten Völker des nordwestlichen Europa mit ihren Schiffen auf allen Meeren segelten und alle Herrscher und Reiche von ihrem Silber abhängig gemacht hatten. Die Entstehung einer europäischen Weltwirtschaft, die auf die Ressourcen der anderen Zivilisationen und Kontinente ausgriff, war zweifellos das welthistorisch bedeutsamste Ergebnis der Frühen Neuzeit. Andere weltwirtschaftliche Entwicklungen und alternative Wege des Übergangs zu nichtagrarischen Gesellschaften waren damit versperrt.

Das europäische Wirtschaftssystem entwickelte sich im Zuge regionaler Spezialisierung und Arbeitsteilung von den gewerbeintensiven Zentren her. Ausgehend von wachsender Produktivität in der Landwirtschaft, verschob sich im ganzen Raum das Verhältnis der Sektoren zugunsten der Gewerbe. Wachstum und Spezialisierung erfolgten überwiegend in den alten Formen und Institutionen, in Zunfthandwerk und bäuerlicher Wirtschaft. Mit der großgewerblichen Massenproduktion in Verlag und Manufaktur breitete sich die Lohnarbeit aus. Das Ganze Haus als Produktions- und Konsumtionseinheit wurde mehr und mehr zur rückwärts gewandten Utopie. Als sich im 18. Jahrhundert exportorientierte Gewerberegionen über den Kontinent verbreitet hatten, war das Ende der agrarischen Gesellschaft und Wirtschaftsordnung abzusehen.

Neben der Protoindustrie waren die neuen Institutionen im Handel und Zahlungsverkehr, deren Etablierung auch als Kommerzielle Revolution bezeichnet wird, Motoren des Wandels zur postagrarischen Gesellschaft. Die Entwicklung von Banken und Börsen, Aktiengesellschaften und bargeldlosem Zahlungsverkehr veränderten Wirtschaftsethik und geltendes Recht, Wertvorstellungen und soziale Beziehungen. Wenn denn die existentiellen Krisenzyklen der Agrargesellschaft jemals ein beschauliches Denken in Kreisläufen des Erhaltens und Wiedergewinnens zugelassen haben, so überwand dies nun der Geist des Kapitalismus. Der Kapitalismus des Handels und des Geldes stellte die ständischen Hierarchien in Frage.

Wie konnten aber solche langfristigen, umwälzenden Wachstums- und Transformationsprozesse in Gang kommen? Darauf gibt es sicher keine einfache Antwort. Zwei Entwicklungen des europäischen Mittelalters traten um 1500 in ein kritisches Stadium und berührten sich. Einerseits wurde der technologische Rückstand zu den alten asiatischen Zivilisationen aufgeholt und die menschliche Arbeitskraft infolge der breiten Anwendung arbeitssparender Technologien gegenüber allen anderen Energiequellen erheblich aufgewertet. Zum anderen begründeten europäische Religion und Philosophie eine Aufwertung des individuellen Menschen gegenüber Gott und Natur, Kirche und Staat. Die Weltumsegelungen und die Kirchenreformationen des frühen 16. Jahrhunderts mögen für diese Prozesse stehen, die jedoch weit vielfältiger und langfristiger zu denken sind.

Die Ergebnisse waren keineswegs nur befreiend und erleichternd. Sie waren es naturgemäß am wenigsten in den Randzonen der europäischen Weltwirtschaft und in jenen amerikanischen Kolonien, in denen die europäische Eroberung autochthone Entwicklungen abbrach. Größer als je waren die sozialen Ungleichheiten. Die Abstände zwischen den fortgeschrittenen und den zurückgebliebenen Regionen Europas hatten sich ausgeweitet. Die Einbeziehung der ostmitteleuropäischen Peripherie in das europäische Wirtschaftssystem hatte den Rückstand der Produktivität und Verstädterung vertieft, und die neue Unfreiheit der Bauern lag als schwere Hypothek auf diesem Teil des Kontinents. Auch im Mittelmeerraum drangen Hunger und Armut vor, als die Erträge bei wachsender Bevölkerung zurückgingen und die Dynamik von Handel und Gewerbe erlahmte.

Die sozialen Unterschiede zwischen Arm und Reich waren ebenfalls überall gewachsen, schon weil die Einkommen in städtisch-gewerblichen Bevölkerungen generell auf höherem Niveau standen und weniger gleichmäßig verteilt waren als in ländlich-agrarischen Gesellschaften. Gewerbe und Handel vermehrten den Wohlstand Europas. Die Löhne stiegen vor allem in den Zentren des Wirtschaftssystems. Aber die Ernährung war, gemessen am durchschnittlichen Fleischkonsum, nie so kärglich und der Genußmittelkonsum nie so hoch gewesen wie am Ausgang der Frühen Neuzeit. Bildung und Kultur breiteten sich – nach herrschender Meinung – mit der städtischen Lebensweise und mit der Lesefähigkeit vor allem im protestantischen Europa aus. Gleichzeitig verlängerte sich die Arbeitszeit, weil kirchliche Feiertage fortfielen und die Arbeit bei künstlichem Licht sich in Handwerk und Manufakturen einbürgerte.

Das Großgewerbe und der Fernhandel stießen bei der Energieversorgung und der Überwindung von Raum und Zeit spürbar an die Grenzen der traditionellen Technik. War der Eintritt in die industrielle Revolution also unausweichlich?

Douglass North hat gezeigt, daß der Wandel von Wirtschaftsordnungen niemals allein durch die Änderung der Marktbedingungen zu erklären ist. Wenig ertragreiche und unvernünftige Wirtschaftsordnungen – wie es etwa das Leibeigenensystem in Rußland war – hätten nicht so lange Bestand gehabt, wenn nur gedauert hätte, was sich rechnete. Herrschaftsstrukturen konservieren gut. Aber Herrschaftsstrukturen und Wirtschaftsordnungen werden verändert, wenn es den Interessen der Herrschenden entspricht.[224] Im Wechselspiel von Staaten, Handel und Krieg liegt der Schlüssel zum Verständnis der mächtigen Wandlungen verborgen.

Seit den Tagen Heinrichs des Seefahrers, des portugiesischen Infanten, der über die Grenzen der bekannten Welt vorstieß, um »Gott zu dienen und reich zu werden«, war das Schicksal der Kaufleute mit dem der Könige verbunden. Man wird sagen müssen, daß die europäischen Staaten nicht nur die globale Expansion der Kaufleute mit ihrer gesamten militärischen und politischen Macht ermöglicht haben, sondern daß diese Staaten selbst ein Produkt der frühneuzeitlichen Militärtechnik und Geldwirtschaft gewesen sind. Sie waren dies, weil sie auf Söldnerarmeen und stehenden Heeren, zentralisierter Verwaltung und absolutistischer Gesetzlichkeit basierten. Damit wurden die frühmodernen Staaten immer unabhängiger von den alten Ständen und immer abhängiger von den Kaufleuten. Der Handelskapitalismus war also zunächst ihre Bedingung und erst dann ihr Untergang.

Die Europäer vergeudeten ihre Kräfte und Mittel in einer endlosen Reihe zwischenstaatlicher Kriege. In diesen Kriegen konsolidierte sich das europäische Staatensystem der Neuzeit, doch sie verursachten zugleich die Schulden, die letztendlich die Macht den Königen entwand und in die Hände der Kaufleute legte. In der Mitte des krisenhaften 17. Jahrhunderts lag offenbar der Wendepunkt im Verhältnis zwischen Ständen, Krone und Handelskapitalismus. Zu dieser Zeit gabelte sich auch der Weg der europäischen Staats- und Wirtschaftsordnungen. Die Wirtschaftspolitik der absolutistischen Staaten war auf Privilegien und Protektionismus gegründet und stand damit der Entwicklung zu freiem Eigentum und Güteraustausch diametral entgegen. Der absolutistische Flächenstaat war deshalb der ungünstigere Weg; den besseren, den konsequenten Weg beschritten unzweifelhaft die Vereinigten Niederlande und England. So widersinnig die merkantilistische Staatspolitik mit ihren Handelskriegen und Zollmauern vor dem Hintergrund regionaler und internationaler Wirtschaftsverflechtungen auch gewesen ist, ihre Einrichtungen wurden zum Ausgangspunkt der europäischen Nationalökonomien des industriellen Zeitalters.

Insofern scheint die Epoche bürgerlicher Revolutionen und Staatsreformen, in die der Kontinent eintreten sollte, ebenso unausweichlich wie die industrielle Revolution.

Anmerkungen

1 Otto Brunner, Das Ganze Haus und die alteuropäische Ökonomik, in: Ders., Neue Wege der Sozialgeschichte, Göttingen 1956, S. 33–61. – Eine kritische Analyse des konservativen Konzepts zuletzt bei: Hans Derks, Über die Faszination des »Ganzen Hauses«, in: Geschichte und Gesellschaft 22 (1996), S. 221–242.

2 Karl Marx/Friedrich Engels, Werke, 23: Karl Marx, Das Kapital. Kritik der Politischen Ökonomie, 1, 24. Kapitel: Die sogenannte ursprüngliche Akkumulation, Berlin 1962, S. 741–792; Werner Sombart, Der moderne Kapitalismus, Nachdr. Berlin 1969, 2, 1, Kapitel 1–3, S. 3–20; Max Weber, Die protestantische Ethik und der Geist des Kapitalismus, in: Archiv für Sozialwissenschaften 20 (1904); 21, 1905; Fernand Braudel, Civilisation matérielle, économie et capitalisme, XVe–XVIIIe siècle. Les structures du quotidien: Le possible et l'impossible, Paris 1979, dt.: Sozialgeschichte des 15. bis 18. Jahrhunderts, 3 Bde., München 1986.

3 Walter Benjamin, Angelus novus, Frankfurt am Main 1987.

4 Jacob Burckhardt, Weltgeschichtliche Betrachtungen, hg. von Wilhelm Hansen, Detmold-Hiddesen 1947, S. 255.

5 Paul M. Hohenberg/Lynn Hollen Lees, The Making of Urban Europe 1000–1950, Cambridge, Mass. 1985.

6 Werner Rösener, Die Bauern in der europäischen Geschichte, München 1993.

7 Jan de Vries, The Economy of Europe in the Age of Crisis 1600–1750, Cambridge, Mass. 1976.

8 Massimo Livi-Bacci, Population and Nutrition. An Essay on European Demographic History, Cambridge 1991.

9 Paul Bairoch/Jean Batou/Pierre Chèvre, La Population des villes européennes. Banque de données et analyse sommaire des résultats 800–1850, Genève 1988.

10 Paul Bairoch, Urbanization and the Economy in preindustrial societies: the findings of two decades of research, in: The Journal of European Economic History 18/1 (1989), S. 239–290, hier S. 284; die oben gegebenen Zahlen: S. 246, 260.

11 Ebda., S. 284 mit Bezug auf Mark Elvin, The Pattern of the Chinese Past, London 1973, S. 166.

12 Michel Mollat du Jourdin, Europa und das Meer, München 1993, S. 285.

13 Michael Mann, European Development: Approaching a Historical Expla-

nation, in: Jean Baechler/John A. Hall/Michael Mann (Hg.), Europe and the Rise of Capitalism, Oxford 1989, S. 6–19.

14 Eric Lionel Jones, Das Wunder Europa. Umwelt, Wirtschaft und Geopolitik in der Geschichte Europas und Asiens, Tübingen 1991.

15 Peter Laslett, The World We Have Lost: England before the Industrial Age, London 1971; Michael Mitterauer, Europäische Familienformen im interkulturellen Vergleich, in: Ders., Historisch-anthropologische Familienforschung. Fragestellungen und Zugangsweisen, Wien 1990, S. 25–40.

16 Ernest Gellner, Introduction, in: Jean Baechler/John A. Hall/Michael Mann (Hg.), Europe and the Rise of Capitalism, Oxford 1989, S. 1–5.

17 Ugo Tucci, Venezian Ship-Owners in the XVIth Century, in: The Journal of European Economic History 16 (1987/1), S. 277–296.

18 Hohenberg/Lees, The Making of Urban Europe [wie Anm. 5], S. 141.

19 Hermann Kellenbenz, Der Niedergang von Venedig und die Beziehungen Venedigs zu den Märkten nördlich der Alpen. Ende 16. bis Beginn des 18. Jahrhunderts, in: Ders., Kleine Schriften, I: Europa, Raum wirtschaftlicher Begegnung, Stuttgart 1991, S. 121–171.

20 Wilhelm Matzat, Northern Italy: Secondary Core ore Reduced to a Semi-Peripheral Role? In: Hans-Jürgen Nitz, The Early Modern World-System in Geographical Perspective, Stuttgart 1993, S. 115–119; Salvatore Ciriacono, The Venezian Economy and the World-Economy of the 17th and 18th Centuries, in: Ebda., S. 120–135.

21 Jonathan I. Israel, The Dutch Republic. Its Rise, Greatness and Fall 1477–1806, Oxford 1995; J. H. van Stuijvenberg (Hg.), De economische geschiedenis van Nederland, Groningen 1977; Johannes Alle Faber, Drie eeuwen Friesland. Economische en sociale ontwikkelingen van 1500 tot 1800, AAG Bijdragen 17, Wageningen 1972.

22 Taeke Stol, The Northern Netherlands. Centre and Periphery within the European Core, in: Nitz, The Early Modern World-System [wie Anm. 20], S. 84–92, hier S. 90.

23 Jonathan I. Israel, Dutch Primacy in World Trade 1585–1740, Oxford 1989.

24 Sidney Pollard/David W. Crossley, The Wealth of Britain 1085–1966, London 1968, S. 153–173.

25 Joan Thirsk, English Peasant Farming, London 1957.

26 Jan de Vries, The Economy of Europe in the Age of Crisis, Cambridge, Mass. 1976, Fig. 2, 14/15.

27 Pollard/Crossley, The Wealth of Britain [wie Anm. 24], S. 159–171.

28 Braudel, Sozialgeschichte des 15. bis 18. Jahrhunderts [wie Anm. 2], Bd. 3, S. 404–409.

29 Edward Anthony Wrigley/Roger S. Schofield, The Population History of England 1541–1871. A reconstruction, London 1981, Table 6.5, S. 168.

30 Johannes Schildhauer/Konrad Fritze/Walter Stark, Die Hanse, Berlin 1974; Philippe Dollinger, Die Hanse, Stuttgart [4]1989.

31 Karl-Friedrich Olechnowitz, Handel und Seeschiffahrt der späten Hanse, Weimar 1965; Klaus Friedland/Franz Irsigler (Hg.), Seehandel und Wirtschaftswege Nordeuropas im 17. und 18. Jahrhundert, Ostfildern 1981.

32 Maria Bogucka, Zur Problematik der Profite im Handel zwischen Danzig und Westeuropa (1550–1650), in: Konrad Fritze/Eckhard Müller-Mertens/Johannes Schildhauer (Hg.), Zins – Profit – Ursprüngliche Akkumulation. Hansische Studien V, Weimar 1981, S. 41–50.

33 Maria Bogucka, The Lost World of the »Sarmatians«. Custom as the Regulator of Polish Social Life in Early Modern Times, Warszawa 1996; Dies., Das alte Danzig. Alltagsleben im 15. bis 17. Jahrhundert, Leipzig 1980.

34 Antoni Mączak / Henryk Samsonowicz / Peter Burke (Hg.), East-Central Europe in transition. From the fourteenth century to the seventeenth century, Cambridge 1985.

35 Immanuel Wallerstein, The Modern World-System. I. Capitalist Agriculture and the Origins of the European World Economy in the Sixteenth Century, New York 1974, dt.: Das moderne Weltsystem. Kapitalistische Landwirtschaft und die Entstehung der europäischen Weltwirtschaft im 16. Jahrhundert, Frankfurt am Main 1986; II. Mercantilism and the Consolidation of the European World-Economy 1600–1750, New York 1980; III. The Second Era of Great Expansion of the Capitalist World-Economy 1730–1840, New York 1989. Eine eingehende kritische Würdigung bei: Nitz, The Early Modern World-System [wie Anm. 20].

36 Antoni Mączak, Export of Grain and the Problem of Distribution of National Income in the Years 1550–1650, in: Acta Poloniae Historica 18 (1968); ders., »Quod servitius si hoc est clientela?« Clientelistic consciousness in Renaissance Poland, in: Uniwersytet Jagielloński, Varia CCCXXX, S. 157–162.

37 Maria Bogucka, Social Structures and Custom in Early Modern Poland, in: Acta Poloniae Historica 68 (1993), S. 99–114; Central Statistical Office (Hg.), Economic History of Poland in Numbers, Warsaw 1994, Table 11–13.

38 Anna Dunin Wasowiczowa, Spatial Changes in Poland under the Impact of the Economic Dynamics of the 16th and 17th Centuries, in: Nitz, The Early Modern World-System [wie Anm. 20], S. 172–190, hier S. 175; Central Statistical Office, Economic History of Poland [wie Anm. 37], Table 4–9, S. 29, 50, 58–60.

39 Jerzy Topolski, Economic Decline in Poland from the Sixteenth to the Eighteenth Centuries, in: Peter Earle (Hg.), Essays in European Economic History, Oxford 1974, S. 127–142.

40 Antoni Podraza, Polens Platz in Europa. Zur Umwandlung der geopoliti-

schen und kulturellen Struktur Europas, in: Helena Madurowicz-Urbańska/Markus Mattmüller (Hg.), Studia Polono-Helvetica, Basel 1989, S. 3–12.

41 Vera Zimányi, Economy and society in sixteenth and seventeenth century Hungary (1526–1650), Budapest 1987, S. 10.

42 Jerzy Topolski, East-Central-European continental commerce, in: Mączak, East-Central Europe in transition [wie Anm. 34], S. 128–139, hier S. 138.

43 László Makkai, Economic landscapes: historical Hungary from the fourteenth to the seventeenth century, in: Ebda., S. 24–35.

44 Zimányi, Economy and society [wie Anm. 41], S. 22; Artur Attman, The Russian and Polish Markets in International Trade 1500–1650, Göteborg 1973.

45 Gusztáv Heckenast, Der Zustand und die Entwicklung der Industrie in Ungarn zur Zeit Maria Theresias, in: Jahrbuch für österreichische Kulturgeschichte X (1984), S. 235–256; Central Statistical Office, Economic History of Poland [wie Anm. 37], Table 9, S. 14; Karl Heinrich Kaufhold, Das Gewerbe in Preußen um 1800, Göttingen 1978, Tabelle 1, 4, S. 485, 489; Ernst Bruckmüller, Sozialgeschichte Österreichs, München 1985, S. 290.

46 Zitiert nach: Kálmán Benda/Péter Hanák/László Makkai, Die Geschichte Ungarns von den Anfängen bis zur Gegenwart, Budapest 1991, S. 69.

47 William L. Blackwell, The Industrialization of Russia. An Historical Perspective, Arlington Heights, Ill. 1994, Kapitel 1: Preindustrial Russia, S. 1–23. – Die russische und sowjetische Forschung hingegen sehen in der Entwicklung des russischen Staates während der Frühen Neuzeit, insbesondere während der Regierungszeit Peters I., die Entwicklung eines Absolutismus nach westeuropäischem Muster. Die marxistische Geschichtsschreibung außerhalb Rußlands hat sich dieser Sichtweise im allgemeinen angeschlossen; so auch Peter Hoffmann in seiner quellengesättigten und kenntnisreichen Darstellung: Rußland im Zeitalter des Absolutismus, Berlin 1988.

48 Hoffmann, Rußland, [wie Anm. 47], S. 153, S. 244, 251.

49 Manfred Hildermeier, Bürgertum und Stadt in Rußland 1760–1870. Rechtliche Lage und soziale Struktur, Köln 1986.

50 Hoffmann, Rußland [wie Anm. 48], S. 247.

51 Aristide Fenster, Adel und Ökonomie im vorindustriellen Rußland. Die unternehmerische Betätigung der Gutsbesitzer in der großgewerblichen Wirtschaft im 17. und 18. Jahrhundert, Wiesbaden 1983, S. 38.

52 Attman, The Russian and Polish Markets [wie Anm. 44], S. 175; Hoffmann, Rußland [wie Anm. 48], S. 112, 115, 247–250.

53 Fenster, Adel und Ökonomie [wie Anm. 51], S. 40–41.

54 Ebda., S. 32–36.

55 Hoffmann, Rußland [wie Anm. 48], S. 160–167.

56 Gunnar Hering, Die Osmanenzeit im Selbstverständnis der Völker Südosteuropas, in: Hans Georg Majer (Hg.), Die Staaten Südosteuropas und die Osmanen, München 1989, S. 355–380.

57 Snezka Panova, Zum Handel der Länder Südosteuropas mit dem übrigen Europa im 17. und 18. Jahrhundert, in: Gernot Heiß/Grete Klingenstein (Hg.), Das Osmanische Reich und Europa 1683 bis 1789. Konflikt, Entspannung und Austausch, München 1983, S. 194–222.

58 Huri Íslamoglu Ínan, State and peasants in the Ottoman Empire: a study of peasant economy in north-central Anatolia during the sixteenth century, in: Ders. (Hg.), The Ottoman Empire and the World-Economy, Cambridge 1987, S. 101–159; Wolf Hütteroth, The Role of the Ottoman Empire for the Early Modern European World-System, in: Nitz, The Early Modern World-System [wie Anm. 20], S. 343–354.

59 J. Malcolm Wagstaff, The Role of Eastern Mediterranean (Levant) for the Early Modern World Economy 1500–1800, in: Nitz, The Early Modern World-System [wie Anm. 20], S. 327–354.

60 Virginia Paskaleva, Sredna Evropa i zemite po dolnia Dunav prez XVIII–XIX v., Sofia 1986, Tab. 1.

61 Bruce Masters, The Origin of Western Economic Dominance in the Middle East. Mercantilism and the Islamic Economy in Aleppo 1600–1750, New York 1988, S. 208–210.

62 J. Malcolm Wagstaff, The Role of Eastern Mediterranean [wie Anm. 59], S. 331.

63 Akos Paulinyi/Ulrich Troitzsch, Propyläen Technikgeschichte 1600–1840: Mechanisierung und Maschinisierung, Frankfurt am Main 1991, S. 11–46.

64 Bernard Slicher van Bath, De agrarische geschiedenis van West-Europa 500–1850, Utrecht [3]1976; Ulrich Bentzien, Bauernarbeit im Feudalismus. Landwirtschaftliche Arbeitsgeräte und -verfahren in Deutschland von der Mitte des ersten Jahrtausends u. Z. bis um 1800, Berlin 1980.

65 Burchard Brentjes/Siegfried Richter/Rolf Sonnemann, Geschichte der Technik, Leipzig 1987, S. 192–198.

66 Friedrich Klemm, Der Weg von Guericke zu Watt, in: Ders., Zur Kulturgeschichte der Technik. Aufsätze und Vorträge 1954–1978, München 1979, S. 190–201.

67 Wolfgang Jonas/Valentine Linsbauer/Helga Marx, Die Produktivkräfte in der Geschichte, Berlin 1969, S. 208.

68 Central Statistical Office, Economic History of Poland [wie Anm. 37], Table 45, 51.

69 E. Pawson, Transport and Economy: The Turnpike Roads of Eighteenth Century Britain, London 1977.

70 Hermann Kellenbenz, Landverkehr, Fluß- und Seeschiffahrt im europäischen Handel. Spätmittelalter bis Anfang des 19. Jahrhunderts, in: Ders., Kleine Schriften [wie Anm. 19], S. 327–423.

71 Wolfgang Behringer, Thurn und Taxis. Die Geschichte ihrer Post und ihrer Unternehmen, München 1990.

72 Gusztáv Heckenast, Zur Geschichte des Technologietransfers von Deutschland nach Ungarn im Eisenhüttenwesen (14.-18. Jahrhundert), in: Holger Fischer/Ferenc Szabadváry, Technologietransfer und Wissensaustausch zwischen Ungarn und Deutschland. Aspekte der historischen Beziehungen in Naturwissenschaft und Technik, München 1995, S. 59–70.

73 Jake V. Th. Knoppers/Robert V. V. Nicholls, Der Ostseeraum und der Welthandel mit Pottasche: Die Bedeutung der Pottasche im Rahmen der chemischen Technologie 1650–1825, in: Friedland/Irsigler (Hg.), Seehandel und Wirtschaftswege [wie Anm. 31], S. 59–83.

74 Samuel E. Bring, A Contribution to the Biography of Christopher Polhem, in: William A. Johnson, Christopher Polhem. The Father of Swedish Technology, Hartford, Connecticut 1963, S. 3–109.

75 Sten Lindroth, Christopher Polhem och Stora Kopparberget. Ett Bidrag till Bergsmekanikens Historia, Uppsala 1951.

76 Heide Gerstenberger/Ulrich Welke, Sozialgeschichte der Technik: Von der Kunst des Navigierens zum wissenschaftlich-technischen System der Astro-Navigation, in: Geschichte und Gesellschaft 22 (1996), S. 194 bis 220.

77 Friedrich Klemm, Galilei und die Technik, in: Ders., Zur Kulturgeschichte der Technik, München 1979, S. 165–172.

78 Ebda., S. 209.

79 Friedrich Klemm, Der Weg von Guericke zu Watt, in: Ebda., S. 190–201, hier S. 196–198.

80 Thomas Winkelbauer, Vom Waldglas zum böhmischen Kristall, in: Joachim Jahn/Wolfgang Hartung (Hg.), Gewerbe und Handel vor der Industrialisierung. Regionale und überregionale Verflechtungen im 17. und 18. Jahrhundert, Sigmaringendorf 1991, S. 183–203.

81 Erik Amburger, Die Anwerbung ausländischer Fachkräfte für die Wirtschaft Rußlands vom 15. bis ins 19. Jahrhundert, Wiesbaden 1968, S. 62.

82 Eckart Schremmer, Technischer Fortschritt an der Schwelle zur Industrialisierung. Ein innovativer Durchbruch mit Verfahrenstechnologie bei den alpenländischen Salinen, München 1980, hier S. 57–60.

83 Werner Kroker, Wege zur Verbreitung technologischer Kenntnisse zwischen England und Deutschland in der zweiten Hälfte des 18. Jahrhunderts, Berlin 1971, S. 94.

84 Ottó Domonkos, Reiserouten der wandernden Handwerksgesellen und die technisch-historische Bedeutung der Gesellenwanderschaften, in: Internationales Handwerksgeschichtliches Symposium, Veszprém 1979, S.12–30; Gustav Otruba, Wanderpflicht und Handwerksburschenwege im Spiegel Wiener und niederösterreichischer Zunftarchivalien, in: Ebda., S.43–49; Franz Lerner, Ungarische Handwerksgesellen in Frankfurt am Main, in:

Ebda., S.31–42. – Helmut Bräuer, Gesellen im sächsischen Zunfthandwerk des 15. und 16.Jahrhunderts, Weimar 1989.

85 Fürstlich Oetting-Oetting- und Oetting-Spielbergische Wanderordnung, Öttingen 1785, in: Michael Stürmer, Herbst des Alten Handwerks. Zur Sozialgeschichte des 18. Jahrhunderts, München 1979, S. 211–215.

86 Ebda., S. 105.

87 Erik Amburger, Die Anwerbung ausländischer Fachkräfte [wie Anm. 81].

88 Kurt Hinze, Die Arbeiterfrage zu Beginn des modernen Kapitalismus in Brandenburg-Preußen 1685–1806, Berlin ²1963; Horst Krüger, Zur Geschichte der Manufakturen und der Manufakturarbeiter in Preußen. Die mittleren Provinzen in der zweiten Hälfte des 18. Jahrhunderts, Berlin 1958.

89 Karl Heinrich Kaufhold, Das Gewerbe in Preußen, Göttingen 1978, Tab. 2, S. 487.

90 Ebda., S. 192; Carl-Johan Gadd, Självhushall eller arbetsdelning? Svenskt lant- och stadshantverk ca 1400–1860, Göteborg 1991, S. 380; Bernd Roeck, Bäcker, Brot und Getreide in Augsburg. Zur Geschichte des Bäckerhandwerks und zur Versorgungspolitik der Reichsstadt im Zeitalter des Dreißigjährigen Krieges, Sigmaringen 1987, S. 166.

91 Edward P. Thompson, Plebejische Kultur und moralische Ökonomie. Aufsätze zur englischen Sozialgeschichte des 18. und 19. Jahrhunderts, Frankfurt am Main 1980.

92 Burchard Brentjes/Siegfried Richter/Rolf Sonnemann, Geschichte der Technik, Leipzig 1987, S. 147.

93 Walter Endrei, Kampf der Textilzünfte gegen die Innovationen, in: II. Internationales Handwerksgeschichtliches Symposium, Veszprém 1983, S. 129–144.

94 J. H. van Stuijvenberg (Hg.), De economische geschiedenis [wie Anm. 21], S. 97.

95 Michael Stürmer, Handwerk und höfische Kultur. Europäische Möbelkunst im 18. Jahrhundert, München 1982.

96 Exemplarisch die Meisterstücke der Berliner Zünfte im ausgehenden 18. Jahrhundert in: Helga Schultz, Das ehrbare Handwerk. Zunftleben im alten Berlin zur Zeit des Absolutismus, Weimar 1993, S. 143–148.

97 J. H. van Stuijvenberg (Hg.), De economische geschiedenis [wie Anm. 21], S. 97.

98 Anton Spiesz, Das Zunftwesen des Königreichs Ungarn und sein Platz im gesamteuropäischen Zunftwesen, in: Handwerksgeschichtliches Symposium [wie Anm. 84], S. 293–307, hier S. 300.

99 Etienne François, Die unsichtbare Grenze. Protestanten und Katholiken in Augsburg 1648–1806, Sigmaringen 1991, S. 130–133.

100 Eckart Schremmer, Standortausweitung der Warenproduktion im langfristigen Wirtschaftswachstum. Zur Stadt-Land-Arbeitsteilung im Gewerbe

des 18. Jahrhunderts, in: Vierteljahresschrift für Sozial- und Wirtschaftsgeschichte 59 (1972).

101 Otto Kettemann, Handwerk in Schleswig-Holstein. Geschichte und Dokumentation im Schleswig-Holsteinischen Landesmuseum, Neumünster 1987; Michael Mende, Verschwundene Stellmacher, gewandelte Schmiede. Die Handwerker des ländlichen Fahrzeugbaus zwischen expandierender Landwirtschaft und Motorisierung 1850–1960, in: Ulrich Wengenroth (Hg.), Prekäre Selbständigkeit. Zur Standortbestimmung von Handwerk, Hausindustrie und Kleingewerbe im Industrialisierungsprozeß, Stuttgart 1989, S. 93–130.

102 Gadd, Självhushall eller arbetsdelning? [wie Anm. 90]; Thomas Meier, Handwerk – Hauswerk – Heimarbeit. Nicht-agrarische Tätigkeiten und Erwerbsformen in einem traditionellen Ackerbaugebiet des 18. Jahrhunderts (Zürcher Unterland), Zürich 1986; Helga Schultz, Landhandwerk im Übergang vom Feudalismus zum Kapitalismus. Vergleichender Überblick und Fallstudie Mecklenburg-Schwerin, Berlin 1984; Tamás Faragó, Dorfhandwerker im Pilis-Gebirge in der Umgebung von Buda um 1770, in: Handwerksgeschichtliches Symposium [wie Anm. 84], S. 218–230.

103 Henryk Samsonowicz, Rzemiosło wiejskie w Polsce XIV.–XVII. w. (Das Dorfhandwerk in Polen vom 14. bis 17. Jahrhundert), Warszawa 1954, S. 228–230.

104 Ulrich Bauche, Landtischler, Tischlerhandwerk und Intarsienkunst in den Vierlanden unter der beiderstädtischen Herrschaft Lübecks und Hamburgs bis 1867, Hamburg 1965.

105 Helga Schultz, Handwerkerrecht und Zünfte auf dem Lande im Spätfeudalismus, in: Jahrbuch für Geschichte des Feudalismus 7 (1983).

106 Anton Spiesz, Das Zunftwesen des Königreichs Ungarn, in: Handwerksgeschichtliches Symposium [wie Anm. 84], S. 293–307; Quellenmaterial-Kataster des zünftigen Handwerks in Ungarn, Budapest 1975.

107 Dag Lindström, The guild, the city and the state. Craft guilds in Stockholm during the late middle and early modern ages, in: III. Internationales Handwerksgeschichtliches Symposium, Veszprém 1986, 2, S. 7–14.

108 Fritz Blaich, Die Epoche des Merkantilismus, Wiesbaden 1973, S. 137.

109 Sheilagh C. Ogilvie, Soziale Institutionen und Proto-Industrialisierung, in: Markus Cerman/Sheilagh C. Ogilvie (Hg.), Proto-Industrialisierung in Europa. Industrielle Produktion vor dem Fabrikzeitalter, Wien 1994, S. 35–49, hier S. 44.

110 Johannes Kulischer, Allgemeine Wirtschaftsgeschichte des Mittelalters und der Neuzeit, Bd. 2, München 1958, S. 128–130.

111 Rolf Straubel, Das Berliner Seidenwirkerreglement von 1766. Ein Beitrag zur Gewerbepolitik des brandenburgisch-preußischen Staates, in: Jahrbuch für Geschichte des Feudalismus 8 (1984).

112 Helga Schultz (Hg.), Der Roggenpreis und die Kriege des großen Königs. Chronik und Rezeptsammlung des Berliner Bäckermeisters Johann Friedrich Heyde 1740–1786, Berlin 1988, S. 39.

113 Kurt Wesoly, Lehrlinge und Handwerksgesellen am Mittelrhein. Ihre soziale Lage und ihre Organisation vom 14. bis ins 17. Jahrhundert, Frankfurt am Main 1985, S. 267–271. Dagegen: Wilfried Reininghaus, Die Entstehung der Gesellengilden im Spätmittelalter, Wiesbaden 1981, S. 46–48.

114 Edward P. Thompson, Die Entstehung der englischen Arbeiterklasse, 2 Bde., Frankfurt am Main 1987; Josef Ehmer, Rote Fahnen – Blauer Montag. Soziale Bedingungen von Aktions- und Organisationsformen der frühen Wiener Arbeiterbewegung, in: Detlev Puls (Hg.), Wahrnehmungsformen und Protestverhalten. Studien zur Lage der Unterschichten im 18. und 19. Jahrhundert, Frankfurt am Main 1979; William H. Sewell, Artisans, Factory Workers and the Formation of the French Working Class 1789–1848, in: Ina Katznelson u.a. (Hg.), Working Class Formation. Nineteenth-Century Patterns in Western Europe and the United States, Princeton 1986, S. 45–70; Rudolf Boch, Zunfttradition und frühe Gewerkschaftsbewegung, in: Ulrich Wengenroth, Prekäre Selbständigkeit [wie Anm. 101], S. 37–69.

115 Gershon David Hundert, The Role of the Jews in Commerce in Early Modern Poland-Lithuania, in: The Journal of European Economic History 16 (1987/1), S. 245–275, hier S. 261/262.

116 Matthias Meyn, Die Reichsstadt Frankfurt vor dem Bürgeraufstand von 1612 bis 1614. Struktur und Krise, Frankfurt am Main 1980.

117 Gusztáv Heckenast, Der Zustand und die Entwicklung der Industrie in Ungarn zur Zeit Maria Theresias, in: Jahrbuch für österreichische Kulturgeschichte X (1984), S. 235–256, hier S. 237.

118 Aryeh Shmuelevitz, The Jews of the Ottoman Empire in the Late Fifteenth and the Sixteenth Centuries. Administrative, Economic, Legal and Social Relations as Reflected in the Responsa, Leiden 1984.

119 Judith G. Coffin, Gender and the Guild Order: The Garment Trades in Eighteenth Century Paris, in: The Journal of Economic History (1994/4), S. 768–793; Friedrich Lenger/Paula Lutum-Lenger, Schneider und Schneiderinnen, in: Reinhold Reith (Hg.), Lexikon des Alten Handwerks. Vom späten Mittelalter bis ins 20. Jahrhundert, München 1990, S. 207 bis 214.

120 Heide Wunder, »Er ist die Sonn', sie ist der Mond.« Frauen in der Frühen Neuzeit, München 1992.

121 Schultz, Das ehrbare Handwerk [wie Anm. 96], S. 115–121. Für die bürokratische Debatte im späteren 18. Jahrhundert vgl. Ingrid Mittenzwei, Preußen nach dem Siebenjährigen Krieg. Auseinandersetzungen zwischen Bürgertum und Staat um die Wirtschaftspolitik, Berlin 1979, S. 135–147.

122 Hildermeier, Bürgertum und Stadt [wie Anm. 49], S. 60–73.
123 Helga Schultz, Soziale und politische Auseinandersetzungen in Rostock im 18. Jahrhundert, Weimar 1974, S. 11–30.
124 Ernst Bruckmüller, Sozialgeschichte Österreichs, München 1985, S. 259.
125 Stürmer, Herbst des Alten Handwerks [wie Anm. 85], S. 38–39.
126 Ebda., S. 18.
127 Peter Kriedte/Hans Medick/Jürgen Schlumbohm, Industrialisierung vor der Industrialisierung. Gewerbliche Warenproduktion auf dem Land in der Formationsperiode des Kapitalismus, Göttingen 1977; Franklin Mendels, Protoindustrialization: Theory and Reality. General Report, in: Eighth International Economic History Congress. A-Themes, Budapest 1982, S. 69–110; Markus Cerman/Sheilagh C. Ogilvie (Hg.), Proto-Industrialisierung, Wien 1994.
128 Wolfgang von Stromer, Die Gründung der Baumwollindustrie in Mitteleuropa. Wirtschaftspolitik im Spätmittelalter, Stuttgart 1978; ders., Textillandschaften vom Frühmittelalter bis an die Schwelle der Industriellen Revolution, in: Franklin F. Mendels/Pierre Deyon (Hg.), La proto-industrialisation: théorie et réalité. VIIIe congrès international d'histoire économique, section A2, Lille 1982, Nr. 46.
129 Werner Sombart, Zur neueren Literatur über Hausindustrie (1891–1893), in: Jahrbücher für Nationalökonomie und Statistik 6, Jena 1893.
130 Peter Kriedte, Spätfeudalismus und Handelskapital. Grundlinien der europäischen Wirtschaftsgeschichte vom 16. bis zum Ausgang des 18. Jahrhunderts, Göttingen 1980, S. 89–114.
131 Carlo Marco Belfanti, Das proto-industrielle Erbe. Formen ländlicher Proto-Industrie in Norditalien im 18. und 19. Jahrhundert, in: Cerman/Ogilvie (Hg.), Proto-Industrialisierung [wie Anm. 127], S. 147–160.
132 Milan Myška, Proto-Industrialisierung in Böhmen, Mähren und Schlesien, in: Ebda., S. 177–193, hier 186 f.
133 Maths Isacson/Lars Magnusson, Proto-industrialisation in Scandinavia. Craft Skills in the Industrial Revolution, Spa 1987.
134 Helmut Wilsdorf, Das Aufkommen der »Bergfabriquen« durch technische Innovationen in den Randbereichen des erzgebirgischen Montanwesens, in: Rudolf Weinhold (Hg.), Volksleben zwischen Zunft und Fabrik, Berlin 1982, S. 21–106.
135 Gustav Otruba, Österreichische Fabriksprivilegien vom 16. bis ins 18. Jahrhundert, unter Mitarbeit von Manfred Lang und Harald Steindl, Wien 1981, S. 70–83; Henri Sée, Französische Wirtschaftsgeschichte, Bd. 1, Jena 1930, S. 242; Erika Herzfeld, Preußische Manufakturen. Großgewerbliche Porzellan-, Gobelin-, Seiden-, Uhren-, Tapeten- und Waffenfertigung im 17. und 18. Jahrhundert in und um Berlin, Berlin 1994, S. 45.
136 Otruba, Österreichische Fabriksprivilegien [wie Anm. 135], S. 91.

137 Hannes Stekl, Österreichs Zucht- und Arbeitshäuser 1671–1920. Institutionen zwischen Fürsorge und Strafvollzug, Wien 1978.

138 Fernand Braudel, Sozialgeschichte des 18. Jahrhunderts, II: Der Handel, München 1986, S. 368/369.

139 Horst Krüger, Zur Geschichte der Manufakturen und der Manufakturarbeiter in Preußen. Die mittleren Provinzen in der zweiten Hälfte des 18. Jahrhunderts, Berlin 1958, S. 405–450; Christian Simon, »Wollt Ihr Euch der Sklaverei kein Ende machen?« Der Streik der Baseler Indiennearbeiter im Jahre 1794, Allschwil 1983.

140 Fenster, Adel und Ökonomie [wie Anm. 51], S. 138 f.

141 Josef Ehmer, Familienstruktur und Arbeitsorganisation im frühindustriellen Wien, Wien 1980.

142 Carlo Poni, A proto-industrial city: Bologna 16th–18th century, in: Franklin F. Mendels/Pierre Deyon (Hg.), La proto-industrialisation, Lille 1982.

143 Erika Herzfeld, Preußische Manufakturen [wie Anm. 135], S. 149/150.

144 Hugh H. Hudson, The Rise of the Demidov Family and the Russian Iron Industry in the Eighteenth Century, Newtonville, Mass. 1986, S. 37–39.

145 Herzfeld, Preußische Manufakturen [wie Anm. 135], S. 153.

146 Hermann Kellenbenz, Unternehmertum im süddeutschen Raum zu Beginn der Neuzeit, in: Ders., Wirtschaftliche Leistung und gesellschaftlicher Wandel. Kleine Schriften III, Stuttgart 1991, S. 911–1014, hier S. 106.

147 Götz von Pölnitz, Jakob Fugger, 2 Bde., Tübingen 1949/51.

148 Hudson, The Rise of the Demidov Family [wie Anm. 144].

149 Otto Hintze, Ein Berliner Kaufmann aus der Zeit Friedrichs des Großen (Johann Ernst Gotzkowsky), in: Schriften des Vereins für die Geschichte Berlins, Heft 30, Berlin 1893.

150 Otruba, Österreichische Fabriksprivilegien [wie Anm. 135], S. 38–40; Hermann Kellenbenz, Der Kammerdiener, ein Typus der höfischen Gesellschaft. Seine Rolle als Unternehmer, in: Ders., Wirtschaftliche Leistung [wie Anm. 146], S. 1063–1094.

151 Karl Marx, Das Kapital. Kritik der Politischen Ökonomie, 1, Karl Marx/Friedrich Engels, Werke, Bd. 23, Berlin 1962, S. 799.

152 K. N. Chaudhuri, Politics, Trade and the World Economy in the Age of European Expansion: Themes for Debate, in: Hans Pohl (Hg.), The European Discovery of the World and its Economic Effects on Pre-Industrial Society 1500–1800. Papers of the Tenth International Economic History Congress, Stuttgart 1990, S. 1–7.

153 Wolfgang Reinhard, The West: Economic Change in the Atlantic Triangle, in: Ebda., S. 24–42.

154 Daniel Defoe, A Plan of the English Commerce, in: Works, Vol. X, Oxford 1927, S. 183.

155 Reinhard, The West [wie Anm. 153], S. 28/29.

156 Israel, Dutch Primacy [wie Anm. 23], S. 156–170; de Vries, The Economy of Europe [wie Anm. 7], S. 141–143.
157 Anthony Reid, The System of Trade and Shipping in Maritime South and Southeast Asia and the Effects of the Development of the Cape Route to Europe, in: Pohl (Hg.), The European Discovery [wie Anm. 152], S. 73–96.
158 Israel, Dutch Primacy [wie Anm. 23], S. 67–73.
159 Ebda., S. 186.
160 Dietmar Rothermund, Europa und Asien im Zeitalter des Merkantilismus, Darmstadt 1978, S. 54–59.
161 Ralph Davis, English Foreign Trade 1660–1700, in: Economic History Review VII (1954).
162 Israel, Dutch Primacy [wie Anm. 23], S. 172.
163 Ebda., S. 177; Rothermund, Europa und Asien [wie Anm. 160], S. 58.
164 Holden Furber, Rival Empires of Trade in the Orient 1600–1800, Minneapolis 1976, S. 191–211.
165 John McCusker/C. Gravensteijn, The Beginnings of Commercial and Financial Journalism. The Commodity Price Currents, Exchange Rate Currents and Money Currents of Early Modern Europe, Amsterdam 1991.
166 Israel, Dutch Primacy [wie Anm. 23], Fernand Braudel, Sozialgeschichte des 18. Jahrhunderts, II: Der Handel, München 1986, S. 97–116.
167 Furber, Rival Empires of Trade [wie Anm. 164], S. 186–196.
168 Israel, Dutch Primacy [wie Anm. 23], S. 70/71; S. 158/159.
169 Furber, Rival Empires of Trade [wie Anm. 164], S. 201–211.
170 Rothermund, Europa und Asien [wie Anm. 160], S. 37.
171 de Vries, The Economy of Europe [wie Anm. 7], S. 222–225.
172 Ron Harris, The Bubble-Act: Its Passage and Its Effects on Business Organization, in: The Journal of Economic History 54 (1994/3), S. 610–627.
173 Jan van Klaveren, John Law und die Aristokratie während der Regentschaft. Eine Darstellung seines »Systems«, in: Jahrbücher für Nationalökonomie und Statistik 173 (1960), S. 126–162.
174 Furber, Rival Empires of Trade [wie Anm. 164], S. 212–229.
175 Rothermund, Europa und Asien [wie Anm. 160], S. 30.
176 Reid, The System of Trade and Shipping [wie Anm. 157], S. 73.
177 Sée, Französische Wirtschaftsgeschichte, Bd. 1 [wie Anm. 135], S. 217/218.
178 Harris, The Bubble-Act [wie Anm. 172], S. 616.
179 Holger Böning/Ulrich Bräker, Der Arme Mann aus dem Toggenburg. Leben, Werk und Zeitgeschichte, Königstein/Taunus 1985, S. 80–86.
180 Frank Göttmann, Getreidemarkt am Bodensee. Raum – Wirtschaft – Politik – Gesellschaft (1650–1810), St. Katharinen 1991.

181 S. R. Epstein, Regional fairs, institutional innovation, and economic growth in late medieval Europe, in: The Economic History Review 47 (1994/3), S. 459–482.

182 Nils Brübach, Die Reichsmessen von Frankfurt am Main, Leipzig und Braunschweig. 14. bis 18. Jahrhundert, Stuttgart 1994, S. 25–64.

183 Johann Peter Marperger, Abriß der Kommerzien und Manufakturen des Kurfürstentums Sachsen und seiner inkorporierten Länder, Dresden und Leipzig 1718, zitiert nach: Josef Reinhold, Polen-Litauen auf den Leipziger Messen des 18. Jahrhunderts, Weimar 1971, S. 16.

184 Márta Bur, Das Raumergreifen balkanischer Kaufleute im Wirtschaftsleben der ostmitteleuropäischen Länder im 17. und 18. Jahrhundert, in: Vera Bácskai, Bürgertum und bürgerliche Entwicklung in Mittel- und Osteuropa, Budapest 1986, S. 17–88.

185 Ebda., S. 61–65.

186 Gershon David Hundert, The Role of the Jews, in: The Journal of European Economic History 16 (1987/1), S. 245–275; Erika Herzfeld, Jüdische Kaufleute in Hinterpommern – Mittler zwischen Ost und West, in: Haskala. Wissenschaftliche Abhandlungen, hg. vom Moses Mendelssohn Zentrum für europäisch-jüdische Studien 15, Hildesheim 1995, S. 266–277.

187 Reinhold, Polen-Litauen auf den Leipziger Messen [wie Anm. 183], S. 67–75.

188 Zitiert nach: Hundert, The Role of the Jews [wie Anm. 186], S. 270.

189 Bernhard Dov Weinryb, The Jews of Poland. A Social and Economic History of the Jewish Community in Poland from 1100 to 1800, Philadelphia 1973, bes. S. 151–155.

190 Eli Heckscher, Der Merkantilismus, 2 Bde., Jena 1932; Fritz Blaich, Die Epoche des Merkantilismus, Wiesbaden 1973.

191 Rainer Gömmel/Rainer Klump, Merkantilisten und Physiokraten in Frankreich, Darmstadt 1994, S. 54 f., 81–108.

192 Ebda., S. 27–29.

193 Zitiert nach: Ingrid Mittenzwei, Preußen nach dem Siebenjährigen Krieg, Berlin 1979, S. 96.

194 Rothermund, Europa und Asien [wie Anm. 160], S. 69–81.

195 Renate Pieper, The Volume of African and American Exports of Precious Metals and its Effects in Europe, 1500–1800, in: Pohl, The European Discovery [wie Anm. 152], S. 97–121.

196 Adolf Laube, Studien über den erzgebirgischen Silberbergbau von 1470–1546. Seine Geschichte, seine Produktionsverhältnisse, seine Bedeutung für die gesellschaftlichen Veränderungen und Klassenkämpfe in Sachsen am Beginn der Übergangsepoche vom Feudalismus zum Kapitalismus, Berlin ^{2}1976.

197 Pieper, The Volume [wie Anm. 195], S. 110–112.

198 Franz Irsigler in: Hermann Schäfer (Hg.), Ploetz Wirtschaftsgeschichte der deutschsprachigen Länder vom frühen Mittelalter bis zur Gegenwart, Freiburg 1989, S. 42; Charles P. Kindleberger, A Financial History of Western Europe, London 1984.
199 Pieper, The Volume [wie Anm. 195], S. 112–115.
200 Ebda., S. 114, Graph 2.
201 Ian Blanchard, Russia's ›Age of Silver‹. Precious-metal production and economic growth in the eighteenth century, London 1989.
202 Hans Pohl (Hg.), Europäische Bankengeschichte, Frankfurt am Main 1993, S. 136.
203 Ebda., S. 126–134.
204 Pollard/Crossley, The Wealth of Britain [wie Anm. 24], S. 122–124; 150–151.
205 Pohl, Europäische Bankengeschichte [wie Anm. 202], S. 75–84.
206 Ebda., S. 137.
207 Goethes Werke, 12. Teil: Faust, hg. von H. Düntzer, Tübingen 1974, Zweiter Teil, S. 55.
208 Pohl, Europäische Bankengeschichte [wie Anm. 202], S. 137.
209 Gömmel/Klump, Merkantilisten und Physiokraten [wie Anm. 191], S. 58–60, 105–107.
210 Sée, Französische Wirtschaftsgeschichte, Bd. 1 [wie Anm. 135], S. 279.
211 Ebda., Bd. 2, Jena 1936, S. 34–52.
212 Pohl, Europäische Bankengeschichte [wie Anm. 202], S. 156–166.
213 Ebda., S. 139–149; Gömmel/Klump, Merkantilisten und Physiokraten [wie Anm. 191], S. 96–108.
214 Pohl, Europäische Bankengeschichte, S. 156–166; Charles P. Kindleberger, A Financial History of Western Europe, New York 1993, S. 40–80.
215 Karl Marx, Das Kapital, 1, Karl Marx/Friedrich Engels, Werke, Bd. 23, Berlin 1962, S. 783.
216 de Vries, The Economy of Europe [wie Anm. 7], S. 212.
217 Karl Marx, Das Kapital, 1, Karl Marx/Friedrich Engels, Werke, Bd. 23, Berlin 1962, S. 784.
218 Jonathan I. Israel, European Jewry in the Age of Mercantilism 1550–1750, Oxford 1985, S. 123–144.
219 Max Grunwald, Samuel Oppenheimer und sein Kreis. Ein Kapitel aus der Finanzgeschichte Österreichs, Wien/Leipzig 1913, S. 78–79.
220 Hugo Rachel/Paul Wallich, Berliner Großkaufleute und Kapitalisten, Bd. 2: Die Zeit des Merkantilismus 1648–1806, Berlin 1967, S. 299–310.
221 Israel, European Jewry [wie Anm. 218], S. 136.
222 Ernst Bruckmüller, Sozialgeschichte Österreichs, München 1985, S. 250–251.
223 Barbara Gerber, Jud Süß. Ein Beitrag zur historischen Antisemitismus- und Rezeptionsforschung, Hamburg 1990.

224 Douglass C. North, Theorie des institutionellen Wandels. Eine neue Sicht der Wirtschaftsgeschichte, Tübingen 1988, Kapitel 11: Struktur und Wandel im frühneuzeitlichen Europa, S. 148–162.

Abbildungsnachweis

1. Massimo Livi-Bacci, Population and Nutrition. An Essay on European Demographic History, Cambridge 1991, S. 2.
2. Kupferstich von Matthäus Deich, 50 Prospecte von Dantzig, Danzig 1750. Bibliothek der Jagiellonen Universität Krakau.
3. Kolorierte Zeichnung auf Pergament von Battista Agnese, Italien um 1540. Bibliothek der Jagiellonen Universität Krakau.
4. Radierung von Rembrandt van Rijn 1656, Staatliches Museum Schwerin.
5. Kupferstich von Daniel Chodowiecki 1769, zu J. B. Basedows Elementarwerk, Bd. 3, Leipzig 1909, Tafel LVII.
6. Kupferstich von William Hogarth 1721, aus: Das graphische Werk. Texte von Joseph Burke, Wien 1968.
7. Zeichnung von Jean Pierre Norblin, Zbiór wzorowy rozmaitych polskich ubiorów, franz. Übers. Paris 1817, Bibliothek der Jagiellonen Universität Krakau, 612 IV Albumy.
8. Radierung von Rembrandt van Rijn 1639, Staatliches Museum Schwerin.

Europäische Geschichte

Herausgegeben von Wolfgang Benz

Konzeption: Wolfgang Benz,
Rebekka Habermas und Walter H. Pehle

Band 60113

Band 60101

Band 60102

Europa entdecken – die neue Reihe

Die neue Fischer-Buchreihe *Europäische Geschichte* lädt ein zur Entdeckung Europas, blickt weit über nationale Grenzen hinweg und macht mit einem breiten Themenspektrum gemeinsame, aber auch trennende historische Entwicklungen deutlich.

Die 65 Autorinnen und Autoren der *Europäischen Geschichte* bieten aus höchst unterschiedlichen Perspektiven neuartige historische Überblicke von der Antike bis zur Gegenwart.

Die Buchreihe *Europäische Geschichte* besteht ausschließlich aus Originalausgaben. Die knappen und gut lesbaren Darstellungen wenden sich an ein breites Publikum, das sachliche Information ebenso schätzt wie deren anschauliche Darbietung.

Fischer Taschenbuch Verlag

fi 1701 / 3 a

Peter Burke

Städtische Kultur in Italien zwischen Hochrenaissance und Barock

Eine historische Anthropologie

Aus dem Englischen von Wolfgang Kaiser

Band 10331

Peter Burke, einer der bedeutendsten englischen Kulturhistoriker, nähert sich dem Netz aus religiösen und profanen Ritualen, das zwischen 1500 und 1700 das Leben in den italienischen Städten bestimmte, mit dem Blick des Anthropologen – darin nicht unähnlich einigen seiner Landsleute, die im 16. und 17. Jahrhundert Italien bereisten und über die dortigen Gebräuche staunten, sich ärgerten und darüber schrieben. Von ihnen ist in diesem Buch ebenso die Rede wie von einem langsamen Wandel kultureller Strukturen in einer Gesellschaft, in der es in den verschiedensten Zusammenhängen des Alltagslebens vor allem darauf ankam, eine gute Figur zu machen, eine angenommene oder zugewiesene Rolle perfekt zu spielen und für ein angemessenes Schauspiel zu sorgen. Burkes Analysen sind exemplarische Beiträge zum Verständnis des kulturellen Unterbaus einer Epoche, die die Moderne prägte. In 14 Kapiteln zeichnet Burke ein Bild Italiens des 16. und 17. Jahrhunderts, das nicht nur von Historikern, sondern auch von Literaturwissenschaftlern, Soziologen, Kunstgeschichtlern und Kulturanthropologen eingehend betrachtet werden sollte.

Fischer Taschenbuch Verlag

fi 6003 / 3

Peter Burke

Vico

Philosoph, Historiker, Denker
einer neuen Wissenschaft

Aus dem Englischen von Wolfgang Heuss

Band 10284

Giambattista Vico (1668-1744) ist eine der rätselhaftesten Gestalten der europäischen Geistesgeschichte. Seine Wirkung, die erst spät, nämlich Ende des 18., Anfang des 19. Jahrhunderts in Italien und dann auch im übrigen Europa einsetzte, ist eingehüllt in Mythenbildungen, die jedoch nicht verhindert haben, daß die außerordentlich vielfältigen Anregungen dieses Denkers für die neuzeitliche Geschichtsphilosophie, Anthropologie und Kulturgeschichte bis in die Gegenwart spürbar und rekonstruierbar sind, insbesondere in der Rechtstheorie, in der Soziologie und in den Debatten zwischen Geistes- und Naturwissenschaften. Peter Burke beschreibt in seiner Studie das Werk Vicos und dessen Rezeption. Er erhellt insbesondere die Modernität der Fragestellungen, die in Vicos Hauptschrift, der *Neuen Wissenschaft*, formuliert sind und die in der europäischen Geistesgeschichte tiefe Spuren hinterlassen haben. »Heutzutage, da die Kluft zwischen geistes- und naturwissenschaftlichen Ansätzen bei der Erforschung der menschlichen Gesellschaft langsam zum Abgrund wird, haben wir von Vico viel zu lernen.« (Peter Burke)

Fischer Taschenbuch Verlag

fi 6001 / 3

Peter Burke

Ludwig XIV.

Die Inszenierung des Sonnenkönigs

Aus dem Englischen von Matthias Fienbork

Band 12337

Ludwig XIV., König von Frankreich, trat 1643 im Alter von vier Jahren die Nachfolge seines Vaters an und regierte 72 Jahre bis zu seinem Tode 1715. In dieser Zeit wurde unter Aufbietung aller damals verfügbaren Medien ein umfassendes Herrscherbild des »Sonnenkönigs« hergestellt. Diese Inszenierung des königlichen Spektakels fand statt in ausgefeilten Porträts, Gemälden, Münzen, Standbildern, Triumphbögen, Opern und Gedichten. Peter Burke, einer der interessantesten Kulturhistoriker unserer Zeit, rekonstruiert – chronologisch vorgehend – die allmählichen Entwicklungen sowie Wendepunkte der Geschichte und spannt den Bogen vom »Sonnenaufgang« bis zum »Sonnenuntergang«. Es entsteht ein plastisches Bild davon, wie schon zu Lebzeiten des »Sonnenkönigs« sein Mythos geschaffen wurde.

Fischer Taschenbuch Verlag

fi 6002 / 3

Eric J. Hobsbawm

Das imperiale Zeitalter 1875 – 1914

Aus dem Englischen von Udo Rennert

Band 12599

Eric J. Hobsbawm gilt als einer der geistigen Väter der Gesellschaftsgeschichte als einer neuen Form von Geschichtsschreibung, die von der Analyse der ökonomischen und gesellschaftlichen Verhältnisse ausgeht und die politischen, ideologischen, geistigen und religiösen Entwicklungen in einen Zusammenhang zu bringen sucht. In der von Hobsbawm beschriebenen Epoche betritt das Kleinbürgertum die Arena im Namen des universellen Fortschritts. In diese Zeit fällt das Erstarken der Arbeiterbewegung, die die luxusgewohnte Bourgeoisie das Fürchten lehrte; in diese Zeit fällt der Beginn der Emanzipation der Frauen aus patriarchalischer Vormundschaft. Hobsbawm behandelt die ökonomischen und politischen Entwicklungen ebenso wie die der schönen Künste, die wissenschaftlich-technischen Verheißungen, den »Zeitgeist«, das Lebensgefühl und die Krise des Liberalismus. Der Autor beschreibt die sozialen und politischen Hoffnungen in einer beispiellosen Ära des Friedens, in der die europäischen Weltmächte im Zenith ihrer Macht und Herrlichkeit standen und die sich bald in einen beispiellosen Krieg wenden sollte.

Fischer Taschenbuch Verlag

fi 71 / 3

Deutsche Geschichte im 20. Jahrhundert

Deutsche Geschichte 1933-1945
Dokumente zur Innen- und Außenpolitik
Herausgegeben von Wolfgang Michalka
Band 11251

Heribert Prantl
Deutschland – leicht entflammbar
Ermittlungen gegen die Bonner Politik
Band 12993

H. J. Schwagerl
Rechtsextremes Denken
Merkmale und Methoden
Band 11465

Rolf Steininger
Deutschland seit 1945
in vier Bänden
Band 1: 1945-1947
Bd. 12841
Band 2: 1948-1955
Bd. 12842
Band 3: 1956-1974
Bd. 12843
(in Vorbereitung)
Band 4: 1975-1995
Bd. 12844
(in Vorbereitung)

Wendepunkte deutscher Geschichte 1848-1990
Herausgegeben von Carola Stern/ Heinrich August Winkler
Band 12234

Wilhelm von Sternburg
Adenauer
Eine deutsche Legende
Band 10151

Frontalltag im Ersten Weltkrieg
Wahn und Wirklichkeit
Herausgegeben von Bernd Ulrich/ Benjamin Ziemann
Band 12544

Wer war Wer in der DDR
Ein biographisches Handbuch
Herausgegeben von Bernd-R. Barth/ Christoph Links/ H. Müller-Enbergs und Jan Wielgohs
Band 12767

Fischer Taschenbuch Verlag

fi 1707 / 1 b

Hoffnung Europa

Deutsche Essays von
Novalis bis Enzensberger

Herausgegeben von
Paul Michael Lützeler

509 Seiten. Leinen

Seit rund 200 Jahren gehört die Einigung Europas zu den wesentlichen politischen Visionen der Schriftsteller: Von Novalis' Fragment *Die Christen oder Europa* bis zu Enzensbergers Essay *Brüssel oder Europa* beschäftigte das allmähliche Näherrücken der abendländischen Kulturen Phantasie und Geist zahlreicher großer Autoren zumal in Deutschland. Im Gegensatz zu den sozialistischen Utopien, die zur Zeit weitgehend diskreditiert sind, nimmt die europäische Idee immer konkretere Formen an – und scheint als einzige aktuelle politische Vision Widerstand gegen das erneute Aufleben extremer nationalistischer Tendenzen zu bieten. Auch wenn die Europa-Pläne der Brüsseler Politiker bei vielen Bürgern des Kontinents auf wenig Gegenliebe treffen, wird die Einigung der »Alten Welt« auf Jahrzehnte hinaus eines der bestimmenden und zugleich positiven Zukunftsbilder bleiben. Der Herausgeber, der 1992 eine umfangreiche Studie zum Thema *Die Schriftsteller und Europa* publizierte, arbeitet in seinem Nachwort die wesentlichen Argumentationslinien der Autoren über zwei Jahrhunderte hinweg heraus und beschreibt zudem, wie sich die Idee des vereinten Europas heute in die Entwicklung hin zu multikulturellen und regionalen Strukturen einfügt.